现代交通运输经济管理与规划

刘溪涓　周志翔　徐　伟　著

东北林业大学出版社
Northeast Forestry University Press
·哈尔滨·

版权专有　侵权必究
举报电话：0451-82113295

图书在版编目（CIP）数据

现代交通运输经济管理与规划／刘溪涓，周志翔，徐伟著. -- 哈尔滨：东北林业大学出版社，2025.3.
ISBN 978-7-5674-3776-0

Ⅰ．F5

中国国家版本馆 CIP 数据核字第 20252K92K8 号

责任编辑：董峙鹬
封面设计：文　亮
出版发行：东北林业大学出版社
　　　　　（哈尔滨市香坊区哈平六道街6号　邮编：150040）
印　　装：河北昌联印刷有限公司
开　　本：787 mm × 1092 mm　1/16
印　　张：15.75
字　　数：240 千字
版　　次：2025 年 3 月第 1 版
印　　次：2025 年 3 月第 1 次印刷
书　　号：ISBN 978-7-5674-3776-0
定　　价：85.00 元

如发现印装质量问题，请与出版社联系调换。（电话：0451-82113296　82191620）

前 言

在当今社会，交通运输作为国民经济的重要命脉，其经济管理与规划的重要性日益凸显。随着全球化和信息化的快速发展，交通运输行业正经历着前所未有的变革和挑战。从传统的公路、铁路、水路和航空运输，到新兴的智能交通和绿色交通，交通运输的方式和手段不断丰富，对经济社会的贡献也日益显著。

近年来，随着城市化进程的加快和人民生活水平的提高，交通运输需求持续增长，对交通运输经济管理与规划提出了更高的要求。如何科学合理地规划交通运输网络，优化交通运输资源配置，提高交通运输效率和服务质量，成为当前亟待解决的问题。同时，面对资源环境约束和可持续发展的压力，交通运输行业还需要积极探索节能减排、绿色交通等新型发展模式，以实现经济效益、社会效益和环境效益的协调发展。

本书正是在这样的背景下应运而生的。本书旨在全面系统地介绍交通运输经济管理与规划的基本理论、方法和实践，为交通运输行业的从业者、研究者以及相关专业的学生提供一本具有指导意义和实用价值的参考书。

本书从交通运输经济概述、市场分析、成本管理、收益管理、经济政策与法规等多个方面入手，深入剖析了交通运输经济管理的内涵和特点。同时，本书还详细阐述了交通运输规划的原理、需求预测、供给分析、投资决策等关键环节，为读者提供了科学的规划方法和决策依据。在交通运输网络布局与优化、组织与调度、安全管理、信息技术应用以及环境与可持续发展等方面，也进行了深入的探讨和论述，为读者提供了全面的知识体系和实用的操作技能。

在撰写本书的过程中，笔者力求做到内容全面、结构清晰、语言简洁，以便读者能够更好地理解和掌握交通运输经济管理与规划的核心知识。同时，笔者也注重理论与实践的结合，通过引入大量的案例和实例，使读者能够更直观地了解交通运输经济管理与规划的实际应用。

  由于自身学识有限，我们在撰写本书的过程中，难免存在疏漏之处，恳请读者能够提出宝贵的意见和建议，以便我们不断完善和提升。同时，我们也衷心感谢所有为本书提供帮助的专家学者、同事和朋友们。

  希望本书能够为交通运输行业的从业者、研究者以及相关专业的学生提供有益的参考和借鉴，为推动交通运输行业的持续健康发展贡献一份力量。

刘溪涓　周志翔　徐伟

2024 年 9 月

目 录

第一章　交通运输经济管理基础 ……………………………………… 1
第一节　交通运输经济概述……………………………………… 1
第二节　交通运输市场分析……………………………………… 8
第三节　交通运输成本管理……………………………………… 15
第四节　交通运输收益管理……………………………………… 25
第五节　交通运输经济政策与法规……………………………… 32

第二章　交通运输规划与决策 …………………………………………… 42
第一节　交通运输规划原理……………………………………… 42
第二节　交通运输需求预测……………………………………… 48
第三节　交通运输供给分析……………………………………… 55
第四节　交通运输投资决策……………………………………… 63

第三章　交通运输网络布局与优化 ……………………………………… 72
第一节　交通运输网络结构分析………………………………… 72
第二节　交通运输网络设计原则………………………………… 84
第三节　交通运输网络优化策略………………………………… 97
第四节　交通运输枢纽布局规划………………………………… 109
第五节　交通运输线路选择与优化……………………………… 122

1

第四章　交通运输组织与调度 …… 132

第一节　交通运输组织方式选择 …… 132

第二节　交通运输生产计划编制 …… 141

第三节　交通运输调度管理策略 …… 150

第四节　交通运输车辆路径优化 …… 157

第五章　交通运输安全管理 …… 164

第一节　交通运输安全风险识别 …… 164

第二节　交通运输安全风险评估 …… 167

第三节　交通运输安全管理制度 …… 175

第四节　交通运输安全监管措施 …… 185

第六章　交通运输信息技术应用 …… 194

第一节　交通运输信息系统概述 …… 194

第二节　交通运输信息采集与处理 …… 200

第三节　交通运输智能调度系统 …… 206

第四节　交通运输大数据分析 …… 213

第七章　交通运输服务质量提升 …… 221

第一节　交通运输服务质量标准 …… 221

第二节　交通运输客户满意度评价 …… 228

第三节　交通运输服务创新策略 …… 235

参考文献 …… 243

第一章 交通运输经济管理基础

第一节 交通运输经济概述

一、交通运输经济的定义、特点、发展趋势、挑战与应对

（一）交通运输经济的定义

交通运输经济作为一门研究交通运输领域内经济活动及其规律的学科，在现代社会经济体系中占据着至关重要的地位。其定义涵盖了多个层面，不仅涉及交通资源的有效利用，还与国民经济的各个方面紧密相连。

从交通资源利用的角度来看，交通运输经济致力于实现交通工具、交通设施和交通信息等资源的最大化价值。交通工具作为运输的载体，其合理配置和高效运行直接影响着运输效率和成本。不同类型的交通工具适用于不同的运输需求，例如，大型货车适合长途批量货物运输，而小型客车则更适合城市内的人员出行。交通设施包括道路、桥梁、港口、机场等，这些基础设施的建设和维护需要大量的资金投入，同时也对交通运输经济的发展起着决定性作用。良好的交通设施可以提高运输速度、降低运输成本，从而促进经济活动的开展。交通信息则在现代交通运输中扮演着越来越重要的角色，准确及时的交通信息可以帮助运输企业优化运输路线、提高运输效率，同时也为旅客提供更好的出行体验。

（二）交通运输经济的特点

1. 基础性与先导性

交通运输作为国民经济的基础产业，在连接生产与消费、保障人民生活以及促进区域经济发展等方面发挥着关键作用。高效的交通运输能够确保生产活动的顺利进行，满足人们日常出行和物资供应需求，同时良好的交通运输条件还能吸引投资、促进贸易和推动产业升级，带动区域经济快速发展。其先导性体现在对经济增长的带动作用上，交通基础设施建设带动建材、机械等产业发展，改善拓展市场空间、促进资源优化配置，为经济增长创造更多机会。

2. 网络性与系统性

交通运输经济的网络性由公路、铁路、水路、航空等不同运输方式的线路和节点相互连接而成。不同运输方式各具特点和优势，通过合理规划和布局，可形成高效便捷的交通网络。这一网络要求各组成部分协同配合，且与社会经济系统紧密相连。不同运输方式需实现无缝衔接，如货物从港口到内陆可通过多种运输方式联运，提高运输效率、降低成本。交通网络中的节点也需合理规划建设，以提高货物和人员集散效率。

3. 服务性与公益性

交通运输的主要功能是提供运输服务，满足社会生产和生活需要，这使其具有鲜明的公益性特征。从服务性角度看，交通运输企业要不断提高服务质量，提供安全、快捷、舒适的运输服务和准确及时的交通信息，并根据市场需求变化调整、优化服务内容和方式，提高市场竞争力。

4. 技术密集与资本密集

交通运输领域技术含量不断提高，成为技术密集型产业。先进的交通工具（如高速列车、新能源汽车、无人驾驶飞机等）不断涌现，具有更高的速度、安全性和节能环保性。智能化交通管理系统应用交通信号控制、流量监测、卫星导航等技术，提高管理效率和准确性，减少交通拥堵和事故发生。同时，交通基础设施建设和维护需大量资本投入，建设周期长、投资规模大，是资本密集型产业。

（三）交通运输经济的发展趋势

交通运输经济的特点决定了其未来的发展趋势。

1. 智能化与信息化

鉴于交通运输经济的技术密集特点，随着人工智能、大数据、云计算等技术的广泛应用，交通运输必然朝着智能化和信息化方向发展。无人驾驶技术的出现将提高运输效率和安全性，智能交通管理系统也会进一步发展，减少交通拥堵和事故发生。同时，信息化使得交通信息共享更广泛，提高出行便利性，降低运输成本，这与交通运输企业不断提高服务质量的需求相契合。

2. 绿色化与低碳化

考虑到交通运输对环境的影响，面对环境问题，交通运输经济向绿色化和低碳化发展是必然趋势。新能源交通工具的推广应用，如电动汽车、新能源船舶和飞机等，以及公共交通的发展，与交通运输的公益性和服务性相呼应，既可满足人们对环保出行的需求，也为社会提供更好的服务。同时，采取降低碳排放的措施，如优化运输结构、推广节能技术和加强交通管理，有助于实现交通运输的可持续发展。

3. 多式联运与综合交通体系

基于交通运输经济的网络性和系统性，多式联运和综合交通体系将成为未来发展重点。不同运输方式的有机结合，能充分发挥各自优势，提高运输效率和降低成本，这与实现交通网络各组成部分协同配合的要求一致。综合交通体系的建设则进一步强化了交通运输与社会经济系统的紧密连接，促进区域经济一体化发展。

4. 国际化与区域协同

随着交通运输经济在国民经济中的基础性和先导性作用不断凸显，国际贸易增长和区域经济一体化推进使得交通运输经济更加国际化。交通运输企业加强国际合作与交流，拓展国际市场，政府加强国际运输政策协调合作，推动运输市场开放和竞争，这将进一步提升交通运输的服务水平和经济带动作用。在区域协同方面，加强区域内交通基础设施互联互通和运输组织优化，共同推动交通运输经济发展，体现了交通运输经济对区域经济发展的重要性。

（四）交通运输经济的挑战与应对

交通运输经济在发展过程中面临的挑战，需要结合其特点和发展趋势来应对。

1. 交通拥堵

交通拥堵影响运输效率、成本和出行体验，甚至污染环境。解决交通拥堵需加强交通规划与建设，提高交通设施承载能力，这与优化交通网络布局的需求相符合。推广智能交通技术，实现交通信号智能控制和流量监测，是交通运输智能化的体现。鼓励绿色出行，减少私人汽车使用，符合绿色化发展趋势。

2. 环境污染

交通运输是环境污染的主要来源之一。推广新能源交通工具、加强交通管理和加强环境保护意识教育，既能减少污染，又符合绿色化和低碳化发展趋势，同时也体现了交通运输的公益性。

3. 资源短缺

交通运输经济发展面临土地、能源、资金等资源短缺问题。优化交通规划、推广节能技术和拓宽融资渠道，既提高了资源利用效率，又满足了交通运输经济发展的资金需求，与交通运输经济的特点和发展趋势相适应。

4. 安全问题

交通运输安全至关重要。加强交通安全管理、推广智能安全技术和加强交通安全教育，有助于提高交通运输的安全性和可靠性，保障交通运输经济的稳定发展，与交通运输的服务性和公益性相呼应。

二、交通运输在国民经济中的地位与作用

（一）交通运输是国民经济的基础性产业

交通运输作为国民经济的基础性产业，为其他产业的发展提供了必要的支撑。首先，交通运输是实现资源流通的关键环节。无论是自然资源还是人力资源，都需要通过交通运输才能在不同地区之间进行调配。例如，

煤炭、石油等能源资源需要通过铁路、公路、水路等运输方式从产地运往消费地，以满足工业生产和居民生活的需求。人力资源的流动也离不开交通运输，人们通过各种交通工具前往不同的工作地点，实现劳动力的合理配置。其次，交通运输是保障生产活动顺利进行的重要条件。在现代经济中，企业的生产过程往往涉及原材料采购、产品销售等环节，这些都需要高效的交通运输来支持。如果没有良好的交通运输条件，企业的生产活动将会受到严重影响，甚至无法进行。最后，交通运输的发展水平直接影响着区域经济的发展。一个地区的交通运输条件越好，就越容易吸引投资、促进贸易发展、推动产业升级，从而实现经济的快速发展。例如，沿海地区由于拥有便利的海运条件，往往能够吸引大量的外资企业，形成发达的制造业和贸易业。

（二）交通运输是国民经济的先导性产业

交通运输的先导性主要体现在其对经济发展的引领作用上。一方面，交通运输的发展能够带动相关产业的发展。交通基础设施的建设需要大量的建筑材料、机械设备和劳动力，这将促进建材、机械制造、建筑施工等产业的发展。同时，交通运输的发展也会带动物流、旅游、商贸等服务业的发展。例如，高速公路的建设不仅能够提高货物运输效率，还能够促进沿线地区的旅游业发展，带动当地经济的增长。另一方面，交通运输的改善能够拓展市场空间，促进资源的优化配置。随着交通运输条件的不断改善，企业的市场范围将不断扩大，资源的流动将更加顺畅，从而实现资源的优化配置和经济的高效发展。例如，高铁的开通使得城市之间的时空距离大大缩短，企业可以更加便捷地在不同地区进行生产布局和市场拓展，提高资源的利用效率。

（三）交通运输是国民经济的战略性产业

交通运输在国家经济安全和战略发展中具有重要地位。首先，交通运输是保障国家能源安全的重要手段。能源是国家经济发展的重要支撑，而大部分能源资源都需要通过交通运输来输送。因此，建立安全、稳定、高效的能源运输通道对于保障国家能源安全至关重要。例如，我国通过建设中亚天然气管道、中俄原油管道等能源运输通道，确保了国家能源的稳定供应。其次，交通运输是维护国家领土完整和民族团结的重要保障。交通运输的发展能够加强边疆地区与内地的联系，促进各民族之间的交流与合作，增强国家的凝聚力和向心力。例如，青藏铁路的开通极大地改善了西藏地区的交通运输条件，加强了西藏与内地的经济联系和文化交流，对于维护国家领土完整和民族团结具有重大意义。最后，交通运输是实现国家战略目标的重要支撑。国家的重大战略决策往往需要交通运输的支持，例如，"一带一路"倡议的实施就离不开高效的交通运输网络。

三、交通运输经济的主要研究领域

（一）交通运输与国民经济关系研究

交通运输业在国民经济中占据着至关重要的地位。作为社会生产部门，它承担着运送货物和旅客的重任，是第三产业流通部门的核心组成部分。其基础性体现在为其他产业的发展提供必要的支撑上，没有高效的交通运输，原材料难以顺利到达生产地，产品也无法及时运送到市场，整个经济活动将陷入停滞。

先导性则表现为其发展往往能够引领其他产业的进步，例如，新的交通线路的开通会带动沿线地区的经济开发，吸引投资，促进产业集聚。战略性方面，交通运输对于国家的经济安全和长远发展意义重大，它是保障国家能源供应、维护领土完整、实现国家战略目标的关键环节。服务性则体现在交通运输为社会经济活动和人民生活提供便捷的出行和物流服务。

（二）综合运输体系构建研究

综合运输体系的建立是交通运输经济的重要研究领域。综合运输体系旨在整合各种运输方式，实现优势互补、协同发展。不同运输方式具有各自的特点和优势，如铁路运输适合长距离、大运量的货物运输；公路运输则具有灵活性高、门到门服务的优势；水路运输成本低、运量大，适合大宗货物运输；航空运输速度快，适用于高附加值、对时间要求高的货物和旅客运输。合理规划和协调各种运输方式，可以充分发挥各自的优势，提高整体运输效率。

在构建综合运输体系的过程中，需要解决一系列关键问题。

首先，要进行科学的运输规划，根据区域经济发展需求、人口分布、资源状况等因素，确定不同运输方式的发展重点和布局。

其次，要加强各种运输方式之间的衔接和协调，实现无缝对接。这包括建设综合交通枢纽，优化换乘设施和流程，提高运输的便捷性和效率。同时，要推进运输信息化建设，建立统一的运输信息平台，实现信息共享和协同运作。

最后，要完善综合运输管理体制，打破部门分割和地区封锁，建立高效的协调机制，确保综合运输体系的顺利运行。

（三）运输需求与供给分析研究

运输需求与供给分析是交通运输经济的核心研究内容之一。运输需求的产生源于社会经济活动对人与货物空间位移的需要，它受到经济发展水平、人口规模、产业结构、贸易活动等多种因素的影响。准确把握运输需求的变化规律，对于合理规划运输供给、提高运输效率至关重要。

在运输需求分析方面，需要深入研究不同类型运输需求的特点和影响因素。例如，旅客运输需求注重出行的便捷性、舒适性和安全性；货物运输需求则更关注运输成本、时效性和可靠性。通过市场调研、数据分析等方法，建立运输需求预测模型，为运输规划和决策提供科学依据。同时，要关注新兴运输需求的出现，如随着共享经济的发展，个性化、灵活的出行服务需求不断增加，这对传统运输供给模式提出了新的挑战。

运输供给是指运输生产者能够提供的运输服务数量，它受到运输基础设施、运输工具、运输技术、运输管理等因素的制约。在运输供给分析方面，要研究如何提高运输供给能力和质量，优化运输供给结构，这包括加大运输基础设施建设投入，提高运输装备技术水平，创新运输组织方式等。同时，要关注运输供给的弹性和适应性，以便在运输需求变化时能够及时调整供给，实现供需平衡。

第二节　交通运输市场分析

一、交通运输市场的构成要素

（一）需求方：交通运输市场的动力源泉

需求方作为交通运输市场的重要组成部分，其存在和活动为整个市场提供了持续的动力。各类客货运输需求单位和个人，涵盖了广泛的经济领域和社会群体。托运人通常是货物的所有者或发货方，他们需要将货物从一个地点运送到另一个地点，以满足生产、销售或其他经济活动的需求。收货人则期待着货物能够及时、安全地到达指定地点，以便进行后续的加工、销售或使用。旅客作为另一重要的需求群体，出于工作、旅游、探亲等各种目的，对便捷、舒适的交通运输服务有着强烈的需求。

需求方的行为受到多种因素的影响。经济发展水平是其中的关键因素之一。随着经济的增长，贸易活动频繁，企业对货物运输的需求相应增加。同时，人们的收入水平提高，会促使旅游等出行需求的增加；产业结构的调整也会对运输需求产生影响。例如，制造业的发展通常会带动大量的原材料和成品运输需求；而服务业的壮大可能会增加人员流动的需求。此外，地理位置和人口分布也决定了运输需求的规模和方向。人口密集的地区和经济活跃的区域往往运输需求较大。

（二）供给方：交通运输市场的服务提供者

供给方在交通运输市场中扮演着服务提供者的角色，其通过提供客货运输服务来满足需求方的需求，并获取经济收益。部属运输企业、地方国有运输企业、集体运输企业、外资运输企业以及个体运输户等共同构成了丰富多样的供给体系。

不同类型的供给方具有各自的特点和优势。部属运输企业通常拥有雄厚的资金实力和先进的技术装备，能够承担大规模、长距离的运输任务。

地方国有运输企业则在本地市场具有较强的影响力，熟悉当地的运输需求和路况。集体运输企业和个体运输户具有灵活性高、反应迅速的特点，能够满足一些个性化的运输需求。外资运输企业则可能带来先进的管理经验和技术创新，从而促进市场的竞争和发展。

供给方的竞争力主要体现在运输服务的质量、价格和时效性等方面。为了提高服务质量，供给方需要不断加强运输设备的维护和更新，提高驾驶员和工作人员的素质，确保货物和旅客的安全。在价格方面，供给方需要通过优化成本结构、提高运营效率等方式，提供具有竞争力的价格。同时，时效性也是供给方需要关注的重点。及时、准确地将货物和旅客送达目的地，能够提高客户的满意度和忠诚度。

（三）中介方：交通运输市场的桥梁纽带

中介方在交通运输市场中起着穿针引线的作用，是连接需求方和供给方的纽带。客货代理企业、经纪人、信息服务公司等中介机构通过提供各种代理服务，降低了交易双方的搜寻成本并解决了信息不对称的问题，提高了市场的运行效率。

客货代理企业作为中介方的重要组成部分，为需求方提供货物运输代理和旅客票务代理等服务。他们熟悉不同运输方式的特点和流程，能够根据需求方的要求，选择最合适的运输方式和供应商。同时，客货代理企业还可以为需求方提供报关、报检、保险等一站式服务，简化了运输手续，提高了运输效率。

（四）政府：交通运输市场的调控者

政府在交通运输市场中扮演着重要的调控者角色，其代表国家及一般公众利益对运输市场进行管理和调控。工商、财政税务、物价、金融、公安、监理、城建、标准、仲裁等机构和各级交通运输管理部门共同构成了政府的监管体系。

政府对交通运输市场的调控主要体现在以下几个方面。首先，制定政策法规。政府通过制定交通运输相关的法律法规和政策，规范市场行为，维护市场秩序。例如，制定运输安全法规，确保货物和旅客的安全；制定市场准入规则，保证供给方的资质和服务质量。其次，监管市场行为。政府通过加强对市场的监督检查，打击非法经营、不正当竞争等行为，保护市场参与者的合法权益。例如，查处超载超限运输，维护公路运输的安全和秩序。再次，提供公共服务。政府投资建设交通基础设施，如公路、铁路、港口、机场等，为交通运输市场提供基础条件。最后，政府还可以提供交通信息服务、交通安全教育等公共服务，从而提高市场的运行效率和安全性。

二、交通运输市场需求分析

（一）市场需求的驱动因素

交通运输市场需求的持续增长是由多种因素共同驱动的。首先，社会经济的发展是根本动力。随着经济的不断增长，企业的生产规模扩大，贸易活动频繁，对原材料和产品的运输需求相应增加。同时，人们的收入水平提高，消费能力增强，旅游、商务出行等需求也日益旺盛。其次，城市化进程的加速推动了交通运输需求的增长。城市人口的增加带来了更大的人员流动和物资运输需求，城市的扩张也需要更加高效的交通网络来连接各个区域。再次，国际贸易的发展使得跨国货物运输需求不断上升，人员的国际交流也更加频繁，这进一步促进了交通运输市场的发展。最后，科技的进步也为交通运输需求带来了新的变化。电子商务的兴起使得物流配送需求急剧增长，智能设备的普及使得人们对出行信息的获取和交通服务的便捷性有了更高的要求。

（二）需求特点的影响因素

交通运输市场需求的多样性、时效性、安全性和环保性等特点是由多种因素共同影响而形成的。多样性主要源于不同行业、区域和人群的差异化需求。不同行业的生产特点和供应链要求不同，对运输方式、运输时间和运输成本的敏感度也不同。例如，制造业对大宗货物的运输需求较大，而服务业对人员的快速流动需求较高。

不同区域的经济发展水平、地理环境和交通基础设施条件不同，也导致了运输需求的差异。人群的收入水平、出行目的和偏好等因素也会影响对运输服务的需求。时效性要求的提高主要是由于现代生活节奏的加快和市场竞争的加剧。企业为了提高生产效率和降低库存成本，需要快速的货物运输服务；人们为了节省时间和提高生活质量，也希望出行更加便捷高效。安全性始终是交通运输的首要关注点，这是因为运输过程中的事故不仅会造成人员伤亡和财产损失，还会影响社会的稳定和经济的发展。环保性需求的增长则是由于人们对环境保护意识的提高和可持续发展的要求。政府对环境保护的政策法规越来越严格，企业和消费者也更加倾向于选择绿色、低碳的运输方式。

（三）需求结构的变化趋势

交通运输市场的需求结构在不断变化，不同运输方式的市场份额也在动态调整。公路运输在短期内仍将保持重要地位，但其面临着交通拥堵、环境污染等问题。随着物流行业的发展和电子商务的普及，公路货运市场将继续扩大，但需要提高运输效率和降低成本。同时，私家车数量的增加也给公路交通带来了压力，因此需要加强交通管理和推广公共交通。铁路运输在长途客运和大宗货物运输方面具有优势，随着高铁技术的不断发展和普速铁路的优化升级，铁路运输的速度和服务质量将进一步提高，市场竞争力也将增强。

水路运输在大宗货物的长距离运输中具有成本优势，随着港口设施的完善和航运技术的进步，水路运输的效率将不断提高。航空运输在长途、国际和急需物资运输方面具有不可替代的作用，随着国际航线的拓展和国内航空市场的开放，航空运输市场需求将持续增长。管道运输在能源运输方面具有独特优势，随着能源需求的增长和能源结构的调整，管道运输的重要性将更加凸显。未来，不同运输方式之间将加强协同发展，多式联运将成为主流趋势，以提高运输效率，降低运输成本。

三、交通运输市场供给分析

（一）供给主体的特点与作用

交通运输市场的供给主体丰富多样，各自具有独特的特点并在市场中发挥着重要作用。部属运输企业通常具有雄厚的资金实力、先进的技术装备以及专业的管理团队。它们能够承担大规模的运输任务，在国家重大运输项目和跨区域运输中发挥主导作用。例如，在国家战略物资的运输、长距离铁路干线的运营等方面，部属运输企业凭借其强大的资源整合能力和高效的组织协调能力，确保了运输任务的顺利完成。

地方国有运输企业则对本地的经济发展和交通运输需求有着深入的了解，它们能够根据当地的产业特点、人口分布和地理环境，提供针对性的运输服务。地方国有运输企业在促进区域内贸易往来、支持地方产业发展以及满足居民日常出行需求方面发挥着关键作用。例如，在城市公共交通运营、区域内货物配送等方面，地方国有运输企业能够更好地适应本地需求，提供便捷、高效的服务。

集体运输企业和个体运输户具有灵活性高、反应迅速的特点，它们能够在市场需求变化较快的情况下，及时调整运输服务，满足客户的个性化需求。集体运输企业和个体运输户在一些细分市场和特定运输领域中具有独特优势，如短途货物运输、农村客运等，它们能够填补大型运输企业在服务覆盖范围上的空白，为市场提供更加多元化的选择。

（二）供给内容的优势与局限

不同运输方式在交通运输市场供给中具有各自的优势和局限。铁路运输运量大、速度快、安全性高、能耗低等优点使其在长途、大宗货物运输以及旅客远程出行方面具有重要地位。铁路运输能够实现大规模的货物和人员运输，降低单位运输成本，提高运输效率。然而，铁路运输的建设和运营成本较高，线路布局相对固定，灵活性相对较低，难以满足个性化的运输需求。

公路运输便捷、灵活、门到门等优势使其在短途、中途和部分长途运输中广泛应用。公路运输能够快速响应市场需求，为客户提供个性化的运输服务。同时，公路运输的基础设施建设相对容易，投资成本相对较低。但是，公路运输的能耗较高，环境污染较大，交通拥堵问题也较为突出。

水路运输成本低、运量大等特点使其在大宗货物长途运输中具有不可替代的地位。水路运输能够利用天然水道，降低运输成本，适合运输煤炭、石油、矿石等大宗货物。然而，水路运输受天气和地理条件影响较大，运输速度相对较慢，运输时间的不确定性较高。

航空运输速度快、效率高等特点使其在长途旅客运输和高价值货物快速运输中占据重要地位。航空运输能够满足人们对快速出行的需求，为高价值货物提供安全、快捷的运输服务。但是，航空运输的成本相对较高，运输能力有限，对机场等基础设施的要求也较高。

管道运输安全性高、连续性强、成本低等特点使其在液体和气体长距离运输中发挥着关键作用。管道运输能够实现稳定、高效的能源输送，降低运输风险和成本。但是，管道运输的建设成本高，适用范围相对较窄，只能用于特定的流体货物运输。

（三）供给能力提升的途径与挑战

随着全球化和信息化的发展以及技术的进步和政策的支持，交通运输市场供给能力不断提升。基础设施不断完善是提升供给能力的重要途径之一。政府和企业持续投入资金用于交通基础设施的建设和升级，包括铁路、公路、港口、机场和管道等。新的交通基础设施的建设能够扩大运输网络的覆盖范围，提高运输线路的通行能力，为市场提供更多的运输选择。例如，高速公路的扩建、铁路新线的开通、港口的升级改造等都能够有效提升交通运输市场的供给能力。

四、交通运输市场竞争态势与策略

（一）竞争态势的形成因素

交通运输市场竞争态势的形成是多种因素共同作用的结果。

首先，市场规模的不断扩大和持续增长为竞争提供了广阔的空间。随着全球化和信息化的深入发展，各国之间的贸易往来更加频繁，人员流动也日益增多，这使得交通运输需求呈现出持续上升的趋势。这种需求的增长吸引了众多企业进入交通运输市场，加剧了市场竞争的程度。

其次，技术革新与智能化的发展对竞争态势产生了深刻影响。智能交通系统、无人驾驶技术、新能源汽车等先进技术的应用，不仅提高了交通运输的效率和服务质量，还降低了运营成本和碳排放。这些技术的不断进步使得企业能够在市场中获得竞争优势，同时也促使其他企业加大技术研发投入，以保持市场竞争力。

再次，政策与法规的制定和实施对交通运输市场竞争态势起着重要的引导作用。政府通过出台一系列政策，如支持公共交通发展、鼓励新能源汽车推广、加强跨境贸易和物流合作等，来调整市场结构和规范企业行为。这些政策的实施既为企业提供了发展机遇，也对企业提出了更高的要求，促使企业在竞争中不断创新和提升自身实力。

最后，市场竞争格局的变化也是影响竞争态势的重要因素。国有大型企业凭借其雄厚的资金实力、完善的基础设施和丰富的运营经验，在市场中占据主导地位。然而，随着新兴企业的不断涌现和市场需求的多样化，竞争格局逐渐趋于多元化。新兴企业通过引入创新的商业模式和技术手段，不断挑战传统企业的地位，推动了市场竞争的加剧。

（二）技术创新与研发的重要性

在交通运输市场竞争中，加强技术创新与研发是企业获得竞争优势的关键。

首先，技术创新可以提高交通运输的智能化水平。通过引入智能交通系统，实现交通流量的实时监测和优化调度，提高道路通行效率，减少交通拥堵。无人驾驶技术的应用则可以进一步提高运输的安全性和可靠性，降低人力成本。

其次，技术创新有助于推动交通运输的绿色化发展。新能源汽车的推广和应用可以减少传统燃油汽车对环境的污染，降低碳排放。同时，发展绿色交通还可以提高企业的社会形象和品牌价值，增强企业的市场竞争力。

最后，技术创新可以提升交通运输的高效化水平。例如，采用先进的物流管理技术和装备，可以提高货物运输的效率和准确性，降低物流成本。创新的运输模式和服务方式，如多式联运、定制化出行服务等，也可以满足不同客户的需求，提高客户满意度。

（三）优化服务质量与运营效率的途径

在激烈的市场竞争中，优化服务质量与运营效率是企业赢得客户和市场的重要手段。

首先，企业应注重提升服务质量，满足消费者日益多样化的出行需求。这包括提供安全、舒适、便捷的运输服务，加强客户服务和沟通，及时解决客户的问题和投诉。

其次，提高运营效率是降低成本、提高企业竞争力的关键。企业可以通过优化运输路线、提高车辆利用率、加强物流管理等方式，降低运营成本，提高运输效率。同时，企业还应加强安全管理和风险防控，确保人员和货物的安全，减少事故损失。

最后，推进适老化改造和无障碍设施建设也是提升服务质量的重要举措。随着人口老龄化的加剧，老年群体的出行需求不断增加。企业应关注老年群体的特殊需求，提供更加人性化的服务，提升老年群体的出行体验。对于特殊人群，如残疾人、孕妇等，企业也应提供相应的无障碍设施和服务，保障他们的出行权利。

第三节　交通运输成本管理

一、交通运输成本的概念与分类

（一）交通运输成本的内涵及重要性

交通运输成本作为在交通运输过程中产生的各种费用和支出总和，其内涵丰富且对交通运输行业乃至整个经济社会都有着至关重要的意义。基础设施成本是交通运输得以实现的基础保障，良好的交通网络，现代化的车站、港口和机场等基础设施的建设需要巨额的资金投入。这些基础设施不仅为运输活动提供了物理空间和平台，还决定了运输的效率和可达性。例如，宽敞平坦的公路能够减少车辆磨损和油耗，提高运输速度；大型现代化港口能够容纳更多的船舶，提高货物装卸效率。运转设备成本则直接关系到运输工具的性能和可靠性。车辆、船舶、飞机等运输工具的购置成本高昂，而且在使用过程中还需要不断进行维护和更新，以确保其安全运行和高效性能。

营运成本涵盖燃料、电力、人工等日常运营开支，是运输企业持续运营的关键因素。燃料和电力费用直接影响运输成本的高低，随着能源价格的波动，运输企业需要不断优化运营策略，降低能源消耗。人工费用也是营运成本的重要组成部分，高素质的驾驶员、装卸工人等工作人员能够提高运输效率和服务质量，但同时也增加了企业的人力成本。作业成本则涉及运输过程中的各个环节，如货物装卸、仓储管理等，这些成本的控制对于提高运输效率和降低成本至关重要。交通运输成本不仅是运输产品价值的主要组成部分，还直接影响着运输价格的制定。

合理的运输成本核算能够确保运输价格既能够覆盖企业的成本，又具有市场竞争力，从而实现企业的可持续发展。同时，交通运输成本也是衡量运输工作质量和考核运输企业管理水平的重要指标。高效的运输企业能够通过优化运营流程、降低成本、提高服务质量等方式，在市场竞争中脱颖而出。

（二）按资本构成分类的交通运输成本

1. 固定设施成本

固定设施成本在交通运输成本中占据着重要地位。运输网络的建设和维护是一项长期而艰巨的任务，需要大量的资金投入。公路、铁路、水路和航空等不同运输方式的网络建设都需要考虑地形地貌、人口分布、经济发展等因素。例如，在山区建设公路需要克服地形复杂、施工难度大等问题，成本相对较高；而在平原地区建设铁路则可以利用较为平坦的地形，降低建设成本。车站、港口和机场等基础设施的建设也需要巨额资金，这些设施不仅要满足运输需求，还要考虑旅客和货物的安全、舒适和便捷。

固定设施成本的回收周期较长，需要通过长期的运营和使用来逐步分摊。而且，随着时间的推移，固定设施还需要进行维护和更新，以确保其安全性和可靠性。例如，公路需要定期进行路面维护和修缮，港口需要对码头设施进行升级改造，机场需要更新导航设备等。这些维护和更新费用也构成了固定设施成本的一部分。

2. 移动载运工具的拥有成本

移动载运工具的拥有成本是交通运输成本的重要组成部分。车辆、船舶、飞机等运输工具的购置成本通常较高，而且不同类型的运输工具价格差异较大。例如，大型客机的购置成本可能高达数亿美元，而一辆普通的货运卡车则相对便宜得多。运输工具的折旧也是拥有成本的重要方面，随着使用时间的增加和技术的更新换代，运输工具的价值会逐渐降低。维护费用也是不可忽视的一部分，包括定期保养、维修、更换零部件等。为了确保运输工具的安全运行和高效性能，运输企业需要投入大量的资金进行维护。此外，运输工具的保险费用、税费等也构成了拥有成本。

3. 运营成本

运营成本是运输企业在日常运营中产生的费用。燃料费用和电力费用是运营成本的重要组成部分，其价格波动直接影响运输成本的高低。不同运输方式的燃料和电力消耗差异较大，例如，航空运输的燃料消耗相对较高，而铁路运输则相对较低。人工费用也是运营成本的关键部分，包括驾驶员、乘务员、装卸工人等工作人员的工资和福利。高素质的工作人员能够提高运输效率和服务质量，但也会增加企业的人力成本。管理费用包括企业的行政管理、财务管理、市场营销等方面的费用，这些费用虽然在总成本中所占比例相对较小，但对于企业的正常运营和发展至关重要。

（三）按与运量变化的关系分类的交通运输成本

1. 变动成本

变动成本与每一次运输配送直接相关，通常与运输里程和运输量成正比。劳动成本是变动成本的重要组成部分，驾驶员和装卸工人的工资和福利随着运输任务的增加而增加。例如，长途货运需要更多的驾驶员进行轮班驾驶，从而增加了劳动成本。燃料费用也是变动成本的主要方面，运输里程的增加会导致燃料消耗的增加。维修保养费用也与运输量密切相关，频繁的运输任务会使运输工具的磨损加剧，需要更多的维修保养费用。变动成本的控制对于运输企业来说至关重要，企业可以通过优化运输路线、提高运输工具的燃油效率、加强维修保养管理等方式来降低变动成本。

2. 固定成本

固定成本在短期内不发生变化，与运输里程和运输量没有直接关系。运输设施的租金或折旧是固定成本的重要组成部分，例如，车站、港口、仓库等设施的租金或折旧费用相对固定，不会随着运输量的变化而变化。信息系统的设立和维护费用也是固定成本的一部分，无论运输量大小，企业都需要投入一定的资金来建立和维护信息系统，以确保运输过程的高效管理和监控。管理人员的工资和福利也属于固定成本，企业的管理架构相对稳定，管理人员的数量和工资水平在短期内不会随着运输量的变化而大幅调整。固定成本的分摊对于运输企业的成本核算和定价策略至关重要，企业需要通过合理的定价和运营策略，将固定成本分摊到每一次运输任务中，以确保企业的盈利能力。

二、交通运输成本核算方法

（一）传统成本核算方法的适用场景及问题

1. 品种法在资产型、多功能、大规模的第三方物流企业中的应用

品种法将对外提供的物流服务看作无形产品，把相关物流功能整合成的合同服务作为生产品种进行成本计算。在这种方法下，成本项目细分为直接材料、直接人工和间接费用。然而，对于这类企业而言，直接材料和直接人工在总成本中所占比重往往很小，而间接费用比重却很大。由于缺乏合理有效的间接费用分配方法，因此成本信息的准确性受到影响。例如，在大型的第三方物流企业中，管理费用、设备维护费用等间接费用的分配难以准确地与具体的物流服务品种相对应，可能导致某些服务品种的成本被高估或低估，从而影响企业的定价决策和资源配置。

2. 按业务或营运工具划分法在传统运输转型物流企业中的应用

对于从传统运输转型而来的物流企业，成本计算对象可能是以业务划分（如货运业务、装卸业务），以营运工具划分（如货柜车、散货车、空调车），或以运输路线来划分的。成本构成细分为运输营运成本、仓储成本和管理费用。这种方法的局限性在于没有从企业整体业务考虑来确定成

本计算对象，无法提供不同业务或不同客户的成本信息，也难以计算企业提供增值服务的成本。例如，一家既从事货物运输又提供仓储服务的企业，如果仅按照业务或营运工具进行成本核算，可能无法准确了解为特定客户提供综合物流服务的成本，从而难以制定合理的价格策略和服务方案。

3. 费用归集法在为生产企业从事物料配送、为大型连锁超市从事商品配送的配送中心的应用

为生产企业从事物料配送、为大型连锁超市从事商品配送的配送中心通常按照营业费用、管理费用、财务费用三项总费用计算企业的成本费用。采用浮动费率制度，根据上年实际营运情况制定基准费率，再根据配送物品具体特征、客户重要性程度、客户需求等具体情况在基准费率基础上制定浮动费率。然而，这种方法只是按月归集实际费用，没有固定的成本计算对象，因此谈不上真正的成本核算。在实际操作中，由于无法确定不同配送任务的成本，可能导致企业在定价和资源分配上缺乏科学依据，难以实现效益最大化。

（二）现代成本核算方法——作业成本法的基本原理与步骤

1. 基本原理

作业成本法的基本原理是作业消耗资源，产品消耗作业，生产导致作业的发生，作业导致费用或成本的发生。这一原理强调了作业在成本核算中的核心地位，将成本的产生与作业活动紧密联系起来。通过对作业的分析和核算，可以更加准确地追溯成本的来源，为企业提供更精细的成本信息。

2. 步骤

（1）界定作业

根据对客户订单、渠道、物流业务和增值服务活动等进行典型分析来界定作业。这一步骤需要对企业的业务流程进行深入了解和分析，确定哪些活动构成了企业的作业。例如，在交通运输企业中，货物装卸、运输、仓储等活动都可以被视为不同的作业。

（2）确认资源

在作业界定的基础上进行资源的界定，每项作业必定涉及相关的资源，与作业无关的资源应从物流成本核算中剔除。资源包括人力、物力、财力

等方面，如运输车辆、驾驶员、燃料、仓库设施等。通过确认资源，可以明确每个作业所消耗的资源种类和数量。

（3）建立作业中心

对物流企业纷繁复杂的各项作业进行筛选和整合，将同项物流作业合并，形成物流作业中心。作业中心可以将相似的作业进行归类，便于成本的核算和管理。例如，可以将货物装卸作业合并为一个作业中心，将运输作业合并为另一个作业中心。

（4）选择资源动因

将资源耗费追踪到作业中心，形成作业成本库。资源动因反映了作业量与资源耗费之间的因果关系。例如，运输作业的资源动因可以是运输里程，装卸作业的资源动因可以是装卸次数。通过选择资源动因，可以将资源耗费合理地分配到各个作业中心。

（5）分配间接成本

依据作业中心成本动因，计算作业成本分配率，据此将间接成本分配到物流业务或服务中。成本动因是指导致成本发生的因素，如运输作业的成本动因可以是运输里程、运输重量等。通过计算作业成本分配率，可以将间接成本准确地分配到各个作业或服务中，提高成本信息的准确性。

（三）作业成本法的优点

1. 成本计算对象不同

传统成本计算方法是以企业最终产出的各种产品或服务作为成本计算对象，而作业成本法则是以作业为中心，使成本核算深入资源、作业层次。这种方法能够准确地反映成本的产生过程，为企业提供更详细的成本信息。例如，在交通运输企业中，传统成本核算方法可能只关注运输业务的总成本，而作业成本法可以将成本核算细化到每一次运输任务的各个作业环节，如装卸、运输、仓储等，从而更好地了解每个环节的成本情况。

2. 费用认识不同

传统成本计算方法下，成本核算只包括与生产产品或提供服务直接相关的费用，如直接材料、直接人工、制造费用等。而作业成本法却强调费用的合理性、有效性，不论费用是否与产品或服务有直接关联，只要是合理、有效的费用，都要计入产品或服务成本。例如，在交通运输企业中，传统成本核算方法可能忽略了企业的管理费用、设备维护费用等间接费用对成本的影响，而作业成本法将这些费用纳入成本核算范围，更加全面地反映了企业的成本结构。

3. 间接费用分配不同

传统成本计算方法以产品或服务按照其耗费的生产时间或按照其产量线性地消耗各项间接费用为基础，而作业成本法则以"成本驱动因素论"为基础，按作业的消耗量进行分配，从而提高了成本信息的准确性。例如，在交通运输企业中，传统成本核算方法可能按照运输里程或运输重量等单一指标来分配间接费用，而作业成本法可以根据不同作业环节的成本驱动因素，如装卸次数、运输里程、仓储时间等，更加合理地分配间接费用，使成本核算更加准确。

（四）交通运输成本核算方法的选择策略

交通运输成本核算方法的选择应根据企业的实际情况和需求进行。对于规模较小、业务相对简单的企业，传统成本核算方法可能较为适用，因为这些方法相对简单易懂，操作成本较低。然而，对于规模较大、业务复杂、提供多种物流服务的企业，作业成本法可能是更好的选择。作业成本法能够提供更准确、全面的成本信息，有助于企业优化资源配置、提高运营效率、制定合理的价格策略。在选择成本核算方法时，企业还应考虑以下因素。

1. 企业的业务特点

不同的运输业务类型（如货运、客运、快递等）和服务模式（如整车运输、零担运输、配送等）对成本核算方法的要求不同。企业应根据自身的业务特点选择适合的成本核算方法。

2. 成本结构

企业的成本结构也是选择成本核算方法的重要考虑因素。如果间接费用占比较大，作业成本法可能更适合；如果直接成本占比较大，传统成本核算方法可能更为简便。

3. 数据收集和处理能力

作业成本法需要大量的详细数据支持，企业应具备相应的数据收集和处理能力。如果企业的数据管理系统不完善，则可能难以实施作业成本法。

4. 管理需求

企业的管理需求也会影响成本核算方法的选择。如果企业需要更加精细的成本信息来进行决策分析、绩效考核等，作业成本法可能更满足需求；如果企业对成本信息的要求相对较低，传统成本核算方法可能更为合适。

三、交通运输成本控制策

（一）优化运输方式与路线的重要性及实施方法

优化运输方式与路线是交通运输成本控制的关键环节之一。合理选择运输工具能够充分发挥不同运输方式的优势，满足货物的特定需求，同时降低运输成本。货物的性质、数量、距离和时效性要求各不相同，因此需要综合考虑各种因素来选择最合适的运输工具。例如，对于大批量、长距离的货物运输，铁路运输可能是较为经济的选择，其运量大、成本相对较低；而对于小批量、高价值且时效性要求高的货物，航空运输则更为合适，尽管运输成本较高，但速度快能够满足紧急需求。

在对运输工具进行评价时，经济性是重要的考量因素，包括运输费用、维护成本等；迅速性则关系到货物能否及时到达目的地，影响企业的生产和销售计划；安全性是保障货物完好无损的关键，特别是对于易碎、贵重物品；便利性则涉及运输工具的可达性、装卸方便程度等方面。

优化运输路线对于降低成本同样至关重要。规划运输路线时，应充分了解交通状况，尽量避开拥堵路段和高峰时段，以减少绕路和等待时间。这需要借助先进的地图和导航系统，实时监控运输车辆的位置和状态，以便及时调整路线。

同时，还可以通过分析历史运输数据，找出最佳的运输路线。采用多式联运是一种有效的成本控制策略，它结合了不同运输方式的优势，实现无缝衔接。例如，铁路和水路的联运可以充分发挥铁路的长距离运输能力和水路的低成本优势，对于大宗货物的长途运输，能够显著降低运输成本。在实施多式联运时，需要建立高效的协调机制，确保不同运输方式之间的顺利转换。

（二）提高运输效率与装载率的途径及意义

提高运输效率与装载率是降低交通运输成本的重要手段。采用先进的运输技术和设备能够大幅提高运输速度。高速列车、大型货车等先进的运输工具具有更高的速度和更大的运载能力，能够在更短的时间内完成运输任务，降低单位时间的运输成本。

同时，优化运输流程也是提高运输效率的关键。减少不必要的环节和等待时间，如简化装卸流程、提高货物交接效率等，可以加快运输速度。

此外，提高装载率能够充分利用运输工具的空间，降低单位货物的运输成本。改进商品包装可以使其更加紧凑，便于堆放和运输，从而提高车辆的装载量。对不同货物进行搭配运输或组装运输，可以充分利用运输工具的空间，提高同一运输工具的装载量。减少空载率对于降低成本同样重要，通过合理的运输计划和调度，运输工具在往返程中都能装载货物，避免空载现象。利用回程运输等方式，可以提高运输工具的利用率，降低运输成本。

（三）加强运输成本管理的措施及作用

建立运输成本核算体系是加强运输成本管理的基础。明确成本核算对象和范围，能够确保成本核算的准确性和完整性。制定运输成本核算标准和流程，使成本核算工作规范化、标准化。应定期进行运输成本核算，及时掌握运输成本情况，并为成本控制决策提供依据。强化运输成本管控意识对于全体员工都至关重要。

提高员工对运输成本控制的认识和重视，使员工在日常工作中自觉采取成本控制措施。定期进行运输成本控制培训和考核，建立奖惩机制，激励员工积极参与成本控制工作。推行智能化运输管理系统是提高成本管理水平的重要手段。利用大数据和人工智能技术，能够优化运输路径和调度方案，提高运输效率，降低运输成本。实时监控运输过程，可以及时发现和解决问题，降低运输风险，减少运输损失。

（四）优化仓库布局与库存管理的方法及价值

优化仓库布局对于降低交通运输成本具有重要意义。根据货物的特性和运输需求，合理规划仓库的布局和设施，能够提高仓库的存储能力和出入库效率。例如，将仓库设置在交通便利的位置，便于货物的装卸和运输；合理规划仓库内部的货架布局和通道设计，提高货物存储密度和搬运效率。合理安排库存是控制成本的关键环节。

根据实际销售情况，合理安排库存量，避免库存积压导致资金占用。采用先进的库存管理技术，如实时库存更新、安全库存设定等，可以准确掌握库存情况，及时调整库存水平。同时，优化仓库布局和库存管理还可以减少货物的搬运次数和运输距离，降低运输成本。

四、交通运输成本效益分析

（一）交通运输成本效益分析的重要性

交通运输成本效益分析在现代企业经营中占据着举足轻重的地位。随着全球化和电子商务的快速发展，运输成本已成为影响产品价格、企业盈利能力和市场竞争力的重要因素。因此，深入分析交通运输成本及其效益，对于制定合理的运输策略、优化资源配置、提高运营效率具有至关重要的作用。

从经济效益的角度看，交通运输成本效益分析有助于企业识别成本驱动因素，找到降低成本的途径，从而提高整体盈利水平。同时，通过评估运输效益，企业可以更加清晰地了解运输活动对企业价值的贡献，为决策提供有力的数据支持。

（二）交通运输成本的构成与影响因素

交通运输成本主要由直接成本和间接成本构成。直接成本包括燃料费用、通行费、司机工资等与运输活动直接相关的费用；而间接成本则包括车辆维护费、管理费用、保险费用等与运输活动间接相关的费用。此外，运输距离、运输方式、运输量、交通拥堵情况、路况、天气以及政策法规等因素也会对运输成本产生影响。

为了有效控制运输成本，企业需要全面考虑上述因素，并采取相应的措施进行优化。例如，合理规划运输路线、提高车辆装载率、采用先进的运输技术和设备等方式，可以降低直接成本；而加强运输管理、提高运输效率、减少不必要的环节和等待时间等方式，则可以降低间接成本。

（三）交通运输效益的评估与优化

交通运输效益的评估主要关注运输活动的效率和质量。在效率方面，企业可以通过计算单位运输成本、运输时间、装载率等指标来评估运输活动的效率水平；在质量方面，则需要关注运输过程中的安全性、准时性和客户满意度等指标。

为了提高运输效益，企业需要从多个方面进行优化。首先，通过优化运输方式和路线，降低运输成本和时间成本，提高运输效率；其次，加强运输安全管理，确保货物和人员的安全，减少潜在风险带来的成本；最后，还可以通过提高服务质量、增强客户满意度等方式，提升运输活动的整体效益。

第四节　交通运输收益管理

一、交通运输收益的来源与构成

（一）成本与收益的关系

交通运输成本与收益之间存在着紧密的关系。一方面，成本是企业在提供运输服务过程中所必须承担的各种费用支出，包括基础设施建设成本、运输工具购置和维护成本、人力成本、燃料成本等。这些成本的高低直接影响着企业的盈利能力和市场竞争力。另一方面，收益是企业通过提供运输服务所获得的收入，包括基本运输费用、附加运输费用以及增值服务收益等。收益的多少取决于市场需求、运输价格、服务质量等因素。在交通运输成本效益分析中，关键是要找到成本与收益之间的平衡点，即企业在保证一定服务质量的前提下，尽可能降低成本，提高收益，从而实现经济效益的最大化。

成本与收益的关系还体现在成本的变动对收益的影响上。当成本上升时，如果企业不能相应地提高运输价格或增加收益来源，就会导致利润下降；相反，当成本下降时，企业可以通过降低运输价格来吸引更多客户，提高市场份额，或者保持价格不变，增加利润空间。因此，企业需要密切关注成本的变化趋势，及时采取有效的成本控制措施，确保成本与收益的平衡。

（二）成本效益分析的方法

交通运输成本效益分析可以采用多种方法，其中比较常用的有成本效益比分析法、投资回收期分析法和内部收益率分析法等。

成本效益比分析法是通过计算成本与效益的比值来评估项目的可行性和经济效益。成本效益比越小，说明项目的经济效益越好。在交通运输成本效益分析中，可以将运输成本与运输收益进行比较，计算出成本效益比。如果成本效益比小于1，说明运输收益大于运输成本，项目具有经济效益；如果成本效益比大于1，说明运输成本大于运输收益，项目不具有经济效益。

投资回收期分析法是通过计算项目的投资回收期来评估项目的可行性和经济效益。投资回收期越短，说明项目的经济效益越好。在交通运输成本效益分析中，可以将项目的投资与每年的净收益进行比较，计算出投资回收期。

内部收益率分析法是通过计算项目的内部收益率来评估项目的可行性和经济效益。内部收益率越高，说明项目的经济效益越好。在交通运输成本效益分析中，可以将项目的现金流量进行折现，计算出内部收益率。如果内部收益率大于企业的资金成本，说明项目具有经济效益；如果内部收益率小于企业的资金成本，说明项目不具有经济效益。

（三）成本控制的策略

为了提高交通运输成本效益，企业需要采取有效的成本控制策略。首先，企业可以通过优化运输路线、提高运输效率、降低空载率等方式来降低运输成本。例如，采用先进的物流管理技术，合理规划运输路线，避免绕路和拥堵，提高运输速度；加强运输车辆的调度管理，提高车辆的利用率，降低空载率。其次，企业可以通过降低人力成本、燃料成本等方式来降低运营成本。例如，采用自动化设备和信息化管理系统，减少人工操作，提高工作效率；优化燃料采购渠道，降低燃料价格，提高燃料利用率。最后，企业还可以通过加强成本管理、提高服务质量等方式来提高经济效益。例如，建立健全成本管理制度，加强成本核算和成本控制，降低成本浪费；提高服务质量，满足客户需求，增加客户满意度，提高市场份额。

二、交通运输定价策略与价格管理

（一）交通运输价格管理的重要性

价格弹性管理是交通运输价格管理的重要方面。企业需要根据市场需求和竞争情况灵活调整运输价格。在需求旺季或供不应求时，提高价格可以增加企业的收入，但也可能导致部分客户流失。因此，企业需要谨慎调整价格，确保价格上涨幅度在客户可接受的范围内。在需求淡季或供过于求时，降低价格可以吸引客户，提高市场份额。但是，过度降低价格可能会影响企业的利润，甚至导致亏损。因此，企业需要根据市场情况和自身成本结构，合理调整价格，实现收益最大化。

价格透明度对于提高客户满意度和信任度至关重要。企业需要提供清晰、透明的价格信息，让客户能够了解运输服务的价格构成和收费标准。这包括明确列出基本运输费用、附加费用、增值服务费用等，并解释费用的计算方法和依据。通过提供透明的价格信息，客户可以更好地比较不同企业的价格和服务，做出明智的选择。同时，价格透明度也有助于企业树立良好的市场形象，增强市场竞争力。

价格歧视策略在不违反法律法规的前提下，可以根据客户的不同需求、购买能力和购买意愿制定不同的运输价格。例如，对于长期合作的客户或购买量大的客户，企业可以提供一定的价格优惠，以增强客户的忠诚度和合作意愿；对于价格敏感的客户，企业可以推出一些经济实惠的运输方案，满足他们的需求。但是，企业在实施价格歧视策略时，需要注意公平性和合理性，避免引起客户的不满和投诉。

价格监管与合规是企业必须遵守的法律要求。企业需要遵守国家相关法律法规和价格政策，确保运输价格的合法性和合规性。这包括不得进行价格欺诈、不得串通涨价、不得滥用市场支配地位等。同时，企业还需要加强内部价格监管，建立健全价格管理制度，规范价格行为，防止价格欺诈、价格歧视等不正当行为的发生。通过遵守价格监管要求，企业可以维护市场秩序，保护消费者权益，促进交通运输市场的健康发展。

（二）价格策略的动态调整机制

交通运输市场是不断变化的，企业需要密切关注市场动态和竞争对手的定价策略，及时调整自己的价格策略。市场动态包括经济形势、政策变化、行业发展趋势、客户需求变化等多个方面。企业需要分析这些因素对运输价格的影响，并相应地调整价格策略。例如，在经济增长放缓、市场需求下降时，企业需要降低价格以刺激需求；在政策支持交通运输行业发展时，企业可以适当提高价格以增加收入。

竞争对手的定价策略也是企业调整价格策略的重要参考。企业需要密切关注竞争对手的价格变化、促销活动、服务创新等方面的动态。如果竞争对手降低价格，企业需要评估其影响，并考虑是否跟进降价。如果竞争对手推出新的服务或促销活动，企业需要分析其优势和劣势，并相应地调整自己的价格策略和服务内容。通过及时调整价格策略，企业可以在竞争中保持主动，提高市场竞争力。

定期评估价格策略的有效性是企业不断优化定价策略的重要手段。企业可以通过分析销售数据、客户反馈、市场份额变化等指标，评估价格策略的实施效果。如果发现价格策略存在问题，企业需要及时调整和改进。例如，如果价格过高导致市场份额下降，企业可以考虑降低价格或推出更具竞争力的服务；如果价格过低导致利润下降，企业可以考虑提高价格或优化成本结构。通过定期评估和优化价格策略，企业可以不断提高市场竞争力，实现可持续发展。

三、交通运输收益分配与激励机制

（一）交通运输收益分配方式的具体内容及优势

薪酬体系是交通运输收益分配的重要方式之一。建立合理有效的薪酬体系能够吸引和留住优秀的员工。基本工资是员工的稳定收入来源，应根据岗位的重要性、市场行情和员工的工作经验等因素进行确定。绩效奖金则是对员工工作表现的奖励，能够激励员工积极工作。福利待遇也是薪酬体系的重要组成部分，包括医疗保险、住房补贴、带薪休假等方面，它能够提高员工的生活质量和工作满意度。对于关键岗位和优秀员工，可以设立更高的薪酬标准和额外的奖励机制，如特殊津贴、年终大奖等，以体现他们的价值和贡献。

利润分配是企业将盈利部分分配给投资者和员工的方式。根据企业的盈利情况，制定合理的利润分配方案可以增强投资者的信心，同时也能激励员工为企业创造更多的价值。在保障企业基本运营和未来发展的前提下，将部分利润分配给投资者可以回报他们的资本投入，吸引更多的资金以支持企业的发展。对于员工而言，利润分配可以让他们分享企业的发展成果，增强他们的归属感和忠诚度。例如，企业可以根据员工的工作年限、绩效表现等因素，给予一定比例的利润分红。

股权激励是一种将企业股权分配给核心员工和管理层的激励方式。通过股权激励，员工成为企业的股东，他们的利益与企业的长远发展紧密相连。这种方式可以激励员工更加关注企业的长期业绩，积极为企业的发展贡献力量。同时，股权激励也有助于吸引和留住优秀的人才，提高企业的核心竞争力。例如，企业可以制订股票期权计划，给予员工在未来一定时期内以特定价格购买企业股票的权利。当企业业绩良好、股票价格上涨时，员工可以通过行使期权获得收益。

（二）交通运输激励机制设计的关键环节及作用

绩效激励机制是激励员工提高工作绩效的重要手段。设立明确的绩效考核标准可以让员工清楚地了解自己的工作目标和要求，从而有针对性地提高工作效率和质量。绩效考核标准应包括工作任务完成情况、工作质量、客户满意度等多个方面，并且要具有可操作性和可衡量性。通过定期的绩效评估，对表现优秀的员工给予奖励，如晋升、加薪、表彰等，可以激发他们的工作热情和积极性。同时，对于绩效不佳的员工，也应给予相应的辅导和改进机会，帮助他们提升工作能力。

职业发展激励机制为员工提供了清晰的职业发展规划和晋升机会。在交通运输行业中，员工希望看到自己在企业中的发展前景，有机会提升自己的职业地位和收入水平。企业可以为员工制定个性化的职业发展规划，根据员工的兴趣、能力和职业目标，为他们提供培训、轮岗、晋升等机会。例如，对于有管理潜力的员工，可以安排他们参加管理培训课程，提升他们的领导能力；对于技术型员工，可以为他们提供技术交流和学习的机会，鼓励他们进行技术创新。通过职业发展激励机制，员工能够感受到企业对他们的重视和支持，从而更加努力地工作。

企业文化激励机制通过建立积极向上的企业文化来激发员工的团队合作精神和创新能力。良好的企业文化能够营造良好的工作氛围，增强员工的归属感和凝聚力。企业可以通过举办团建活动、表彰大会等方式，弘扬企业的核心价值观和文化理念，让员工在活动中感受到团队的力量和温暖。同时，企业文化激励机制也有助于培养员工的创新意识和进取精神，鼓励他们勇于尝试新的工作方法和业务模式，为企业的发展注入新的活力。

创新激励机制鼓励员工提出创新性的想法和建议，推动企业不断创新和发展。在交通运输行业中，技术创新和服务创新是提高企业竞争力的重要手段。企业可以设立创新奖励基金，对在技术创新、服务创新等方面取得突出成果的员工给予奖励，如奖金、荣誉证书、专利授权等。同时，企业还可以为员工提供创新的平台和资源，支持他们开展创新项目和实验，让他们在创新中实现自我价值。

（三）收益分配与激励机制的持续优化方法及意义

定期评估与调整是确保收益分配与激励机制有效性的重要手段。企业应根据自身的发展阶段和市场环境的变化，定期对收益分配与激励机制进行评估。评估内容可以包括机制的公平性、效率性、激励效果等方面。通过评估，企业可以发现存在的问题和不足，及时进行调整和优化。例如，当企业进入新的市场领域或推出新的业务模式时，可能需要对绩效激励机制进行调整，以适应新的工作要求和挑战。

员工反馈与参与是优化收益分配与激励机制的重要途径。鼓励员工提出对收益分配与激励机制的意见和建议，可以增强他们的参与感和归属感。企业可以通过员工座谈会、问卷调查等方式，收集员工的反馈信息。对于员工提出的合理建议，企业应认真考虑并及时采纳，让员工感受到自己的声音被重视。同时，员工的参与也有助于提高机制的公平性和合理性，使机制更加符合员工的实际需求。

行业标杆学习是借鉴先进经验、提升自身机制水平的有效方法。关注交通运输行业的标杆企业，学习它们的收益分配与激励机制，可以为自身的优化提供参考和借鉴。企业可以通过参加行业研讨会、交流活动等方式，了解行业内的先进做法和创新经验。同时，企业也可以与标杆企业进行对标分析，找出自身与标杆企业的差距，制订改进措施和提升计划。

四、交通运输收益风险管理与优化

（一）交通运输收益风险优化策略的实施及效果

合理规划线路是降低运营成本的重要手段。货车运输企业通过对线路进行合理规划，可以避免重复或不必要的行驶，减少里程损耗。在规划线路时，企业可以利用地理信息系统等技术，综合考虑道路状况、交通流量、货物配送地点等因素，制定出最优的运输路线。降低燃料消耗对于提高企业的收益水平具有显著作用。采用减速行驶、定期保养车辆、使用节油装置等方式，可以有效降低燃料消耗。减速行驶可以减少车辆的空气阻力和油耗，定期保养车辆可以确保发动机等关键部件的良好运行状态，提高燃油效率，使用节油装置则可以进一步降低燃料消耗。

优化物流配送可以提高企业的运营效率和服务质量。与供应商、客户建立紧密的物流配送关系，减少中间环节，可以降低运输成本，同时提高货物的配送速度和准确性，提升客户满意度。拓展物流业务可以为企业增加收入来源。货车运输企业可以通过建立物流仓储和配送中心，提供综合化的物流服务，满足客户多样化的需求。例如，除了传统的货物运输服务外，企业还可以提供仓储管理、货物分拣、包装等增值服务，提高企业的综合竞争力。加强国际合作可以有效应对地区性安全风险。在面对地区性安全挑战时，交通运输企业可以通过加强国际合作和信息共享，共同制定应对措施，确保运输安全。国际合作包括与其他国家的交通运输企业、政府部门、国际组织等进行合作，共同打击跨国犯罪、维护地区安全稳定。

（二）收益风险管理持续优化的关键环节及意义

建立风险预警系统是收益风险管理持续优化的重要基础。企业通过建立风险预警系统，可以及时发现潜在的风险因素，并采取相应的措施进行管理。风险预警系统应具备实时监测、数据分析、预警发布等功能，能够对市场风险、信用风险、汇率风险、运营风险等进行全面监测和预警。加强员工培训可以提高员工的风险意识和专业技能，确保员工能够识别和处理潜在风险。企业应定期组织员工参加风险培训课程，提高员工对风险的认识和理解，同时加强对员工在风险管理方面的专业技能培训，如风险评估方法、风险应对策略等。定期评估与优化是确保风险管理措施有效性和适应性的重要手段。

企业应定期对风险管理措施进行评估，分析其实施效果和存在的问题，并根据市场变化和企业发展需求，及时调整风险管理策略。通过持续优化风险管理措施，企业可以不断提高风险管理水平，降低风险对企业收益的影响。

第五节　交通运输经济政策与法规

一、交通运输经济政策概述

（一）政策目标的重要性及实现途径

促进交通运输发展是交通运输经济政策的首要目标。交通运输作为国民经济的基础性、先导性产业，其发展水平直接关系到经济社会的整体运行效率。通过制定和实施经济政策，政府能够有效地推动交通运输基础设施的建设和完善。这包括加大对公路、铁路、水路、航空等交通基础设施的投资力度，拓宽交通网络覆盖范围，提高交通线路的质量和等级。例如，政府可以通过财政拨款、发行专项债券等方式筹集资金，用于新建高速公路、铁路干线、港口码头和机场等重大交通项目。

同时，政策还可以鼓励社会资本参与交通运输基础设施建设，通过PPP（政府和社会资本合作）模式等创新融资方式，吸引民间资本投入交通领域，提高交通基础设施的建设速度和质量。提高交通运输的通达性和便捷性，不仅能够缩短地区之间的距离，促进人员、物资的流动，还能为经济发展创造良好的条件。

（二）主要内容的具体作用及实施方式

投资政策在交通运输经济发展中起着关键作用。政府通过财政投入为交通运输基础设施建设提供资金保障，这对于那些具有重大战略意义但投资回报周期较长的项目尤为重要。例如，政府可以投资建设国家重点铁路干线、高速公路网的关键路段等。引导社会资本参与交通运输基础设施建设，可以充分发挥市场机制的作用，提高资源配置效率。政府可以通过制定优惠政策、提供风险担保等方式，吸引社会资本进入交通领域。

鼓励企业加大技术创新和研发投入，能够提高交通运输的智能化和自动化水平，提升运输效率和服务质量。例如，支持企业研发智能交通系统、无人驾驶技术等，推动交通运输行业的转型升级。

（三）实施效果的积极影响及持续改进方向

基础设施不断完善是交通运输经济政策实施的重要成果之一。在政策的推动下，交通运输基础设施不断完善，提高了交通运输的通达性和便捷性。这为经济社会发展提供了有力的支撑，促进了区域间的贸易往来、人员流动和资源开发。然而，基础设施建设仍然存在不平衡、不充分的问题，需要进一步加大对薄弱地区和领域的投资力度，提高基础设施的整体水平。同时，要注重基础设施的维护和管理，延长其使用寿命，提高投资效益。

运输效率和服务质量的提升是交通运输经济政策的重要成效。通过优化运输资源配置、提高运输效率和服务质量，交通运输行业更好地满足了经济社会发展的需求。然而，与国际先进水平相比，我国交通运输的效率和服务质量还有一定的差距。这需要进一步加强技术创新和管理创新，提高运输企业的运营管理水平，推广先进的运输组织模式和技术装备，不断提升运输效率和服务质量。

二、交通运输法规体系构建

（一）总体要求与目标的重要性及实现途径

在构建交通运输法规体系时，遵循总体要求并设定明确目标至关重要。全面贯彻党的指导思想，牢固树立创新、协调、绿色、开放、共享的新发展理念，为交通运输法规体系构建提供了正确的方向指引。党的指导思想是各项事业发展的根本遵循，在交通运输领域，只有紧密围绕党的指导思想，才能确保法规体系建设符合国家发展战略和人民利益。创新发展理念促使交通运输法规不断适应新技术、新业务模式的出现，鼓励行业创新，推动交通运输行业的转型升级。协调发展理念要求法规体系注重不同运输方式之间的协调发展，打破行业壁垒，实现综合交通运输体系的高效运行。绿色发展理念促使法规加强对交通运输行业的环保要求，推动节能减排和绿色交通发展。开放发展理念鼓励交通运输行业积极参与国际合作与竞争，完善涉外法律法规，提高我国交通运输的国际竞争力。共享发展理念要求法规体系保障公众对交通运输服务的公平享有，提高交通运输的普惠性和可及性。

从国民经济和社会发展对交通运输的需求出发，围绕推进综合交通运输体系发展构建法律制度，体现了法规体系建设的现实意义。随着经济的快速发展和社会的不断进步，交通运输在国民经济中的地位越来越重要。构建适应经济社会发展需求的法规体系，能够为交通运输行业提供稳定的法律环境，促进资源的合理配置和高效利用。围绕综合交通运输体系发展构建法律制度，有助于整合不同运输方式的优势，实现一体化发展，提高运输效率和服务质量。例如，通过制定跨运输方式的法规，促进铁路、公路、水路、民航等运输方式之间的无缝衔接，实现货物的多式联运和旅客的便捷换乘。

促进不同运输方式法律制度的有效衔接，保障各种运输方式发挥比较优势和组合效率，是构建交通运输法规体系的关键任务。不同运输方式具有各自的特点和优势，如铁路运输适合长距离、大运量的货物运输；公路运输具有灵活性高、门到门服务的优势；水路运输成本低、运量大；民航运输速度快、适合长途客运和高价值货物运输。通过法规体系的构建，实现不同运输方式法律制度的有效衔接，可以充分发挥各种运输方式的比较优势，实现优势互补。同时，通过合理的制度安排，促进各种运输方式的组合效率，提高综合交通运输体系的整体效益。例如，制定多式联运法规，规范多式联运的经营行为和市场秩序，明确各参与方的权利和义务，为多式联运的发展提供法律保障。

到2035年，基本形成系统完备、架构科学、布局合理、分工明确、相互衔接的综合交通法规体系的目标，为交通运输法规体系建设设定了明确的时间表和路线图。系统完备要求法规体系涵盖交通运输行业的各个方面，包括基础设施建设、运输服务、安全管理、环境保护等。架构科学意味着法规体系的结构合理，层次分明，不同法律法规之间相互协调、相互配合。布局合理要求法规体系在不同运输方式和领域之间实现分布均衡，避免出现法律空白或重复立法的情况。分工明确要求明确各法律法规的调整范围和职责权限，避免职责交叉和推诿扯皮。相互衔接要求不同法律法规之间在内容和执行上相互呼应、相互支持，形成一个有机的整体。

跨运输方式、铁路、公路、水路、民航、邮政等各领域"龙头法"和重点配套行政法规制修订工作基本完成的目标，为交通运输法规体系建设明确了具体任务。"龙头法"在各领域中起到统领作用，为行业发展提供基本的法律框架和原则。重点配套行政法规则对"龙头法"进行细化和补充，增强法律的可操作性。完成这些制修订工作可以为各领域的发展提供明确的法律依据，规范市场秩序，保障行业的健康发展。

不同运输方式的法律制度有效衔接，支撑各种运输方式一体化融合发展，保障现代化综合交通体系建设的目标，强调了法规体系建设的最终目的。实现法律制度的有效衔接可以打破不同运输方式之间的壁垒，促进资源的优化配置和共享，提高综合交通运输体系的整体效能。一体化融合发展要求不同运输方式在基础设施、运输服务、信息共享等方面实现深度融合，为用户提供便捷、高效、安全的综合运输服务。法规体系的建设要为现代化综合交通体系建设提供坚实的法律保障，确保各项建设任务的顺利实施。

（二）构建原则的内涵及实践意义

坚持围绕中心，服务改革发展大局，是交通运输法规体系构建的根本原则。紧紧围绕加快构建综合交通运输体系这一中心任务，科学设计法规体系和项目安排，能够确保法规体系建设与行业发展目标相一致。准确把握行业发展趋势和功能定位，要求法规体系具有前瞻性和适应性，能够及时应对行业发展中的新情况、新问题。主动适应深化改革与经济社会发展大局，意味着法规体系要与国家的改革政策相协调，为交通运输行业的深化改革提供法律支持。例如，随着供给侧结构性改革的推进，法规体系应鼓励运输企业优化运力结构、提高服务质量，推动行业转型升级。

坚持立法先行，与改革工作良性互动，体现了法规体系建设在推动行业改革中的重要作用。坚持以立法引领改革，意味着在改革决策出台之前，通过立法为改革提供法律依据和制度保障，确保改革在法治的轨道上进行。实现深化改革和推进法治相互促进，要求在改革过程中不断完善法规体系，以法治思维和方式解决改革中出现的问题。制度设计与行业深化改革的重大决策部署有序衔接、紧密结合，确保法规体系能够及时反映改革的成果和要求，为改革的顺利推进提供有力支持。例如，在交通运输行业市场化改革中，通过制定相关法规，规范市场准入、竞争秩序和监管机制，保障改革的顺利进行。

坚持把握规律，提升立法质量，是构建科学合理的交通运输法规体系的关键。深入研究现代交通运输发展的内在规律，要求立法者充分了解交通运输行业的技术特点、市场需求和发展趋势，使法规体系符合行业发展的实际情况。注重制度创新，意味着法规体系要敢于突破传统思维，引入新的制度和机制，以适应行业发展的新要求。充分体现系统性、科学性、前瞻性，要求法规体系在结构上完整、内容上科学、目标上具有前瞻性。加强重点领域立法，能够针对行业发展中的关键问题和薄弱环节，制定有针对性的法律法规，提高法规体系的实效性。例如，在交通安全、环境保护、智能交通等重点领域，应加强立法工作，为行业发展提供有力的法律保障。

坚持群众路线，实现立法为民，体现了法规体系建设的根本宗旨。坚持开门立法、民主立法，能够广泛听取社会各界的意见和建议，使法规体系充分反映人民群众的利益诉求。紧紧依靠群众，意味着在立法过程中要充分发挥人民群众的主体作用，让人民群众参与到法律法规的制定、修改和实施过程中。广泛听取和吸收社会各界、各阶层意见，能够确保法规体系的公平性、公正性和合理性。切实做到集思广益、凝聚共识，能够提高法规的可执行性和社会认可度，为法规的顺利实施奠定基础。例如，在制定城市公共交通条例时，广泛征求市民、公交企业、行业专家等各方意见，使条例更加符合公众的出行需求和城市发展的实际情况。

（三）综合交通运输法规体系框架的组成及作用

综合交通运输法规体系框架由跨运输方式法规系统、铁路法规系统、公路法规系统、水路法规系统、民航法规系统和邮政法规系统六个系统构成，涵盖了交通运输行业的各个领域。

跨运输方式法规系统在综合交通运输法规体系中起着统领和协调的作用。《综合交通运输促进法》为综合交通运输体系的发展提供了基本的法律框架和政策导向，明确了各参与方的权利和义务，促进不同运输方式之间的协调发展。《综合交通运输枢纽条例》规范综合交通运输枢纽的规划、建设、运营和管理，提高枢纽的综合服务能力和效率。《多式联运法》推动多式联运的发展，规范多式联运的经营行为和市场秩序，实现不同运输方式的无缝衔接。

铁路法规系统为铁路行业的发展提供了法律保障。《中华人民共和国铁路法》是铁路行业的基本法律，规范铁路建设、运输经营、安全管理等方面的行为。《铁路运输条例》和《铁路安全管理条例》对铁路运输和安全管理进行细化和补充，能够确保铁路运输的安全、高效、有序进行。

公路法规系统包括公路基础设施法规子系统和道路运输法规子系统。公路基础设施法规子系统中的《中华人民共和国公路法》《收费公路管理条例》《公路安全保护条例》等法律法规，规范公路的建设、养护、收费和安全管理，保障公路的畅通和安全。道路运输法规子系统中的《中华人民共和国道路运输法》《中华人民共和国道路运输条例》《城市公共交通条例》等法律法规，规范道路运输市场秩序，提高道路运输服务质量，保障公众的出行需求。

水路法规系统由水运基础设施法规子系统、水路运输法规子系统和水上交通安全和防污染法规子系统组成。水运基础设施法规子系统中的《中华人民共和国港口法》《港口管理条例》《中华人民共和国航道法》《航道管理条例》等法律法规，规范港口和航道的建设、运营和管理，提高水运基础设施的服务能力。水路运输法规子系统中的《中华人民共和国海商法》《航运法》《国内水路运输管理条例》《国际海运条例》等法律法规，规范水路运输市场秩序，保障水路运输的安全和效率。水上交通安全和防污染法规子系统中的一系列法律法规，加强水上交通安全管理和防污染工作，保护水域环境。

民航法规系统以《中华人民共和国民用航空法》为统领，包括航空器、空中交通管理、运行审定、机场管理、运输管理、通用航空、安全保卫、航空安全与事故调查等八个子系统。这些子系统的法律法规规范了民航行业的各个方面，保障民航运输的安全、高效、有序进行。

邮政法规系统中的《中华人民共和国邮政法》《邮政服务条例》《快递条例》《邮政业安全管理条例》等法律法规，规范邮政和快递行业的发展，保障邮政通信的安全和畅通，提高邮政服务质量。

综合交通运输法规体系框架的六个系统相互配合、相互协调，共同构成了一个完整的法规体系，为综合交通运输体系的发展提供了全面的法律保障。

（四）立法工作计划与项目安排的实施步骤及影响

根据交通运输部的立法工作计划，未来的立法工作将围绕构建现代综合交通运输体系、深化重点领域改革、提升安全应急保障水平、推进行业治理现代化、推进交通运输新老业态融合发展、加强生态环境保护与涉外法治建设等几个方面展开。

在构建现代综合交通运输体系方面，加快推进交通运输法、国防交通法、铁路法、民用航空法、邮政法等制修订，为综合交通运输体系的发展提供基本的法律框架和制度保障。这些法律法规的制修订将进一步明确各运输方式的定位和发展方向，促进不同运输方式之间的协调发展，提高综合交通运输体系的整体效能。

在深化重点领域改革方面，加快推进收费公路管理条例、农村公路条例、城市公共交通条例等的制修订，为交通运输行业的市场化改革提供法律支持。这些法规的制修订将进一步规范收费公路的管理、农村公路的建设和养护、城市公共交通的运营和服务，提高交通运输行业的服务质量和效率。

在提升安全应急保障水平方面，加快推进内河交通安全管理条例、船舶载运危险货物安全监督管理规定、铁路建设工程安全生产监督管理办法等制修订，加强对交通运输行业的安全监管，提高安全应急保障能力。这些法规的制修订将进一步明确各运输方式的安全管理责任和要求，加强对危险货物运输的管理，提高交通运输行业的安全水平。

在推进行业治理现代化方面，加快推进国际海运条例、内地与港澳间水路运输管理规定、邮票发行监督管理办法等的制修订，完善交通运输行业的治理体系，提高行业治理能力。这些法规的制修订将进一步规范国际海运市场秩序、内地与港澳间水路运输管理、邮票发行监督管理等方面的行为，提高行业治理的法治化、规范化水平。

在推进交通运输新老业态融合发展方面，加快推进道路运输条例修订，研究推进船员条例、海事劳工条件检查办法等的制修订，适应交通运输行业新老业态融合发展的趋势。这些法规的制修订将进一步规范道路运输市场秩序，保障船员的合法权益，促进交通运输新老业态的融合发展。

在加强生态环境保护与涉外法治建设方面，加快推进海商法、港口和船舶岸电管理办法、船舶及其有关作业活动污染海洋环境防治管理规定等制修订，加强对交通运输行业的生态环境保护，提高涉外法治水平。这些法规的制修订将进一步明确港口和船舶岸电管理、船舶污染防治等方面的要求，加强对交通运输行业的生态环境保护，提高我国交通运输行业的国际竞争力。

综上所述，交通运输法规体系的构建是一个长期而复杂的过程，需要政府、行业和社会各界的共同努力。通过遵循总体要求和目标、坚持构建原则、完善法规体系框架、实施立法工作计划与项目安排，推动交通运输行业的持续健康发展，为加快建设交通强国提供有力的法治保障。

三、交通运输经济政策实施与效果评估

（一）政策实施的关键环节与挑战

交通运输经济政策的实施涉及多个关键环节，每个环节都对政策的最终效果产生重要影响。

首先，政策的制定需要充分考虑交通运输行业的特点和发展需求。交通运输行业具有基础设施投入大、运营成本高、市场竞争激烈等特点，因此政策制定者需要深入了解行业的实际情况，确保政策的针对性和有效性。例如，在制定投资政策时，要考虑不同运输方式的发展需求和投资回报率，合理分配资金，避免资源浪费。

其次，政策的宣传和解读也至关重要。交通运输经济政策往往涉及众多利益相关者，包括政府部门、运输企业、从业人员和社会公众等。只有通过广泛的宣传和深入的解读，才能让社会各方理解政策的目的、内容和实施步骤，提高政策的执行力度。例如，政府可以通过举办政策宣讲会、发布政策解读文件等方式，向运输企业和从业人员传达政策信息，解答他们的疑问。

最后，政策的执行和监督是确保政策落地的关键。政府部门需要建立健全政策执行机制，明确各部门的职责和任务，加强对政策执行情况的监督和检查。同时，要建立有效的反馈机制，及时了解政策执行过程中出现的问题，并采取相应的措施加以解决。例如，政府可以通过建立信息化管理平台，实时监测政策执行情况，及时发现问题并加以整改。

（二）效果评估的指标体系构建

为了全面、客观地评估交通运输经济政策的实施效果，需要构建一套科学合理的指标体系。

首先，经济指标是评估政策效果的重要方面。这包括交通运输行业的总产值、增加值、投资回报率、企业利润等。这些指标可以反映政策对交通运输行业经济发展的促进作用。例如，通过比较政策实施前后交通运输行业的总产值和增加值的变化，评估政策对行业经济增长的贡献。

其次，社会效益指标也不可忽视。例如，交通运输的安全性、便捷性、可达性、环保性等。这些指标可以反映政策对社会公共利益的影响。通过统计交通事故发生率、公共交通覆盖率、居民出行时间等指标的变化，评估政策对交通运输安全性和便捷性的提升效果。

再次，政策实施的效率指标也很重要。这包括政策的执行效率、资金使用效率、资源配置效率等。这些指标可以反映政策实施过程中的管理水平和资源利用效率。例如，通过计算政策执行的时间成本、资金投入与产出比等指标，可以评估政策实施的效率。

最后，可持续发展指标也是评估政策效果的重要方面。例如，交通运输行业的能源消耗、碳排放、资源利用率等。这些指标可以反映政策对交通运输行业可持续发展的影响。通过监测交通运输行业的能源消耗和碳排放情况，相关部门可以评估政策对行业环保和可持续发展的推动作用。

（三）效果评估的方法与过程

交通运输经济政策效果评估可以采用多种方法，包括定量分析和定性分析相结合的方法。定量分析主要通过收集和分析数据，运用数学模型和统计方法，对政策效果进行量化评估。例如，可以建立回归模型，分析政策变量与经济指标、社会效益指标等之间的关系，评估政策的影响程度。定性分析则主要通过专家访谈、问卷调查、案例分析等方法，对政策效果进行主观评价。例如，可以邀请行业专家对政策实施效果进行评价，了解他们对政策的看法和建议。

在效果评估的过程中，首先要确定评估的目标和范围，明确评估的政策对象、时间范围和评估的重点内容。其次，收集和整理相关数据，包括政策实施前后的经济数据、社会效益数据、效率数据和可持续发展数据等。再次，运用选定的评估方法对数据进行分析和处理，得出评估结果。最后，根据评估结果撰写评估报告，提出政策调整和完善的建议。评估报告应包括评估的背景、目的、方法、结果和建议等内容，为政策制定者提供决策参考。

第二章　交通运输规划与决策

第一节　交通运输规划原理

一、交通运输规划的基本概念

（一）定义与内涵的深入理解

　　交通运输规划作为引导交通运输发展的行动指南，其定义与内涵涵盖了多个关键方面。确定交通运输业发展的方向是规划的核心任务之一，这需要对经济社会发展趋势进行深入分析，了解不同地区、不同产业的运输需求变化，从而为交通运输业的未来发展指明道路。例如，随着电子商务的蓬勃发展，物流运输需求大幅增长，交通运输规划就需要考虑如何优化物流通道、提高运输效率，以满足电商行业的发展需求。

　　原则的制定则为交通运输规划提供了基本准则。可持续发展原则要求在规划中充分考虑环境影响，推动绿色交通发展，减少交通运输对生态环境的破坏。公平性原则确保不同地区、不同群体都能享受到便捷的交通运输服务，避免出现交通资源分配不均的情况。安全性原则始终贯穿于交通运输规划的各个环节，通过合理设计交通设施、完善安全管理体系，保障人员和货物的安全运输。

（二）主要构成与分类的详细解析

1. 构成要素

需求要素是交通运输规划的基础。移动意识所决定的主体包括个人、团体等，其出行需求和货物运输需求是交通运输规划的出发点。例如，居民的日常出行需求决定了城市公共交通系统的规划；企业的物流需求则影响着货运交通的布局。移动的对象，即人、物等，不同的移动对象对运输方式和设施有不同的要求。例如，旅客运输需要舒适、快捷的交通方式，而货物运输则更注重成本和效率。

2. 分类

按地区范围分类，国家级交通运输规划对全国的综合运输网络进行总体布局，旨在实现全国范围内的交通运输高效互联互通。这需要综合考虑不同地区的经济发展需求、地理条件和资源分布等因素，统筹规划铁路、公路、内河、海运、航空、管道等多种运输方式的布局和建设。

区域性交通运输规划则根据不同区域的特点和需求进行规划。大区域的运输网规划，如京津冀地区、长三角地区等，需要加强区域内各城市之间的交通联系，促进区域经济一体化发展。省域运输网络规划重点关注省内不同城市之间的交通连接和资源整合。地区或市域运输网络规划则更加注重城市内部及周边地区的交通布局，满足居民出行和经济发展的需求。城市交通规划针对城市内部的交通系统，包括道路网络、公共交通、慢行交通等，旨在提高城市交通的便捷性和可持续性。

按时限分类，远期或远景战略规划具有前瞻性和指导性，它研究确定区域或城市交通运输长远的发展战略目标和主干交通网络的总体布局，为中长期规划和近期建设规划提供方向指引。中长期规划对较长一段时间内的交通运输发展进行规划，通常为 10~20 年。这一阶段的规划需要考虑经济社会发展的趋势和变化，确定重点建设项目和发展方向。近期建设规划在远景战略规划和中长期规划的指导下，对近期内实施建设的交通运输设施项目、时序、规模、资金等做出统筹安排，确保规划的可操作性和实施效果。

按对象和内容分类，区域性专项交通规划如铁路网规划、公路网规划等，专注于特定运输方式在区域范围内的布局和发展。城市专项交通规划如城市道路网规划、城市轨道线网规划等，针对城市内部特定交通领域进行规划，以满足城市发展的需求。

（三）重要意义与作用的全面阐述

完善综合运输体系是交通运输规划的重要目标之一。通过优化各种运输方式的布局和衔接，实现不同运输方式之间的优势互补，提高运输效率和服务质量。例如，铁路运输具有大运量、长距离运输的优势，公路运输则具有灵活性高、门到门服务的特点，通过合理规划铁路与公路的衔接，实现货物的高效转运。同时，综合运输体系的完善还可以减少单一运输方式的压力，提高交通运输系统的稳定性和可靠性。

促进区域协调发展是交通运输规划的重要作用。交通运输规划有助于加强区域间的经济联系和合作，推动区域经济协调发展。通过建设跨区域的交通基础设施，如高速公路、铁路干线等，缩短区域之间的时空距离，促进人员、物资和信息的流动。这有利于资源的优化配置和产业的合理布局，缩小地区经济发展差距。例如，加强中西部地区与东部地区的交通联系，可以促进中西部地区的经济发展，实现区域协调发展。

二、交通运输规划的理论基础

（一）系统科学理论在交通运输规划中的应用

交通运输规划是一个复杂的系统工程，涉及多个要素和层面。系统科学理论为交通运输规划提供了重要的理论基础和方法指导。系统科学强调对事物进行整体、全面的分析和研究，将交通运输系统看作由多个子系统组成的复杂大系统。在交通运输规划中，这个大系统包括了交通基础设施、运输工具、运营管理、用户需求等多个子系统。

首先，系统科学的整体性原则要求在交通运输规划中从整体上考虑各个子系统之间的相互关系和相互作用。不能仅仅关注某一个子系统的优化，而要追求整个交通运输系统的最优性能。例如，在规划交通基础设施时，不仅要考虑道路、桥梁、铁路等设施的建设，还要考虑这些设施与运输工具、运营管理系统以及用户需求的匹配度。只有各个子系统之间相互协调、相互配合，才能实现交通运输系统的高效运行。

其次，系统科学的层次性原则有助于对交通运输系统进行分层分析和管理。交通运输系统可以分为不同的层次，如宏观层面的国家交通运输网络、中观层面的区域交通运输系统和微观层面的城市交通系统等。在不同层面，规划的重点和方法也有所不同。通过对交通运输系统进行分层规划，可以更好地把握不同层次的特点和需求，提高规划的针对性和有效性。

（二）经济学理论对交通运输规划的支撑

经济学理论在交通运输规划中发挥着重要的支撑作用。交通运输规划的核心目标之一是实现资源的优化配置，提高交通运输系统的效率和效益，而经济学理论为这一目标的实现提供了理论依据和方法。

从微观经济学角度来看，交通运输规划需要考虑运输成本和效益的平衡。运输企业在提供运输服务时，需要考虑运输成本的最小化和运输效益的最大化。在规划交通基础设施和运输线路时，要充分考虑运输成本的因素，如建设成本、运营成本、维护成本等，同时要考虑运输效益的因素，如运输时间的缩短、运输可靠性的提高、运输服务质量的提升等。通过优化运输线路和运输方式的选择，实现运输成本和效益之间的平衡，提高运输企业的竞争力。

从宏观经济学角度来看，交通运输规划对经济增长和区域发展具有重要影响。交通运输是经济发展的重要基础设施，它可以促进资源的流动和优化配置，推动产业的发展和区域经济的增长。在交通运输规划中，要充分考虑交通运输对经济增长的贡献，通过合理规划交通网络，促进区域间的经济合作和产业转移，实现区域经济的协调发展。例如，建设高速公路和铁路可以缩短区域之间的时空距离，促进区域间的贸易往来和经济合作；规划港口和机场可以加强与国际市场的联系，促进对外贸易的发展。

（三）地理学理论与交通运输规划的关系

地理学理论为交通运输规划提供了重要的空间分析和布局依据。交通运输规划需要考虑地理空间因素，如地形地貌、自然资源分布、人口分布、经济活动分布等，而地理学理论可以帮助我们更好地理解这些空间因素对交通运输的影响。

首先，地理学中的区位理论对交通运输规划具有重要的指导意义。区位理论强调地理位置和空间关系对经济活动的影响，在交通运输规划中，要充分考虑不同地区的区位优势和劣势，合理规划交通基础设施和运输线路。例如，沿海地区具有港口优势，可以发展海洋运输和对外贸易；内陆地区可以通过建设铁路和公路，加强与沿海地区的联系，实现资源的优化配置。

其次，地理学中的空间相互作用理论有助于分析不同地区之间的交通联系和互动关系。空间相互作用理论认为，地区之间的经济联系和人员流动是通过交通运输实现的，交通联系的强度与地区之间的距离、经济发展水平、人口规模等因素有关。在交通运输规划中，要根据不同地区之间的空间相互作用强度，合理规划交通网络，加强地区之间的联系和合作。例如，在经济发达地区和人口密集地区之间，需要建设更加密集和高效的交通网络，以满足人员和物资的流动需求。

（四）社会学理论在交通运输规划中的体现

社会学理论为交通运输规划提供了重要的社会视角和价值取向。交通运输规划不仅要考虑技术和经济因素，还要考虑社会因素，如社会公平、公众参与、文化价值等。

社会公平是交通运输规划的重要价值取向之一。交通运输规划要确保不同社会群体都能享受到公平的交通运输服务，避免出现交通资源分配不均的情况。例如，在规划公共交通系统时，要考虑低收入群体和弱势群体的出行需求，合理设置公交线路和站点，提高公共交通的覆盖率和可达性。同时，要加强对偏远地区和农村地区的交通基础设施建设，缩小城乡交通差距。

三、交通运输规划的方法与技术

（一）规划流程的重要性及各步骤的详细解析

交通运输规划的流程是确保规划科学合理、切实可行的关键。组织工作是规划的基础，确立规划团队并明确职责分工能够保证规划工作的高效开展。一个专业的规划团队应包括交通工程师、城市规划师、经济学家、社会学家等多领域的专业人员，他们各自发挥专业优势，共同为规划贡献力量。例如，交通工程师负责交通流量分析和交通设施设计，城市规划师考虑城市整体布局与交通规划的融合，经济学家评估规划的经济效益，社会学家关注规划对社会公平性的影响。

交通运输规划的准备工作至关重要，搜集规划区的有关数据和资料是规划的依据。人口水平决定了交通需求的规模，人口密集地区通常需要更完善的公共交通系统和更高效的道路网络。社会经济活动数据反映了地区的经济发展水平和产业结构，不同产业对交通运输的需求各异，例如，制造业需要大量的货物运输通道，服务业则更注重人员的便捷流动。土地利用情况影响着交通的产生和分布，商业中心、住宅区、工业区等不同功能区域的交通需求特点不同，合理的土地利用规划可以减少不必要的交通流量。交通运输系统现状包括现有道路、铁路、水路、航空等运输方式的布局和运营情况，了解现状有助于发现问题和挖掘潜力。客流量和货流量数据则直接反映了交通需求的实际情况，为需求分析提供基础。

（二）关键技术与方法的作用及应用场景

交通需求预测是交通运输规划的基础。历史趋势分析法通过分析过去的交通数据变化趋势，预测未来的交通需求。这种方法适用于交通需求变化较为稳定的情况，但对于重大政策变化或突发事件的影响难以准确预测。

回归分析法建立交通需求与相关因素之间的数学关系，能够考虑多种因素对交通需求的影响，但需要准确的数据和合理的模型选择。仿真模拟法利用计算机模型模拟交通系统的运行情况，可以更加直观地展示不同因素对交通需求的影响，适用于复杂交通系统的分析和预测。人工智能法如机器学习算法，可以自动学习交通数据中的模式和规律，提高预测的准确性和适应性。建立交通仿真模型可以在不同场景下测试交通需求的变化，为规划提供更加详细的信息。例如，模拟新开发区的交通需求增长、重大活动期间的交通流量变化等。

第二节　交通运输需求预测

一、交通需求预测的重要性与原则

（一）资源配置合理性的关键意义

科学的交通需求预测对于合理配置运输资源至关重要。在交通运输领域，资源包括土地、资金、能源等多个方面。准确预测未来的交通需求可以避免资源的浪费和短缺。如果没有科学的需求预测，就会出现交通设施建设过度或不足的情况。

建设过度会导致资源的浪费，增加建设成本和维护费用；建设不足则会无法满足实际交通需求，影响交通运输系统的正常运行。例如，在规划高速公路建设时，如果对未来交通需求预测过高，可能会导致建设过多的车道，占用大量土地资源，而实际交通流量却达不到预期，造成资源的闲置；相反，如果预测过低，可能会导致高速公路建成不久就出现拥堵，无法满足经济社会发展的需要。

（二）经济效益提升的具体体现

准确的交通需求预测有助于提升交通运输系统的经济效益。交通运输行业作为经济发展的重要支撑，其经济效益的提升对于整个社会经济的发展具有重要意义。优化交通网络布局可以减少交通拥堵，提高运输效率，降低运输成本。例如，根据需求预测结果，合理规划物流运输通道，减少货物运输的绕行和等待时间，降低物流成本。同时，提高运输效率也可以增加运输企业的收入。例如，对于客运企业而言，准确预测旅客出行需求，合理安排航班、车次等，可以提高客座率和满载率，增加运输收入。

提升服务质量也是提高经济效益的重要途径。通过需求预测，了解旅客和货主的需求特点，可以有针对性地提供个性化的服务，提高客户满意度。例如，对于高端商务旅客，可以提供更加舒适、便捷的交通服务，满足他们的需求，提高服务附加值。此外，准确的需求预测还可以为交通运输企业的投资决策提供依据。企业可以根据预测结果，合理安排资金投入，避免盲目投资，降低投资风险。例如，在决定是否建设新的交通设施或扩大运输规模时，企业可以参考需求预测的结果，进行科学的投资分析，确保投资的合理性和回报率。通过以上措施，准确的交通需求预测可以推动交通运输行业的持续发展，实现经济效益的提升。

（三）政策制定科学性的重要保障

交通需求预测为政府制定交通运输政策提供了科学依据。政府在交通运输领域的政策制定涉及多个方面，包括交通基础设施建设、交通管理、运输市场监管等。如果没有准确的需求预测，政府的政策制定就会缺乏科学性和针对性。

政府可以根据预测结果，制定符合实际需求的交通运输政策，以引导交通运输行业的健康发展。例如，根据交通需求的增长趋势，政府可以加大对交通基础设施建设的投入，改善交通条件。同时，根据不同地区、不同交通方式的需求特点，政府可以制定差异化的政策，促进各种交通方式的协调发展。

在交通管理方面，政府可以根据需求预测结果，制定合理的交通流量控制政策，如限行、限购等，以缓解交通拥堵。对于运输市场监管，政府可以根据需求预测，制定合理的市场准入和退出政策，规范运输市场秩序，提高运输服务质量。此外，政府还可以通过需求预测，了解交通运输行业对环境的影响，制定相应的环保政策，推动交通运输行业的绿色发展。例如，鼓励发展新能源交通工具、推广节能减排技术等。通过以上措施，交通需求预测可以为政府制定科学合理的交通运输政策提供重要保障，促进交通运输行业与经济社会的协调发展。

二、交通需求预测的方法与技术

（一）交通需求预测的内容的详细解析

交通需求预测的内容涵盖了城市交通各个方面的需求，对于全面了解和规划交通运输系统至关重要。城市交通需求中的客流需求预测是核心内容之一。居民出行需求预测直接关系到城市居民的日常生活和工作。不同年龄段、不同职业、不同收入水平的居民出行需求存在差异。例如，上班族在工作日的出行需求主要集中在上下班高峰时段，出行目的明确，对交通的准时性和便捷性要求高。而老年人和儿童的出行需求可能更多地涉及休闲、购物和上学等，对交通的安全性和舒适性有特殊要求。流动人口出行预测则需要考虑旅游、商务等临时到访城市的人群。这些人群的出行需求具有不确定性和季节性，对交通信息的获取和交通方式的选择有不同的需求。枢纽点出行预测主要针对机场、火车站、汽车站等交通枢纽，这些地方的客流集中，换乘需求大，需要合理规划交通衔接，提高换乘效率。

机动车需求预测对于城市交通规划同样重要。可以根据预测的精度，将机动车分为小客车、大中客车、货车、摩托车等不同类型进行预测。小客车的需求主要受到家庭收入、油价、停车设施等因素的影响。随着经济的发展和居民生活水平的提高，小客车的保有量不断增加，给城市交通带来了巨大压力。大中客车主要用于公共交通和旅游包车等，其需求与城市的公共交通发展政策、旅游市场的繁荣程度等因素相关。货车的需求则与城市的经济活动、物流运输需求密切相关。不同类型的货物运输对货车的类型和数量有不同的要求。摩托车在一些城市仍然是重要的交通工具之一，其需求受到交通政策、居民出行习惯等因素的影响。

（二）交通需求预测的步骤的深入探讨

交通需求预测的步骤是一个系统的过程，每个阶段都对最终的预测结果产生重要影响。交通生成阶段是确定各个交通小区交通产生吸引量的关键步骤。将规划期总人口根据土地利用性质分摊至各个小区，尤其要考虑居住用地的大小。这是因为居住用地是居民出行的主要源头，居住人口数量直接决定了交通产生量。在得到各个小区的居住人口数和就业岗位数之后，将交通产生吸引量根据出行目的分为基于家工作（HBW）、基于家上学（HBS）、弹性出行（ELA）三类。HBW 出行主要是居民从家到工作地点的通勤需求，其出行时间和路线相对固定。HBS 出行是学生从家到学校的出行需求，具有一定的规律性。弹性出行则包括购物、休闲、娱乐等非刚性出行需求，其出行时间和目的地更加灵活多变。将这三类出行目的的交通生成合并，得到总的交通生成量（即 P 和 A），为后续的预测步骤提供基础数据。

交通分布阶段是得到出行 OD 矩阵的重要环节。在得到各个小区的 P 和 A 之后进行交通分布，采用合适的方法如 Frator 法、重力模型等。首先需要各个小区的距离矩阵，这个矩阵可以在需求预测前期工作中完成，也可以采用经验值。其次重力模型参数的选取至关重要，它直接影响到交通分布的准确性。将生成的各个 OD 矩阵与距离矩阵相结合，可以得到平均出行距离。以平均出行距离作为控制指标进行调查，可以确保居民出行在合理的出行范围内。如果平均出行距离过长，则意味着交通分布不合理，需要调整模型参数或重新考虑交通规划。

（三）交通需求预测的关键技术的作用分析

历史数据分析法是一种传统的交通需求预测方法。通过对过去一段时间的交通数据进行分析，可以得出交通需求的趋势和规律。这种方法的优点是简单易行，不需要复杂的数学模型和计算方法。只要有足够的历史数据，就可以进行分析和预测。然而，历史数据分析法也存在一些局限性。首先，它需要大量的历史数据支持，如果历史数据不足或不准确，预测结果的可靠性就会受到影响。其次，对于特殊情况的预测效果有限，例如突发事件、政策变化等对交通需求的影响难以通过历史数据分析法进行准确预测。

三、交通需求预测的步骤与流程

（一）数据采集与预处理的重要性及实施细节

数据采集是交通需求预测的基础环节，其质量直接影响后续预测的准确性和可靠性。交通流量数据的收集对于了解交通需求的空间分布和时段特征至关重要。不同道路、交叉口和路段的交通流量反映了交通系统的实际运行情况，通过长期监测和分析这些数据，掌握交通需求在不同区域和时间的变化规律。例如，某些主要干道在早晚高峰时段可能会出现较大的交通流量，而一些支路在非高峰时段则相对较为空闲。通过对这些数据的分析，确定交通拥堵的热点区域和时段，为交通规划和管理提供依据。

人口数据的收集为预测未来交通需求提供了基础。人口的数量、结构和分布决定了交通需求的总量和分布。例如，人口密集的区域通常会有较高的交通需求，而老年人口较多的地区则对公共交通和慢行交通的需求更大。通过收集人口数据，了解不同年龄段、性别、职业等群体的出行需求特点，为制定针对性的交通政策提供支持。

（二）交通需求分析的关键环节及方法

出行模式分析是交通需求预测的重要环节之一。根据不同群体的出行目的、时间、距离等特点，对出行模式进行分类和分析，可以更好地了解交通需求的特点和规律。例如，通勤出行通常具有固定的时间和路线，对交通的准时性和可靠性要求较高；休闲出行则更加灵活多变，对交通的舒适性和便利性有较高要求。通过对不同出行模式进行分析，确定各类出行需求的特点和规律，为交通规划和管理提供依据。

出行目的分析对于理解交通需求的本质至关重要。不同出行目的对交通需求的影响各不相同，例如，基于家工作（HBW）、基于家上学（HBS）、弹性出行（ELA）等。HBW出行主要是居民从家到工作地点的通勤需求，其出行时间和路线相对固定；HBS出行是学生从家到学校的出行需求，具有一定的规律性；ELA出行则包括购物、休闲、娱乐等非刚性出行需求，其出行时间和目的地更加灵活多变。通过分析不同出行目的对交通需求的影响，了解各类出行目的的比例和分布，为交通需求预测提供依据。

（三）交通需求预测模型建立的过程及注意事项

选择预测模型是交通需求预测的关键步骤之一。根据实际需求和数据情况选择合适的预测模型，可以提高预测的准确性和可靠性。常见的预测模型包括四阶段模型、交通引力模型、产生吸引模型等。四阶段模型将交通需求预测分为交通生成、交通分布、交通方式划分和交通分配四个阶段，通过逐步分析和计算来预测未来的交通需求。交通引力模型基于物理学中的万有引力定律，通过考虑交通小区之间的距离和吸引力来预测交通流量。产生吸引模型则主要关注交通小区的交通产生和吸引量，通过分析人口、就业岗位等因素来预测交通需求。此外，智能模型（如人工神经网络、模糊逻辑、遗传算法等）也被广泛应用于交通需求预测中。这些智能模型具有自学习、自适应和非线性处理能力，可以更好地适应复杂的交通系统。

（四）预测结果输出与验证的重要意义及方法

预测结果输出是交通需求预测的最终环节，将预测结果以图表、报告等形式进行输出，可以直观地展示未来交通需求的发展趋势和分布情况。图表形式可以包括柱状图、折线图、地图等，用于展示交通需求的总量、增长率、空间分布等信息。报告形式可以详细阐述预测的过程、方法、结果和建议，为交通规划和管理提供决策支持。

预测结果验证是检验预测模型准确性和误差范围的重要步骤。通过对预测结果与实际数据的比较，评估预测模型的性能和可靠性。验证过程可以包括计算预测误差的均值、方差、标准差等指标，以及分析误差的分布情况和原因。如果发现预测结果存在较大的误差，需要进一步分析原因并对预测模型进行调整和优化。

预测效果评估与优化是对未来交通需求预测效果的综合评价和改进。根据预测结果对未来交通需求的预测效果进行评估，可以分析预测结果的优劣和改进空间。评估过程包括对预测结果的准确性、可靠性、时效性等方面进行评价，以及与其他预测方法进行比较。根据评估结果，可以优化预测模型和方法，提高预测的精度和可靠性。例如，通过增加新的数据来源、改进模型算法、调整参数设置等方法来优化预测效果。

四、交通需求预测的挑战与应对策略

（一）交通需求预测的挑战的深入剖析

数据获取与处理的难度是交通需求预测面临的首要挑战。交通数据的多样性使得数据来源广泛，包括交通流量监测设备、公共交通运营数据、手机定位数据、社交媒体数据等。不同来源的数据格式、精度和更新频率各不相同，整合这些数据需要耗费大量的时间和精力。同时，交通数据的复杂性也增加了处理的难度。交通系统是一个动态的复杂系统，其数据中包含着各种因素的相互作用，如交通流量与道路容量、出行需求与交通政策等。此外，交通数据的海量性要求高效的数据存储和处理技术，以确保数据的及时分析和利用。数据质量参差不齐更是一个棘手的问题，缺失数据可能导致预测结果的偏差，异常数据可能干扰模型的准确性，错误数据则可能完全误导预测方向。因此，进行复杂的数据清洗和处理工作是确保预测准确性的关键步骤。

（二）应对策略之加强数据收集与处理能力

建立完善的数据收集机制是应对数据获取难题的关键。从多个来源获取交通数据可以提高数据的全面性和准确性。交通摄像头和传感器可以实时监测交通流量、车速、道路占有率等信息，为交通需求预测提供基础数据。GPS 定位设备可以收集车辆和行人的位置信息，分析出行轨迹和出行模式。公共交通运营数据可以反映公共交通的客流量、运行时间、线路覆盖等情况，为公共交通需求预测提供依据。此外，还可以利用手机定位数据、社交媒体数据等新兴数据源，了解人们的出行需求和出行行为。采用先进的数据清洗和处理技术可以提高数据的质量和准确性。数据清洗可以去除缺失、异常和错误数据，确保数据的可靠性。数据处理技术（如数据融合、数据压缩、数据插值等）可以将不同来源的数据进行整合和优化，提高数据的可用性。

（三）应对策略之优化预测模型

综合考虑多种影响因素是建立精细化预测模型的基础。在模型中纳入人口、经济、土地利用、交通政策等因素，通过建立数学模型和统计分析方法，分析这些因素与交通需求之间的关系。例如，可以利用回归分析方法建立交通需求与经济指标之间的关系模型，利用空间分析方法研究土地利用对交通需求的影响。引入人工智能技术可以提高预测模型的准确性和鲁棒性。机器学习和深度学习技术可以自动学习数据中的模式和规律，适应复杂的交通系统。例如，可以利用神经网络模型对交通流量进行预测，利用支持向量机模型对出行方式选择进行预测；通过不断优化模型参数和结构，提高模型的性能和适应性。

第三节 交通运输供给分析

一、供给分析的基本概念与内容

（一）供给分析的基本概念的深入理解

供给分析作为经济学中的基本概念，在交通运输领域有着特定的内涵和重要意义。在交通运输中，供给不仅仅是简单地提供交通基础设施和交通工具，更是一个复杂的系统工程，涉及多个方面的因素。

首先，供给分析关注的是供应者的行为和能力。在交通运输领域，供应者可以是政府部门、交通运输企业以及其他相关机构。政府部门通常负责交通基础设施的规划、建设和管理，如道路、铁路、机场等。交通运输企业则提供交通工具和运输服务，如公交车、地铁、火车、飞机等。这些供应者在一定时间内、一定价格水平下，愿意并能够提供的交通服务数量决定了交通运输领域的供给水平。

其次，供给分析需要考虑交通基础设施和交通工具的供应能力。交通基础设施是交通运输的基础，包括道路、铁路、航空线路、水运航道等。这些基础设施的规模、结构、等级和通行能力直接影响着交通运输的效率和服务质量。例如，道路网络的规模越大、结构越合理、等级越高，通行能力就越强，能够满足的交通需求也就越多。同样，交通工具的供应能力也是供给分析的重要内容。不同类型的交通工具，如汽车、火车、飞机等，拥有不同的运营能力和服务质量。公共交通工具的数量、类型、运营能力和服务质量，直接关系到居民的出行便利性和城市交通的可持续发展。私人交通工具的拥有量、使用情况和变化趋势，则会对交通拥堵和环境污染产生重要影响。

最后，供给分析的目的是满足社会经济的交通需求。交通需求是由社会经济活动产生的，包括人员出行和货物运输等。供给分析需要研究如何通过合理的交通基础设施和交通工具的供应，满足不断增长的交通需求。这不仅需要考虑当前的交通需求，还需要预测未来的交通需求变化趋势，以便提前规划和建设交通基础设施，提高交通工具的供应能力。同时，供给分析还需要关注交通需求的多样性和个性化，提供多样化的交通服务，满足不同人群的出行需求。

（二）供给分析的内容之交通基础设施供给分析

交通基础设施供给分析是供给分析的重要组成部分。在道路供给方面，需要分析道路网络的规模、结构、等级和通行能力等因素。道路网络的规模包括道路总长度、道路面积等指标，反映了道路基础设施的总体规模。在结构方面，需要考虑道路的类型、布局和连接性等。不同类型的道路，如高速公路、快速路、主干道、次干道和支路等，具有不同的功能和服务对象。合理的道路结构应该能够实现不同类型道路的有机连接，形成高效的道路网络。在等级方面，道路可以分为不同的等级，如一级公路、二级公路等。高等级的道路通常具有更好的通行条件和服务质量。通行能力是道路供给分析的关键指标，它反映了道路在单位时间内能够通过的车辆数量。影响道路通行能力的因素包括道路宽度、车道数、交通信号控制、车辆行驶速度等。通过对道路供给进行分析，评估道路网络满足交通需求的能力，为道路规划和建设提供依据。

在铁路供给方面，需要研究铁路线路的布局、运营能力和服务质量，以及铁路设施的供应情况。铁路线路的布局决定了铁路运输的覆盖范围和服务区域。合理的布局应该能够连接主要的城市和经济中心，实现高效的货物运输和人员出行。运营能力包括铁路的运输能力、列车运行速度、班次频率等指标。高运营能力的铁路系统能够满足大量的货物运输和人员出行需求。在服务质量方面，包括列车的舒适性、准点率、安全性等。铁路设施的供应情况，如车站、货场等，也会影响铁路运输的效率和服务质量。通过对铁路供给进行分析，为铁路规划和发展提供决策支持。

在航空供给方面，分析航空线路的覆盖范围、航班频率、机场容量和服务质量等因素，评估航空运输的供应能力。航空线路的覆盖范围决定了航空运输的服务区域，广泛的覆盖范围可以连接国内外的主要城市，促进经济交流和人员往来。航班频率反映了航空运输的便捷性，高频率的航班可以满足旅客的出行需求，提高航空运输的竞争力。机场容量是航空供给的重要指标，它包括机场的跑道数量、停机位数量、航站楼面积等。足够的机场容量可以保证航班的正常起降和旅客的顺利出行。在服务质量方面，包括机场的设施设备、航班的准点率、航空公司的服务水平等。通过对航空供给进行分析，为航空运输的发展规划提供参考。

在水运供给方面，需要研究港口、航道和船舶等水运设施的供应情况，以及水运服务的可用性和可靠性。港口是水运的重要节点，港口的规模、设施设备、装卸能力等决定了水运货物的吞吐量。航道的水深、宽度、通航条件等影响着船舶的通行能力和运输效率。船舶的类型、数量、载重量等则决定了水运的运输能力。水运服务的可用性和可靠性，包括航线的稳定性、运输时间的准确性、货物的安全性等。通过对水运供给进行分析，为水运发展提供指导。

（三）供给分析的内容之交通工具供给分析

公共交通工具供给分析对于城市交通的可持续发展至关重要。公交车、地铁、轻轨等公共交通工具的数量、类型、运营能力和服务质量，直接影响着居民的出行选择和城市交通的效率。公共交通工具的数量应该能够满足居民的出行需求，避免出现过度拥挤的情况。不同类型的公共交通工具具有不同的特点和适用范围，例如公交车适合中短距离的出行，地铁和轻轨适合长距离的快速出行。运营能力包括公共交通工具的运行速度、班次频率、载客量等指标。高运营能力的公共交通工具可以提高运输效率，减少居民的出行时间。在服务质量方面，包括公共交通工具的舒适性、准点率、安全性等。良好的服务质量可以吸引更多的居民选择公共交通工具出行，减少私人汽车的使用，缓解交通拥堵和环境污染。

私人交通工具供给分析主要关注私家车、摩托车等私人交通工具的拥有量、使用情况和变化趋势。私人交通工具的拥有量反映了居民的生活水平和出行需求。随着经济的发展和居民收入的提高，私人交通工具的拥有量不断增加，给城市交通带来了巨大的压力。私人交通工具的使用情况包括出行目的、出行时间、出行距离等。了解私人交通工具的使用情况，可以为交通管理和政策制定提供依据。在变化趋势方面，需要关注私人交通工具的发展方向，如新能源汽车的推广、智能交通技术的应用等。同时，私人交通工具的使用也会对交通拥堵和环境污染产生重要影响，需要采取相应的措施进行管理和控制。

二、交通运输供给能力评估

（一）评估目的的重要性及实现途径

交通运输供给能力评估的主要目的在于为交通规划、政策制定和交通管理提供科学依据，评估结果具有至关重要的意义。了解交通系统在当前和未来一段时间内的运输能力，能够使决策者对交通现状有清晰的认识，从而更好地规划未来的发展方向。通过评估，识别交通系统的瓶颈和短板，这是因为在交通系统的运行过程中，某些路段、节点或运输方式可能会出现供给能力不足的情况，影响整个交通系统的效率。例如，道路网络中的某些主干道可能在高峰时段出现严重拥堵，这就表明该路段的通行能力已经无法满足交通需求，成为交通系统的瓶颈。通过评估，准确地找出这些瓶颈和短板，为后续的优化工作提供明确的目标。

（二）评估内容的详细解析

道路通行能力评估是交通运输供给能力评估的重要组成部分。评估道路网络的规模、结构、等级和通行能力，能够全面了解道路系统的供给能力状况。道路网络的规模包括道路总长度、道路面积等指标，反映了道路基础设施的总体规模。在结构方面，需要考虑道路的类型、布局和连接性等。不同类型的道路，如高速公路、快速路、主干道、次干道和支路等，具有不同的功能和服务对象。合理的道路结构应该能够实现不同类型道路的有机连接，形成高效的道路网络。在等级方面，道路可以分为不同的等级，如一级公路、二级公路等。高等级的道路通常具有更好的通行条件和服务质量。通行能力是道路通行能力评估的核心指标，它反映了道路在单位时间内能够通过的车辆数量。影响道路通行能力的因素包括道路宽度、车道数、交通信号控制、车辆行驶速度等。

分析道路拥堵状况，识别拥堵路段和拥堵时段，评估拥堵对交通系统的影响是道路通行能力评估的重要任务。道路拥堵是交通系统运行中常见的问题，它不仅会影响居民的出行效率和生活质量，还会对经济发展产生负面影响。通过对道路拥堵状况进行分析，可以找出拥堵的原因和规律，为缓解拥堵提供依据。例如，如果发现某个路段在高峰时段经常出现拥堵，可能是由于该路段的交通流量过大，道路通行能力不足，或者是交通信号控制不合理等原因造成的。针对这些问题，可以采取拓宽道路、优化交通信号控制、发展公共交通等措施来缓解拥堵。

公共交通供给能力评估对于提高城市交通的可持续发展具有重要意义。评估公共交通系统的规模、布局和服务水平，包括公交车、地铁、轻轨等公共交通工具的数量、类型、运营能力和服务质量，可以了解公共交通系统的供给能力状况。公共交通工具的数量应该能够满足居民的出行需求，避免出现过度拥挤的情况。不同类型的公共交通工具具有不同的特点和适用范围，例如，公交车适合中短距离的出行，地铁和轻轨适合长距离的快速出行。运营能力包括公共交通工具的运行速度、班次频率、载客量等指标。高运营能力的公共交通工具可以提高运输效率，减少居民的出行时间。在服务质量方面，包括公共交通工具的舒适性、准点率、安全性等。良好的服务质量可以吸引更多的居民选择公共交通出行，减少私人汽车的使用，缓解交通拥堵和环境污染。

分析公共交通系统的覆盖范围和可达性，评估公共交通对居民出行的贡献，是公共交通供给能力评估的重要内容。公共交通系统的覆盖范围应满足居民的出行需求，使居民能够方便地到达目的地。可达性是指居民从出发地到目的地的便捷程度，它受公共交通线路布局、站点设置、换乘便利性等因素的影响。通过分析公共交通系统的覆盖范围和可达性，找出公共交通服务的薄弱环节，为优化公共交通线路布局、增加站点设置、提高居民换乘便利性提供依据。

（三）评估方法的作用及选择依据

定量评估是交通运输供给能力评估的重要方法之一。通过收集和分析交通流量、车速、拥堵指数等交通数据，运用数学模型和统计分析方法，对交通系统的运输能力进行量化评估。这种方法具有准确性高、客观性强的优点，可以为交通规划和管理提供科学的数据支持。常用的定量评估方法包括交通仿真、交通容量分析、交通拥堵指数计算等。交通仿真可以模拟交通系统的运行状况，预测不同交通政策和措施的效果，为交通规划和管理提供决策依据。交通容量分析可以计算道路、铁路、航空等运输方式的最大运输能力，为交通设施的规划和设计提供参考。交通拥堵指数计算可以反映道路拥堵的程度，为交通管理部门采取缓解拥堵的措施提供依据。

（四）评估结果与应用的重要性及实施策略

评估结果是交通运输供给能力评估的最终产出，它对于交通规划、政策制定和交通管理具有重要的指导意义。根据定量和定性评估方法，得出交通系统在不同时间段、不同场景下的运输能力评估结果。评估结果通常以报告、图表等形式呈现，包括交通系统运输能力的现状、发展趋势和潜在问题等方面。通过对评估结果进行分析，了解交通系统的供给能力状况，找出存在的问题和不足，为后续的优化工作提供依据。

应用建议是评估结果的重要延伸，它为交通规划、政策制定和交通管理提供了具体的实施策略。根据评估结果，提出优化交通资源配置，提高交通运行效率的建议和措施。这些建议和措施包括增加交通设施的投入、优化交通线路布局、提高公共交通服务质量、推广智能交通技术等，从而为交通规划、政策制定和交通管理提供科学依据，促进交通系统的可持续发展。

在实施评估结果和应用建议时，需要采取以下策略。首先，要建立评估结果的反馈机制。将评估结果及时反馈给交通规划、政策制定和交通管理部门，使他们能够了解交通系统的供给能力状况，及时调整规划和政策。其次，要加强部门之间的协作。交通运输供给能力评估涉及多个部门，如交通部门、规划部门、环保部门等，需要加强部门之间的协作，共同推进交通系统的优化工作。最后，要持续跟踪评估结果的实施效果。对评估结果的实施效果进行持续跟踪和评估，及时调整和完善建议和措施，确保交通系统的可持续发展。

三、供给与需求的匹配与平衡

（一）供给与需求匹配的重要性的深入剖析

保持交通运输供给与需求的匹配与平衡具有多方面的重要意义。首先，从提高运输效率的角度来看，当供给与需求相匹配时，交通设施和运输工具能够得到充分利用，避免出现闲置或过度拥挤的情况。例如，在道路运输中，如果道路的通行能力与交通流量相适应，车辆能够以较为顺畅的速度行驶，减少因拥堵而导致的时间浪费和能源消耗，从而提高运输效率。在公共交通领域，合理的线路规划和车辆投放能够确保乘客及时、便捷地到达目的地，减少等待时间和换乘次数，提高公共交通的吸引力和使用效率。

降低运输成本也是供需匹配带来的重要好处之一。当运输供给能够满足需求时，运输企业可以实现规模经济，降低单位运输成本。例如，在货物运输中，如果运输能力与货物运输需求相匹配，则运输企业可以合理安排车辆和运输路线，减少空载率和迂回运输，降低运输成本。同时，供需匹配还可以减少因运输拥堵而导致的额外成本，如燃油消耗增加、车辆磨损加剧等。对于社会经济而言，降低运输成本可以提高产品的竞争力，促进贸易和经济发展。

减少资源浪费是供需匹配的另一个重要方面。如果交通运输供给过度而超过需求，会导致交通设施的闲置和浪费，占用大量的土地、资金等资源。相反，如果供给不足，无法满足需求，就会导致交通拥堵，增加车辆的行驶时间和能源消耗，也会造成资源的浪费。通过实现供需匹配，可以合理规划和建设交通设施，优化运输资源配置，提高资源利用效率，减少资源浪费。

提升整个社会的经济运行效率是供需匹配的最终目标。高效的交通运输系统是经济发展的重要支撑，能够促进人员、物资和信息的流动，加强地区之间的经济联系和合作。当交通运输供给与需求相匹配时，能够为经济活动提供可靠、高效的运输服务，降低物流成本，提高生产效率，促进产业升级和经济结构调整，从而提升整个社会的经济运行效率。

（二）供给与需求的匹配方式的详细阐述

运输量与运输能力的匹配是供需匹配的重要方面。通过比较运输量与运输能力的数据，直观地了解供需平衡状况。当运输量接近或等于运输能力时，表明供需相对平衡，交通系统能够正常运行。然而，在实际情况中，运输量和运输能力往往会随着时间和空间的变化而发生波动，因此需要持续监测和分析这两个指标的变化情况。当运输量超过运输能力时，则可能出现运输拥堵和效率下降的情况。例如，在高峰时段，道路上的交通流量可能会超过道路的通行能力，导致交通拥堵，车辆行驶速度减慢，运输时间延长。为了解决这种供需不平衡的问题，可以采取多种措施，如优化交通信号控制、增加道路容量、发展公共交通等。

运输成本与运输价格的匹配程度也是评估供需平衡的重要指标之一。运输成本包括运输企业的运营成本、燃料成本、设备维护成本等，而运输价格则是运输服务的收费标准。合理的价格水平应该能够反映运输成本，同时也要考虑市场需求和竞争状况。如果运输价格过高，可能会抑制运输需求，导致运输量下降；如果运输价格过低，可能会导致运输企业的利润下降，影响其提供运输服务的积极性。因此，需要通过合理的价格机制来引导运输资源的合理配置，促进运输市场的健康发展。例如，通过市场竞争来确定运输价格，鼓励运输企业提高服务质量和效率，降低成本，从而提高竞争力。同时，政府也可以通过价格监管来防止价格垄断和不正当竞争，以保护消费者的利益。

（三）实现供给与需求平衡的策略的全面分析

交通运输需求管理是实现供需平衡的重要手段之一。需求预测是需求管理的基础，通过历史数据和实时数据，预测短期内（如日、周、月）及长期内的交通需求，可以为运输资源的配置提供依据。例如，通过分析历史交通流量数据和人口增长趋势，预测未来的交通需求，从而提前规划交通基础设施建设和运输服务提供。政策引导也是需求管理的重要方面，通过制定相关政策，如拥堵收费、错峰上下班等，引导出行者选择合适的出行方式，缓解交通拥堵。例如，拥堵收费可以通过经济手段调节交通流量，减少私人汽车的使用，鼓励公共交通和非机动交通的发展。错峰上下班可以分散交通高峰时段的出行需求，提高交通系统的运行效率。信息发布可以及时发布交通信息，如路况、公交时刻表、停车位等，帮助出行者合理安排出行计划，减少不必要的出行和交通拥堵。例如，通过交通广播、手机应用程序等渠道发布实时路况信息，可以让出行者选择最佳的出行路线，避开拥堵路段。

交通运输供给管理是实现供需平衡的另一个重要方面。供给能力规划是供给管理的关键，根据城市发展需求，制定合理的交通运输供给能力规划，包括道路网络布局、交通枢纽设置、公共交通设施建设等，可以提高交通运输效率。例如，在城市规划中，合理布局道路网络，增加道路容量，提高道路通行能力；设置交通枢纽，实现不同运输方式的无缝衔接，提高综合运输效率；建设公共交通设施，如地铁、轻轨、快速公交等，提高公共交通的服务水平和吸引力。优化运输结构也是供给管理的重要内容，根据运输需求和资源条件，优化运输结构，降低运输成本，提高运输效率。例如，发展多式联运，整合不同运输方式的优势，提高货物运输的效率和可靠性；优化运输线路布局，减少迂回运输和空载率，降低运输成本。设施维护与更新是供给管理的重要保障，应定期对交通运输基础设施进行检查和维护，确保设施的安全和正常运行。同时，应根据技术进步和运输需求变化，对现有设施进行更新改造，提高设施的使用效率和安全性。例如，对老旧道路进行改造，以提高道路的通行能力和安全性；对公共交通车辆进行更新，以提高车辆的舒适性和环保性能。

第四节　交通运输投资决策

一、投资决策的基本框架与流程

（一）明确投资目标与战略的重要性及实施步骤

明确投资目标与战略是投资决策的首要环节，它为后续的投资活动提供了明确的方向和指导。确定企业战略方向需要综合考虑企业的长期发展规划和市场定位。企业的长期发展规划通常包括企业的愿景、使命、价值观以及未来的业务发展方向。市场定位则是企业在市场中的位置和角色，包括企业的产品或服务定位、目标客户群体、竞争对手分析等。通过对企业的长期发展规划和市场定位进行深入分析，可以明确企业在投资活动中的战略方向。例如，如果企业的长期发展规划是成为行业领导者，那么在投资活动中就需要注重技术创新和市场拓展，通过投资具有核心技术和广阔市场前景的项目来实现企业的战略目标。

制定投资目标是在明确企业战略方向的基础上，根据市场需求、企业资源状况以及战略目标，制定具体的投资目标。投资目标应该具有明确性、可衡量性、可实现性、相关性和时效性。具体来说，投资目标应该明确指出投资的规模、时间、地点等方面的要求。例如，投资规模可以根据企业的资金实力和市场需求来确定，投资时间可以根据项目的紧迫性和市场机会来确定，投资地点可以根据资源分布和市场潜力来确定。同时，投资目标还应该与企业的战略目标相一致，为企业的长期发展服务。

（二）市场分析与机会识别的关键环节及方法

市场环境分析是投资决策的重要基础，它能够帮助企业了解市场的发展趋势和潜在机会。深入分析宏观经济趋势可以了解国家经济政策、经济增长速度、通货膨胀率等因素对市场的影响。例如，国家的宏观经济政策对某些行业的发展具有重要的推动作用，企业可以根据宏观经济政策的导向来选择投资项目。行业发展动态分析可以帮助企业了解行业的市场规模、增长率、竞争格局、技术创新等方面的情况。例如，行业的增长率和竞争格局可以反映出行业的发展潜力和竞争程度，企业可以根据这些情况来选择具有竞争优势和发展潜力的投资项目。政策环境分析可以帮助企业了解国家和地方政府对投资项目的支持政策、法律法规等方面的情况。例如，政府对某些行业的支持政策可以降低企业的投资风险，提高投资收益，企业可以根据政策环境的变化来调整投资策略。

投资机会识别是在市场环境分析的基础上，结合企业投资目标和市场环境分析，寻找符合企业投资条件的投资机会，并进行初步筛选。投资机会识别可以通过多种方式进行，例如，市场调研、行业分析、技术创新等。

市场调研可以了解消费者的需求和市场的空白点，为企业提供投资机会。行业分析可以了解行业的发展趋势和竞争格局，为企业提供投资方向。技术创新可以为企业带来新的市场机会和竞争优势，企业可以通过投资技术创新项目来实现企业的战略目标。在投资机会识别过程中，需要对投资机会进行初步筛选，排除不符合企业投资目标和风险承受能力的项目，为后续的尽职调查和项目评估提供基础。

（三）尽职调查与项目评估的详细过程及作用

尽职调查是对潜在投资项目进行深入调查的重要环节，它能够帮助企业全面了解投资项目的情况，降低投资风险。尽职调查包括行业前景、企业实力、技术水平、市场需求、财务状况等方面。行业前景调查可以帮助企业了解投资项目所在行业的发展趋势、市场规模、增长率、竞争格局等方面的情况。企业实力调查可以帮助企业了解投资项目企业的管理团队、技术研发能力、生产能力、市场销售能力等方面的情况。技术水平调查可以帮助企业了解投资项目的技术先进性、成熟度、可靠性等方面的情况。市场需求调查可以帮助企业了解投资项目的市场需求规模、增长率、客户群体等方面的情况。财务状况调查可以帮助企业了解投资项目的资产负债情况、盈利能力、现金流情况等方面的情况。通过对潜在投资项目进行全面的尽职调查，可以为企业提供准确的投资决策依据。

项目评估是根据尽职调查结果，对投资项目进行定量和定性评估的重要环节，它能够帮助企业确定投资项目的可行性和投资价值。定量评估主要包括财务分析、风险评估等方面。财务分析可以通过对投资项目的财务报表进行分析，了解投资项目的盈利能力、偿债能力、运营能力等方面的情况。风险评估可以通过对投资项目的风险因素进行分析，了解投资项目在市场风险、技术风险、管理风险、财务风险等方面的情况。定性评估主要包括市场前景预测、企业竞争力分析等方面。市场前景预测可以通过对投资项目所在行业的发展趋势和市场需求进行分析，预测投资项目的市场前景。企业竞争力分析可以通过对投资项目企业的管理团队、技术研发能力、生产能力、市场销售能力等方面的情况进行分析，评估投资项目企业的竞争力。通过对投资项目进行全面的项目评估，为企业确定投资项目的可行性和投资价值提供科学的依据。

（四）制定投资方案与决策的关键步骤及注意事项

制定投资方案是根据评估结果，制定具体的投资方案的重要环节，它能够帮助企业明确投资的具体方式和步骤。投资方案包括资金筹措、股权结构、合作模式、投资进度安排等方面。资金筹措是投资方案的重要组成部分，需要根据投资项目的规模和企业的资金实力来确定资金的来源和筹集方式。股权结构是投资方案的重要内容，需要根据投资项目的特点和企业的战略目标来确定投资项目的股权结构。合作模式是投资方案的重要方面，需要根据投资项目的需求和企业的资源状况来确定投资项目的合作模式。投资进度安排是投资方案的重要环节，需要根据投资项目的建设周期和企业的发展规划来确定投资项目的进度安排。

投资决策是组织专家论证、经理办公会讨论、董事会决策等程序，对投资方案进行审议和决策的重要环节，它能够帮助企业确定最终的投资方案。在投资决策过程中，需要充分考虑投资项目的可行性、投资风险、投资收益等方面的情况，确保投资决策的科学性和合理性。必要时，还需报经政府或政府有关部门审批，以确保投资项目的合法性和合规性。在投资决策过程中，需要注意以下几个方面的问题：一是充分听取专家的意见和建议，提高投资决策的科学性和合理性；二是充分考虑投资风险，制定相应的风险防范措施；三是充分考虑投资收益，确保投资项目的盈利能力和可持续发展能力。

二、投资项目评估方法

（一）财务分析的关键作用及实施要点

财务分析作为评估投资项目经济效益的直接方法，在投资决策中占据着重要地位。净利润指标直观地反映了项目在一定时期内的经营成果。通过对净利润进行分析，可以了解项目的盈利能力和经营效益。如果项目的净利润持续为正且呈稳定增长趋势，说明项目具有较好的盈利能力和发展前景。然而，仅关注净利润可能存在局限性，因为它不能全面反映项目的资金流动和投资回报情况。

投资回报率（return on investment，ROI）是衡量投资效益的相对数指标，反映了投资的获利能力。ROI 的计算考虑了投资成本和收益之间的关系，能够帮助投资者比较不同投资项目的回报率。较高的 ROI 意味着项目在相同的投资成本下能够获得更高的收益，具有更强的吸引力。在计算 ROI 时，准确确定投资成本和收益的范围，包括初始投资、运营成本、销售收入等。同时，还需要考虑时间因素，对不同时期的收益进行合理的折现，以确保 ROI 的准确性和可比性。

内部收益率（internal rate of return，IRR）反映了投资项目的实际收益率，是使项目净现值等于零的贴现率。IRR 的计算较为复杂，需要通过试错法或迭代法求解。IRR 的优点在于它考虑了资金的时间价值，能够反映项目在整个生命周期内的实际收益情况。如果项目的 IRR 高于投资者的预期收益率，说明项目具有投资价值。然而，IRR 也存在一些局限性，例如在多个项目比较时，可能会出现 IRR 与净现值（net present value，NPV）结果不一致的情况。此时，需要综合考虑其他因素进行决策。

（二）市场分析的重要意义及具体方法

市场分析是评估投资项目市场前景和潜力的关键步骤，对于投资决策至关重要。通过对市场规模、增长率、客户需求和竞争对手的分析，可以全面了解项目所处的市场环境和竞争态势。

SWOT 分析是一种常用的市场分析工具，通过评估项目的优势（Strengths）、劣势（Weaknesses）、机会（Opportunities）和威胁（Threats），全面了解项目在市场中的定位。优势和劣势分析主要关注项目自身的特点和能力，包括技术优势、品牌优势、成本优势、管理优势等方面的优势，以及技术劣势、品牌劣势、成本劣势、管理劣势等方面的劣势。机会和威胁分析主要关注外部环境因素对项目的影响，包括市场机会、政策机会、技术机会等方面的机会，以及市场威胁、政策威胁、技术威胁等方面的威胁。通过 SWOT 分析，可以为项目制定合理的市场策略提供依据。

PEST 分析是从政治 (Politics)、经济 (Economy)、社会 (Society) 和技

术 (Technology) 等外部环境因素对投资项目进行分析。政治因素包括国家政策、法律法规、政治稳定性等方面；经济因素包括宏观经济形势、经济增长率、通货膨胀率、利率等方面；社会因素包括人口结构、文化传统、消费观念等方面，技术因素包括技术创新、技术进步、技术替代等方面。通过 PEST 分析，全面了解外部环境因素对项目的影响，为项目的市场定位和发展策略提供参考。

（三）技术评估的核心要点及实施途径

对于涉及高科技或创新技术的项目，技术评估尤为重要。技术评估主要关注技术的成熟度、创新性、可行性和与现有技术的兼容性。

专利分析是了解项目技术的独特性和保护程度，评估技术的创新性和市场竞争力的重要方法。通过对项目技术的专利检索和分析，了解技术的专利布局、专利强度、专利侵权风险等方面的情况。如果项目技术具有较强的专利保护和独特性，说明技术具有较高的创新性和市场竞争力。同时，专利分析还可以为项目的技术研发和市场拓展提供参考。

技术成熟度评估是根据技术的发展阶段和市场应用情况，评估技术的成熟度和商业化前景。技术的发展阶段通常可以分为实验室阶段、小试阶段、中试阶段和产业化阶段。不同阶段的技术成熟和商业化前景不同，需要进行不同程度的技术评估和风险分析。在进行技术成熟度评估时，需要考虑技术的可靠性、稳定性、可扩展性、成本效益等方面的因素。如果技术已经进入产业化阶段，并且具有较好的市场应用前景，说明技术具有较高的成熟度和商业化前景。

在进行技术评估时，需要注意以下几点。首先，组建专业的技术评估团队，包括技术专家、市场专家、财务专家等方面的人员。其次，选择合适的技术评估方法和指标，根据项目的技术特点和市场需求进行综合考虑。再次，关注技术的发展趋势和创新动态，及时调整技术评估结果和技术发展策略。最后，进行技术风险评估和管理，对技术的不确定性因素进行分析，并制定相应的风险防范措施。

（四）风险评估的关键环节及有效方法

风险评估是评估投资项目潜在风险及其对项目成功影响程度的重要环节。风险评估包括识别潜在风险、评估风险发生的可能性和影响程度，并制定相应的风险管理措施。

敏感性分析是评估关键变量对项目财务指标的影响程度，帮助投资者了解项目的风险承受能力。通过改变关键变量的值，观察项目财务指标的变化情况，确定关键变量对项目的影响程度。如果关键变量的变化对项目财务指标的影响较大，说明项目的风险承受能力较弱，需要采取相应的风险防范措施。敏感性分析可以帮助投资者确定项目的风险敏感因素，为项目的风险管理提供依据。

情景分析是通过设定不同的市场、技术、经济等情景，评估项目在不同情景下的表现和风险。通过设定乐观、悲观和基准等不同情景，了解项目在不同情况下的收益和风险情况。如果项目在不同情景下的表现差异较大，说明项目的风险较高，需要采取相应的风险防范措施。情景分析可以帮助投资者了解项目的风险范围和不确定性因素，为项目的风险管理提供参考。

在进行风险评估时，需要注意以下几点。首先，全面识别项目的潜在风险，包括市场风险、技术风险、管理风险、财务风险等方面的风险。其次，准确评估风险发生的可能性和影响程度，采用定性和定量相结合的方法进行分析。再次，制定相应的风险管理措施，包括风险规避、风险降低、风险转移和风险接受等方面的措施。最后，建立风险监控机制，对项目的风险进行持续监控和管理，及时调整风险管理措施。

三、投资决策的优化与决策支持

（一）投资决策的优化的重要性及具体方式

投资决策的优化对于提升投资效益和降低风险至关重要。在不断变化的市场环境中，静态的投资策略往往难以适应复杂的情况，而持续的优化可以使投资组合更加灵活和高效。

资产配置调整是投资决策优化的重要方面。根据市场变化和个人的风险承受能力调整资产配置比例，以更好地适应不同的市场状况。例如，随着市场利率的上升，债券的价格通常会下降，而股票市场可能会受到不同程度的影响。在这种情况下，减少债券的比重，增加对股票的投资，可以在一定程度上提高投资组合的预期收益。同时，定期重新平衡投资组合也是维持原始风险和回报水平的关键。随着市场的波动，不同资产类别的比例可能会发生变化，重新平衡可以确保投资组合始终符合投资者的风险偏好和投资目标。

引入更精细的风险管理工具能够有效地控制投资风险。VaR（value at risk）是一种常用的风险管理工具，它可以衡量在一定置信水平下，投资组合在特定时间段内可能遭受的最大损失。通过设定最大可承受损失限额，投资者可以在重大市场动荡时提前制定风险防范措施，避免资产大幅缩水。风险预算则是将风险分配到不同的资产类别或投资策略中，确保投资组合的整体风险在可承受范围内。

（二）决策支持之投资管理系统的作用及优势

投资管理系统作为一种关键的信息化工具，为企业提供了全面的投资管理支持。它在投资决策的各个环节都发挥着重要作用。

在投资组合管理方面，投资管理系统可以帮助企业实现资金的最佳配置。通过对不同资产类别的分析和评估，系统可以为投资者提供合理的资产配置建议，确保投资组合在风险和收益之间达到平衡。同时，系统可以实时监控投资组合的表现，及时调整资产配置比例，以适应市场变化。

在风险评估与控制方面，投资管理系统可以对投资组合的风险进行全面评估。通过分析市场风险、信用风险、流动性风险等各种风险因素，系统可以为投资者提供风险预警和风险控制建议。例如，当市场风险增加时，系统可以提醒投资者调整投资组合，降低风险的发生。同时，系统可以对投资组合的风险进行量化分析，为投资者提供风险指标和风险报告，帮助投资者更好地了解投资组合的风险状况。

在绩效监测方面，投资管理系统可以对投资组合的绩效进行实时监测和分析。通过计算投资组合的收益率、波动率、夏普比率等绩效指标，系统可以为投资者提供投资组合的绩效评估报告。同时，系统还可以对不同投资策略和资产类别的绩效进行比较分析，为投资者提供投资决策的参考依据。

在决策支持方面，投资管理系统可以基于大数据分析和预测模型，提供准确的市场趋势和行业数据。通过对大量历史数据和实时数据的分析，系统可以挖掘出市场的潜在趋势和投资机会，为投资者提供决策支持。同时，系统可以调用各种信息资源和分析工具，帮助投资者进行投资决策。例如，系统可以提供财务分析工具、技术分析工具、量化分析工具等，为投资者提供全面的分析支持。

（三）决策支持之决策支持系统（DSS）的功能及意义

决策支持系统（decision support system，DSS）是辅助决策者通过数据、模型和知识，以人机交互方式进行半结构化或非结构化决策的计算机应用系统。它在投资决策中具有重要的功能和意义。

DSS为决策者提供分析问题、建立模型、模拟决策过程和方案的环境。在投资决策中，决策者需要面对复杂的市场环境和大量的信息，DSS可以帮助决策者整理和分析这些信息，建立投资决策模型，模拟不同的决策方案，为决策者提供全面的决策支持。例如，DSS可以通过建立财务模型、风险模型、市场预测模型等，为决策者提供投资决策的分析工具和决策依据。

DSS调用各种信息资源和分析工具，帮助决策者提高决策水平和质量。在投资决策中，决策者需要获取各种信息资源，如市场数据、行业数据、公司财务数据等，同时需要运用各种分析工具，如统计分析工具、量化分析工具、技术分析工具等。DSS可以集成这些信息资源和分析工具，为决策者提供一站式的决策支持服务。例如，DSS通过数据仓库和数据挖掘技术，为决策者提供准确的市场数据和行业数据；通过统计分析软件和量化分析软件，为决策者提供科学的分析工具和决策依据。

综合决策支持系统是传统决策支持系统和新决策支持系统的结合体，它发挥了传统决策支持系统和新决策支持系统的辅助决策优势，实现更有效的辅助决策。传统决策支持系统主要基于数据和模型，为决策者提供定量分析支持；新决策支持系统则主要基于知识和智能技术，为决策者提供定性分析支持。综合决策支持系统将两者结合起来，既可以为决策者提供准确的定量分析支持，又可以为决策者提供灵活的定性分析支持，从而提高决策的科学性和有效性。

第三章 交通运输网络布局与优化

第一节 交通运输网络结构分析

一、网络结构的类型与特点

（一）通信子网结构类型的深入解析

通信子网按其传送数据的技术分为点-点通信信道和广播通信信道两种，这两种类型在网络结构中起着至关重要的作用。

点-点通信信道的特点在于其每条信道都连接着一对网络结点。在信息传输过程中，中间结点起到了关键的转接作用。当网中任意两点间无直接相连的信道时，信息的传递必须依靠其他中间结点来完成。每个中间结点会将所接收的信息存储起来，直到请求输出线空闲时，再转发至下一个结点。这种传输方式确保了信息能够在不同结点之间准确传递，但也带来了一些问题。首先，由于信息需要经过多个中间结点的存储和转发，可能会导致传输延迟增加。其次，为了实现信息的准确转发，中间结点需要具备一定的存储能力和处理能力，这增加了网络的复杂性和成本。然而，点-点通信信道也有其优势。它可以实现一对一的通信，保证了通信的安全性和可靠性。同时，通过合理选择中间结点，可以优化信息传输路径，提高传输效率。

广播通信信道则是所有结点共享一条通信信道。在这种信道中，每个网络节点发送的信息，网上所有结点都可接收到。但只有目的地址是本站地址的信息才被结点接收下来。这种传输方式具有高效性和广泛性。一方面，信息可以快速地传播到整个网络，提高了信息的传播速度和范围。另一方面，由于所有结点都可以接收到信息，因此可以实现一对多的通信，适用于一些需要广播信息的场景。然而，广播通信信道也存在一些问题。首先，由于所有结点都可以接收到信息，可能会导致信息的冗余和干扰。其次，在信息传输过程中，可能会出现冲突和竞争，影响信息的传输效率。为了解决上述问题，需要采用一些冲突检测和避免机制，如载波侦听多路访问/冲突检测（CSMA/CD）等。

（二）常见网络结构的特点与应用场景

星型网络以其独特的结构在网络中占据着重要地位。存在一个中心结点，它是其他节点的唯一中继结点，这使得星型网络具有结构简单、容易建网、便于管理等优点。在星型网络中，中央节点执行集中式通信控制策略，虽然相当复杂，但各个站点的通信处理负担很小。这使得星型网络在一些对集中管理要求较高的场景中具有优势。例如，在企业办公网络中，中央节点可以方便地提供服务和重新配置，满足企业对网络管理的需求。然而，星型网络也存在一些缺点。例如，通信线路长度较长，导致成本高，而且可靠性差；由于过于依赖中央节点，当中央节点发生故障时，整个网络不能工作，所以对中央节点的可靠性要求较高；此外，在电缆的安装和维护方面也容易出问题。

环形网络的特点是各网络结点连成环状，数据信息沿一个方向传送，通过各中间结点存储转发，最后到达目的结点。环形网络具有电缆长度短的优点，这使得在网络建设中可以节省电缆成本。同时，可使用多种传输介质，能够根据不同的需求选择合适的传输介质，如在楼内使用双绞线，在户外的主干网采用光缆，以解决传输速率和电磁干扰问题。特别是对于传输速率高的光纤传输介质，环形网络十分适用。然而，环形网络也存在一些缺点。例如，容量有限，网络建成后，难以增加新的站点，这限制了网络的扩展性；一旦介质出现故障，会导致网络瘫痪，安装和监控虽然容易，但故障后的恢复相对困难。

总线型网络采用单根传输线作为传输介质，所有站点都通过相应的硬件接口直接连接到传输介质上。这种结构具有电缆长度短、易于布线、易于维护、安装费用低等优点。同时，结构简单，都是无源元件，可靠性高。易于扩充，在总线的任何位置都可直接接入增加新站点，如需增加网段长度，可通过中继器再加上一个附加段。但是，总线型网络也存在一些缺点。故障诊断和隔离困难，因为不是集中控制，所以故障检测需在网上各个站点进行。如果故障发生在站点，则需将该站点从总线上去掉，如果传输介质出现故障，则这段总线整个都要切断。总线型网络安全性低，监控比较困难，增加新站点也不如星型网络容易。

树形网络由总线拓扑演变而来，有一个带分支的根，还可再延伸出若干子分支。树形网络通常采用同轴电缆作为传输介质，而且使用宽带传输技术。其优点在于易于故障隔离，当节点发送报文数据被根接收后，才可以重新广播到全网，这一点是总线拓扑所不能比拟的。同时，其他优点与总线拓扑相同，如电缆长度短、易于布线、易于维护、安装费用低、易于扩充等。然而，树形网络也存在缺点，对根的依赖太大，如果根发生故障，则整个网络不能正常工作，这种网络的可靠性问题和星型拓扑结构相似。

（三）其他网络结构的特点与适用范围

除了常见的网络结构外，网状形和全连通形等网络结构也有其独特之处。

网状形网络是最一般化的网络构形，各节点通过物理信道连接成不规则的形状。这种网络结构具有高度的灵活性和可靠性。由于各节点之间有多条物理信道连接，当某一条信道出现故障时，可以通过其他信道进行通信，保证了网络的稳定性。同时，网状形网络可以适应复杂的网络环境和多变的通信需求。然而，网状形网络也存在一些问题。首先，网络的建设和维护成本较高，需要大量的物理信道连接各个节点。其次，网络的管理和控制比较复杂，需要采用先进的网络管理技术来确保网络的正常运行。

全连通形网络的任两个结点之间均有物理信道。这种网络结构具有最高的可靠性和通信效率。在全连通形网络中，任何两个节点之间都可以直接通信，无须经过中间节点的转接，因此通信延迟最小。同时，由于每个节点都与其他所有节点直接相连，即使某个节点出现故障，也不会影响其他节点之间的通信。然而，全连通形网络的建设成本极高，因为需要为每一对节点之间都建立物理信道。而且，网络的管理和控制也非常复杂，需要大量的资源来维护网络的正常运行。

（四）网络结构选择的依据与方法

不同的网络结构具有不同的特点和适用场景，因此在选择网络结构时，需要根据具体的应用需求和场景来选择合适的网络结构。首先，需要考虑网络的规模和覆盖范围。如果网络规模较小，覆盖范围有限，可以选择星型、环形或总线型等简单的网络结构。如果网络规模较大，覆盖范围广，可以考虑采用树形、网状形或全连通形等复杂的网络结构。其次，需要考虑网络的通信需求和性能要求。如果对通信效率和实时性要求较高，可以选择全连通形或环形网络。如果对网络的可靠性和扩展性要求较高，可以选择网状形或树形网络；最后，还需要考虑网络的建设和维护成本。不同的网络结构建设和维护成本不同，需要根据实际情况进行综合考虑，选择成本效益最优的网络结构。

二、网络结构的现状分析

（一）网络架构类型与特点的深入剖析

逻辑网络作为一种由策略建立的网络形式，在当前的网络结构中发挥着重要作用。其定义了资源的连接方式、条件以及访问权限，为不同的业务需求提供了灵活的网络配置。例如，制造系统仅限于托管网络上的托管设备连接，这确保了生产过程的稳定性和安全性，避免了外部干扰。通过明确的策略，对资源进行精细的管理，提高资源的利用效率。同时，邮件服务器可以由连接 VPN 的用户设备访问，这种方式既保证了邮件服务的便捷性，又通过 VPN 技术保障了通信的安全性。逻辑网络的灵活性使得企业能够根据不同的业务需求进行定制化的网络设置，满足各种复杂的业务场景。

物理网络则是公司边界内传输数据并与互联网接口的硬件基础，它决定了局域网的分段方式以及无线 LAN 的适用性。在网络架构中，物理网络的设计需要考虑多方面因素。首先，要根据业务需求和数据流量确定局域网的分段策略。合理的分段可以提高网络性能，减少广播风暴和网络拥塞的风险。其次，对于何时采用无线 LAN 需要进行综合考虑。无线 LAN 具有灵活性高、部署方便等优点，但也存在信号干扰、安全性等问题。在设计物理网络时，需要权衡有线网络和无线网络的优缺点，以选择最适合的网络连接方式。物理网络的稳定性和可靠性对于整个网络结构的正常运行至关重要，因此需要选择高质量的硬件设备，并进行合理的布局和维护。

（二）网络架构面临的问题及原因分析

性能、可靠性和效率问题是当前网络架构面临的重要挑战之一。随着网络技术的不断发展，业务对网络的要求越来越高，网络延迟和带宽限制可能严重影响业务的正常运行。一方面，随着数据量的不断增长和业务的实时性要求提高，网络需要具备更高的带宽和更低的延迟。例如，高清视频会议、在线游戏等应用对网络延迟非常敏感，稍有延迟就会影响用户体验。另一方面，网络中的设备和应用越来越多，可能导致网络拥塞和性能下降。为了解决这些问题，需要采取一系列有效的措施进行优化。例如，通过升级网络设备、优化网络拓扑结构、采用流量管理技术等方式提高网络性能；还可以利用缓存技术、数据压缩技术等手段减少数据传输量，提高网络效率。

安全和访问控制问题也是网络架构面临的严峻挑战。在当前网络环境下，网络威胁不断增多，传统的访问控制手段已经难以满足安全需求。传统的防火墙和入侵检测系统主要基于已知的攻击模式进行检测和防护，对于新型的网络攻击手段可能无法有效应对。例如，零日漏洞攻击、高级持续威胁等攻击方式往往具有隐蔽性强、破坏性大的特点，传统的安全技术难以防范。为了提高网络的安全性，需要采用更加先进的安全技术进行防护。可以采用基于行为分析的安全技术，通过对网络流量和用户行为的分析，及时发现异常行为并进行预警。同时，还可以采用加密技术、身份认证技术等手段保障数据的安全性和用户的合法性。

虚拟化与云服务的兴起给网络架构带来了新的挑战。虚拟化技术使得物理网络设备可以被云中提供相同功能的虚拟设备和服务器上的软件所取代，这改变了传统网络架构的硬件基础。虚拟化技术的应用可以提高资源的利用效率、降低成本，但同时也带来了管理复杂性和安全性等问题。例如，虚拟网络的管理需要更加精细的策略和技术手段，以确保不同虚拟网络之间的隔离和安全。云服务的普及则改变了传统网络架构的运营模式，企业的业务越来越多地依赖于云服务提供商。这要求网络架构具备更高的灵活性和可扩展性，以适应云服务的动态变化。同时，也需要加强与云服务提供商的合作，共同保障网络的安全性和可靠性。

（三）网络架构的发展趋势及影响因素

零信任架构的兴起是当前网络架构发展的重要趋势之一。传统的网络架构基于"信任但验证"的原则，这种原则在当前复杂的网络环境下已经难以保证网络的安全性。零信任架构不再信任任何网络或设备，而是对每次访问都进行身份验证和授权。这种架构可以更有效地应对内部威胁和外部攻击，从而提高网络的安全性。零信任架构的实现需要采用一系列先进的技术手段，如身份认证技术、访问控制技术、加密技术等。同时，还需要对网络进行全面的监控和管理，及时发现和处理异常行为。零信任架构的推广将改变传统的网络安全观念和管理模式，提高网络安全防护的水平。

大数据与人工智能的应用也是网络架构发展的重要方向。随着大数据技术的普及和人工智能技术的发展，网络架构将更加注重数据分析和智能化决策。通过大数据分析，及时发现和防范各种网络攻击行为。大数据技术可以对网络流量、用户行为等数据进行实时分析，发现异常行为和攻击模式，为网络安全防护提供有力的支持。人工智能技术则可以通过对大量数据的分析和学习，自动识别和防范网络攻击，提高网络安全防护的智能化水平。同时，人工智能技术还可以用于网络优化和故障诊断，提高网络的安全性能和可靠性。

网络安全标准化与合规性将成为未来网络架构发展的重要趋势。随着网络安全问题的日益突出，各国政府和企业都在加强网络安全标准化建设。网络安全标准将成为网络安全体系的重要组成部分，推动网络安全技术的创新和发展。同时，随着网络安全法规的不断完善和执行力度的加强，网络架构将更加注重合规性要求，确保业务运营符合相关法律法规的规定。企业需要加强网络安全管理，建立健全的网络安全制度和流程，提高网络安全防护的水平。同时，也需要加强与监管部门的沟通和合作，及时了解和遵守相关的法律法规和标准。

（四）应对网络结构现状的策略与方法

为了应对当前网络结构面临的挑战并抓住发展机遇，需要采取一系列有效的策略和方法。首先，要加强网络性能优化和可靠性提升。通过升级网络设备、优化网络拓扑结构、采用先进的流量管理技术等方式提高网络性能和可靠性。同时，要加强网络监控和管理，及时发现和解决网络故障和性能问题。其次，要加强网络安全防护。采用零信任架构、大数据与人工智能技术等先进的安全技术，提高网络的安全性。同时，要加强网络安全管理，建立健全的网络安全制度和流程，提高员工的安全意识和防范能力。再次，要积极应对虚拟化与云服务带来的挑战。加强与云服务提供商的合作，共同保障网络的安全性和可靠性。同时，要加强虚拟网络的管理，采用先进的虚拟化技术和管理手段，提高虚拟网络的安全性和性能。最后，要加强网络安全标准化与合规性建设。积极参与网络安全标准的制定和推广，确保业务运营符合相关法律法规的规定。同时，要加强与监管部门的沟通和合作，及时了解和遵守相关的法规和标准。

三、网络结构的适应性评价

（一）性能适应性的关键要素及评估方法

吞吐量与带宽是衡量网络结构性能适应性的重要指标。评价网络结构是否能够满足当前及未来业务增长所需的吞吐量和带宽，需要进行全面的分析。首先，要对当前业务的流量需求进行准确评估，包括日常业务流量以及高峰时段的流量峰值。其次，通过监测网络设备的流量统计数据，了解当前网络的实际吞吐量情况，判断是否存在带宽瓶颈。对于未来业务增长的预测，需要结合企业的发展规划、市场趋势以及技术发展趋势等因素进行综合考虑。例如，如果企业计划推出新的在线服务或扩大业务范围，可能会导致网络流量的大幅增加，此时就需要评估现有网络结构是否具备足够的冗余带宽以应对突发流量。

延迟与响应时间直接影响到用户体验和业务的实时性。考察网络结构在数据传输过程中的延迟和响应时间，需要从多个方面入手。一方面，要分析网络设备的处理能力和传输速度，包括交换机、路由器、防火墙等设备的性能参数。例如，高速交换机可以减少数据在网络中的传输延迟，提高响应速度。另一方面，要考虑网络拓扑结构对延迟的影响。例如，采用扁平化的网络拓扑结构可以减少数据传输的跳数，降低延迟。对于需要实时交互的应用，如视频会议、在线游戏等，延迟和响应时间的要求更为严格。通过模拟实际应用场景进行测试，评估网络结构在这些应用下的性能表现。

稳定性与可靠性是网络结构性能适应性的基础。评估网络结构在长时间运行下的稳定性和可靠性，需要关注多个方面。首先，要考察网络设备的可靠性，包括设备的故障率、平均无故障时间等指标。选择质量可靠、性能稳定的网络设备是确保网络稳定运行的关键。其次，要评估网络的冗余设计。冗余设计可以在设备故障或网络中断时提供备用路径，确保业务的连续性。例如，采用双机热备的方式可以在主设备故障时自动切换到备用设备，减少业务中断的时间。最后，还需要关注网络的故障恢复能力。当网络出现故障时，能够快速定位故障点并进行修复是保证网络稳定性的重要环节。通过建立完善的网络监控系统，实时监测网络状态，及时发现并处理故障。

（二）安全性适应性的重要方面及评估策略

防护能力是网络结构安全性适应性的核心。评价网络结构对外部攻击和内部威胁的防护能力，需要综合考虑多种因素。对于外部攻击，如DDoS攻击、SQL注入等，需要评估网络的防火墙、入侵检测系统、入侵防御系统等安全设备的有效性。这些设备可以检测和阻止外部攻击，保护网络的安全。同时，要关注网络的访问控制策略，确保只有授权用户能够访问网络资源。对于内部威胁，如员工误操作、恶意软件等，需要加强员工安全意识培训，提高员工对网络安全的重视程度。此外，还可以采用终端安全管理系统，对企业内部的终端设备进行安全管理，防止恶意软件的传播。

合规性是网络结构安全性适应性的重要保障。检查网络结构是否符合行业安全标准和法规要求，如 ISO 27001、GDPR 等，是确保网络安全的重要环节。企业需要建立完善的安全管理制度，确保网络安全管理符合相关标准和法规的要求。同时，要定期进行安全审计，检查网络安全管理的执行情况，及时发现并纠正安全管理中存在的问题。

监控与审计是网络结构安全性适应性的重要手段。评估网络结构是否具备有效的监控和审计机制，以便及时发现并响应安全事件。可以通过建立网络安全监控中心，实时监测网络状态，及时发现安全事件。同时，要建立完善的安全审计制度，对网络活动进行记录和审计，以便在安全事件发生后进行追溯和调查。此外，还可以采用安全信息和事件管理系统（SIEM），对网络安全事件进行集中管理和分析，提高安全事件的响应速度和处理能力。

（三）可扩展性与灵活性的关键指标及评估要点

模块化设计是网络结构可扩展性与灵活性的重要体现。它考察网络结构是否采用模块化设计，以便轻松添加新设备、扩展网络规模或升级网络设备。模块化设计可以将网络结构划分为多个独立的模块，每个模块都可以独立进行扩展和升级，而不会影响其他模块的正常运行。例如，采用模块化的交换机可以根据业务需求灵活地增加端口数量，提高网络的可扩展性。同时，模块化设计还可以提高网络的维护效率，当某个模块出现故障时，可以快速地进行更换和维修，减少业务中断的时间。

技术兼容性是网络结构可扩展性与灵活性的重要保障。它评价网络结构是否支持多种技术和协议，以便与其他系统无缝集成。随着技术的不断发展，企业可能会引入新的技术和设备，如云计算平台、物联网设备等。网络结构需要具备良好的技术兼容性，能够支持新的技术和设备的接入。例如，采用支持多种网络协议的路由器可以实现不同网络之间的互联互通，提高网络的灵活性。同时，技术兼容性还可以提高网络的升级能力，当新的技术和协议出现时，网络结构可以方便地进行升级和改造，以适应技术的发展趋势。

自动化与智能化是网络结构可扩展性与灵活性的重要发展方向。它评估网络结构是否具备自动化和智能化功能，如自动化配置、智能路由选择等，以提高网络管理的效率和准确性。自动化配置可以减少人工干预，提高网络配置的效率和准确性。例如，采用自动化的网络配置工具可以快速部署新的网络设备，以减少配置错误的风险。智能路由选择可以根据网络状态和业务需求自动选择最优的路由路径，提高网络的性能和可靠性。例如，采用智能路由协议可以根据网络流量的变化自动调整路由策略，从而提高网络的利用率。

（四）集成能力的重要意义及评估标准

与其他系统的集成是网络结构适应性的重要体现。它考察网络结构是否易于与其他业务系统集成，以实现数据共享和业务流程优化。随着企业信息化的不断发展，企业内部可能会存在多个业务系统，如 ERP、CRM 等。网络结构需要具备良好的集成能力，能够与这些业务系统进行无缝集成，实现数据共享和业务流程的协同。例如，通过网络与 ERP 系统集成，实现企业资源的统一管理和调配，提高企业的运营效率。同时，与其他系统的集成还可以提高网络的价值，为企业提供更多的业务支持。

API 与 SDK 支持是网络结构集成能力的重要保障。它评估网络结构是否提供丰富的 API 和 SDK 接口，以便开发者能够轻松地将网络功能集成到自定义应用中。API 和 SDK 接口可以为开发者提供便捷的开发工具，使他们能够快速地开发出与网络结构集成的应用程序。例如，通过提供网络监控 API，开发者可以开发出自己的网络监控工具，以满足企业的个性化需求。同时，丰富的 API 和 SDK 接口还可以促进网络结构的创新和发展，为企业提供更多的增值服务。

用户满意度与易用性是网络结构适应性的重要反馈。它收集用户对网络结构的反馈意见，了解用户在使用过程中的满意度和遇到的问题，可以为网络结构的优化和改进提供重要的参考依据。用户反馈可以通过问卷调查、用户访谈等方式进行收集。同时，评估网络结构的易用性，包括网络配置、故障排查、性能监控等方面的便捷性，也是提高用户满意度的重要环节。易用性高的网络结构可以减少用户的学习成本和操作难度，提高用户的工作效率。

四、网络结构优化的方向与建议

（一）性能提升的关键步骤与策略

提高网络吞吐量和带宽利用率，降低延迟和响应时间是网络结构优化在性能方面的重要目标。为实现这一目标，首先需要对网络流量进行深入分析。通过监测网络设备的流量统计数据，了解不同业务应用的流量特征和需求，找出带宽瓶颈和延迟热点。例如，某些高流量的业务应用可能会占用大量的带宽资源，导致其他应用的性能下降。针对这种情况，可以采用流量整形技术，对不同应用的流量进行限速和优先级分配，确保关键业务应用能够获得足够的带宽。

确保网络在高负载和高峰时段仍能保持稳定和高效运行，需要从两个方面入手。一方面，要优化网络设备的性能配置。例如，调整路由器和交换机的缓存大小、队列长度等参数，以适应高负载的网络流量。另一方面，要采用负载均衡技术，将网络流量均匀地分配到多个服务器上，避免单个服务器过载。同时，还可以考虑采用缓存技术，将经常访问的内容缓存到本地，减少对后端服务器的访问次数，降低延迟和响应时间。

（二）安全性增强的具体措施与方法

加强网络防护能力，抵御外部攻击和内部威胁是网络结构优化中安全性方面的关键任务。在外部攻击方面，部署先进的防火墙和入侵检测系统是必不可少的。防火墙可以阻止未经授权的网络访问，而入侵检测系统可以实时监测网络流量，发现并阻止潜在的攻击行为。此外，还可以采用蜜罐技术，故意设置一些虚假的网络资源，吸引攻击者的注意力，从而保护真实的网络资产。在内部威胁方面，实施严格的访问控制策略是关键。通过身份认证、授权和审计等手段，确保只有合法的用户能够访问网络资源，防止内部人员的误操作和恶意行为。

确保网络符合行业安全标准和法规要求，需要建立完善的安全管理制度。企业应制定网络安全政策和流程，明确网络安全的责任和义务。同时，要定期进行安全审计，检查网络安全管理的执行情况，及时发现并纠正安全问题。此外，还应关注行业安全标准和法规的变化，及时调整网络安全策略，确保网络达到相关要求。

提升网络安全监控和审计能力，及时发现并响应安全事件，需要引入先进的网络监控和分析工具。这些工具可以实时监测网络流量、设备状态和用户行为，发现异常情况并及时发出警报。同时，还应建立完善的安全事件响应机制，明确安全事件的处理流程和责任分工，确保在安全事件发生时能够迅速采取有效的措施进行应对。

（三）可扩展性与灵活性的实现途径与要点

采用模块化设计，便于添加新设备和扩展网络规模是提高网络可扩展性和灵活性的重要手段。在网络设计阶段，应采用模块化的架构，将网络划分为多个独立的模块，每个模块都可以独立进行扩展和升级。例如，可以将网络分为核心层、汇聚层和接入层，每个层次都可以根据业务需求进行灵活的扩展。同时，模块化设计还可以提高网络的可靠性和可维护性，当某个模块出现故障时，可以快速地进行更换和维修，不会影响整个网络的正常运行。

支持多种技术和协议，便于与其他系统无缝集成，需要在网络设备的选择和配置上进行考虑。企业应选择支持多种网络协议和技术的设备，如支持 IPv6、SDN（软件定义网络）、NFV（网络功能虚拟化）等技术的设备。同时，还应建立开放的网络接口和 API，方便与其他系统进行集成和交互。例如，通过 API 将网络管理系统与企业的业务系统进行集成，实现网络资源的自动化分配和管理。

提升网络自动化和智能化水平，提高管理效率和准确性，需要引入先进的网络管理技术。例如，可以采用自动化的网络配置工具，实现网络设备的快速部署和配置。同时，还可以利用人工智能和机器学习技术，对网络流量进行分析和预测，自动调整网络资源的分配和管理策略，提高网络的性能和可靠性。

（四）易用性提升的重要方面与策略

简化网络配置和管理流程，降低操作难度，需要从用户界面和操作流程两个方面进行优化。在用户界面方面，应设计简洁明了、易于操作的网络管理界面，让用户能够快速地了解网络的状态和进行相关的操作。在操作流程方面，应尽量简化网络配置和管理的步骤，减少用户的操作时间和工作量。例如，可以采用向导式的配置方式，引导用户逐步完成网络设备的配置。

提供直观的网络监控和诊断工具，便于快速定位和解决问题，这需要引入先进的网络监控和诊断技术。例如，可以采用可视化的网络监控工具，让用户能够直观地了解网络的流量分布、设备状态和故障位置。同时，还应提供详细的网络诊断报告，帮助用户快速定位和解决网络问题。

加强用户培训和支持，提高用户满意度和使用效率，这需要建立完善的用户培训和支持体系。企业应定期组织网络培训课程，让用户了解网络的使用方法和注意事项。同时，还应建立专门的用户支持团队，及时解答用户的问题和解决用户的故障。此外，还可以通过建立用户反馈渠道，收集用户的意见和建议，不断改进网络的易用性和用户体验。

第二节 交通运输网络设计原则

一、系统性原则

（一）整体性考虑的重要意义及实现方式

系统性原则要求在网络结构设计与优化时将网络看作一个不可分割的整体，这一整体性考虑具有至关重要的意义。在当今复杂的网络环境中，网络的各个组成部分相互依存、相互影响，任何一个部分出现问题都可能对整个网络系统产生连锁反应。因此，只有从整体的角度出发，综合考虑网络的各个组成部分，才能确保网络的稳定运行和高效性能。

实现整体性考虑需要在网络规划的初始阶段就进行全面的分析。首先，要对网络的硬件设备进行评估，包括服务器、路由器、交换机、防火墙等。不同的硬件设备具有不同的性能特点和功能需求，需要根据网络的整体目标进行合理的选择和配置。例如，服务器的处理能力和存储容量需要满足业务应用的需求，路由器和交换机的带宽和转发性能需要保证网络的流畅通信。

其次，软件平台也是网络整体的重要组成部分。操作系统、数据库管理系统、网络管理软件等软件平台的选择和配置需要与硬件设备相匹配，同时还要考虑软件的稳定性、安全性和可扩展性。例如，网络管理软件要能够对整个网络进行集中管理和监控，及时发现和解决问题。

通信协议是网络中数据传输的规则和标准，也是需要进行整体性考虑的关键因素之一。不同的通信协议适用于不同的网络场景和应用需求，需要根据网络的整体架构进行选择和配置。例如，TCP/IP 协议是互联网的基础协议，适用于大多数网络应用；而一些特定的行业协议可能适用于特定的业务领域。

安全策略是网络整体安全的保障，需要从整体的角度进行规划和实施。访问控制、数据加密、入侵检测等安全措施需要覆盖网络的各个层面和环节，确保网络资源的安全性和完整性。例如，访问控制策略需要根据用户的身份和权限进行精细的管理，防止未经授权的访问；数据加密技术需要对敏感数据进行加密传输和存储，以防止数据泄露。

（二）层次化设计的优势及实施步骤

为了实现网络结构的整体优化，采用层次化设计方法具有明显的优势。层次化设计将网络划分为不同的层次，如核心层、汇聚层和接入层，每个层次都有其特定的功能和角色。这种设计有助于简化网络结构，提高网络的可靠性和可扩展性。

首先，层次化设计可以提高网络的可靠性。不同层次之间的功能相对独立，当某个层次出现故障时，不会影响到其他层次的正常运行。例如，接入层的设备故障不会影响核心层和汇聚层的网络通信，从而提高整个网络的稳定性。

其次，层次化设计可以提高网络的可扩展性。随着业务的发展和网络规模的扩大，可以在不同层次上进行扩展和升级，而不会对整个网络结构造成重大影响。例如，可以在接入层增加新的用户设备，在汇聚层增加新的交换机,在核心层增加新的路由器,以满足不断增长的业务需求。

实施层次化设计需要遵循一定的步骤。第一,要明确网络的整体需求和目标,确定网络的规模、性能和功能要求。第二,根据需求和目标,将网络划分为不同的层次,并确定每个层次的功能和角色。核心层主要负责高速数据传输和网络的核心功能,汇聚层主要负责将多个接入层的流量汇聚起来,并进行初步的处理和转发,接入层主要负责连接用户设备和提供网络接入服务。

再次,要选择合适的网络设备和技术,满足每个层次的功能需求。核心层需要高性能的路由器和交换机,以保证高速数据传输;汇聚层需要具有一定处理能力和扩展性的交换机;接入层需要灵活多样的接入设备,满足不同用户的需求。

最后,要进行网络的测试和优化,确保层次化设计的有效性和性能。通过测试可以发现网络中存在的问题和瓶颈,并进行相应的优化和调整,提高网络的整体性能。

(三)冗余与容错的必要性及实现策略

为了提高网络的可用性和稳定性,系统性原则强调在网络设计中引入冗余和容错机制。在当今高度依赖网络的社会中,网络的中断可能会给企业和个人带来巨大的损失,因此确保网络的持续运行至关重要。

冗余机制是通过在网络中增加备份设备和链路,以防止单点故障。例如,采用双机热备的方式,当主设备出现故障时,备用设备可以立即接管工作,保证网络的不间断运行。同时,还可以在网络中增加冗余链路,当一条链路出现故障时,数据可以通过其他链路进行传输。

容错机制是指当网络中出现故障时,该机制能够自动检测和恢复故障,保证网络的正常运行。例如,采用负载均衡技术,将网络流量分配到多个设备上,当某个设备出现故障时,其他设备可以承担其工作负载,保证网络的性能不受影响。同时,还可以采用自动故障检测和恢复技术,当网络中出现故障时,能够自动检测故障并进行恢复,减少人工干预的时间和成本。

实现冗余与容错机制需要综合考虑网络的实际情况和需求。首先,要进行风险评估,确定网络中可能出现的故障点和影响范围。其次,根据风险评估的结果，选择合适的冗余和容错技术，并进行合理的配置和部署。例如，在关键设备和链路处设置冗余，采用自动切换技术，确保在故障发生时能够快速切换到备用设备或链路。

同时，还需要建立完善的监控和管理体系，及时发现和处理网络中的故障。通过网络管理软件和监控设备，实时监测网络的运行状态，当出现故障时能够及时发出警报，并进行相应的处理。

（四）安全性保障的关键环节及实施方法

网络安全性是网络结构设计与优化中不可忽视的一环。在当今网络安全形势日益严峻的情况下，保护网络资源的安全性和完整性至关重要。系统性原则要求在网络设计中充分考虑安全因素，采用多种安全技术和策略，确保网络的安全。

首先，防火墙是网络安全的第一道防线，它可以阻止未经授权的访问和恶意攻击。设置合理的防火墙规则可以限制网络流量，只允许合法的访问通过。同时，还可以采用入侵检测系统和入侵防御系统，实时监测网络中的异常行为，并进行相应的处理。

其次，虚拟专用网（VPN）可以为远程用户提供安全的网络连接。通过加密和隧道技术，VPN可以保证数据在传输过程中的安全性和完整性。同时，还可以采用身份认证和访问控制技术，确保只有合法的用户才能访问网络资源。

数据加密是保护网络数据安全的重要手段。通过对敏感数据进行加密，防止数据在传输和存储过程中被窃取和篡改。同时，还可以采用数字签名和认证技术，确保数据的真实性和完整性。

安全管理也是网络安全的重要环节。建立完善的安全管理制度，包括用户管理、权限管理、安全审计等，可以有效地提高网络的安全性。同时，还需要对用户进行安全培训，提高用户的安全意识和防范能力。

实施网络安全保障需要综合考虑网络的实际情况和需求。首先，要进行安全评估，确定网络中存在的安全风险和漏洞。其次，根据安全评估的结果，选择合适的安全技术和策略，并进行合理的配置和部署。同时，还需要建立完善的安全管理体系，定期进行安全审计和漏洞扫描，及时发现和处理安全问题。

二、效率性原则

（一）高性能设计的关键要素及实现途径

优化网络拓扑是实现高性能设计的重要基础。合理规划网络拓扑结构能够有效地减少网络拥塞和数据丢失的风险。层次化的设计方法将网络分为核心层、汇聚层和接入层，使得网络结构清晰，便于管理和维护。核心层负责高速数据传输和网络的核心功能，汇聚层将多个接入层的流量汇聚起来进行初步处理和转发，接入层则连接用户设备提供网络接入服务。模块化的设计则将网络划分为不同的功能模块，每个模块独立运行，便于故障排查和扩展升级。例如，在一个大型企业网络中，可以将不同的部门或业务划分到不同的模块中，通过模块化的设计提高网络的可管理性和扩展性。

选择高效设备是提升网络性能的关键环节。选用高性能的网络设备，如高速路由器、交换机等，可以极大地提高数据传输速度和吞吐量。高速路由器具备强大的路由计算能力和数据转发能力，能够快速处理大量的网络流量。交换机则负责在局域网内进行数据交换，高性能的交换机可以提供更高的端口带宽和更低的延迟。在选择网络设备时，需要考虑设备的性能参数、可靠性、可扩展性等因素。例如，对于一个数据中心网络，需要选择具备高吞吐量、低延迟、高可靠性的网络设备，以满足大规模数据处理和存储的需求。

优化路由算法是确保数据包快速、准确到达目的地的重要手段。采用高效的路由算法，如最短路径优先（SPF）算法、距离向量（DV）算法等，可以根据网络的拓扑结构和链路状态选择最佳的路由路径，减少数据包的传输延迟和路由开销。SPF 算法通过计算网络中所有节点到目标节点的最短路径来确定路由，适用于大型复杂网络。DV 算法则通过相邻节点之间交换路由信息来确定路由，适用于小型网络。在实际应用中，可以根据网络的规模和特点选择合适的路由算法，并进行优化调整。例如，在一个动态变化的网络环境中，可以采用自适应路由算法，根据网络的实时状态调整路由策略，提高网络的性能和可靠性。

（二）低延迟响应的重要性及实现方法

减少网络延迟对于提高用户响应速度至关重要。网络延迟是指数据包从源节点传输到目标节点所需要的时间，延迟越低，用户响应速度就越快。通过优化网络路径、减少网络节点数量、提高网络设备处理速度等方式，有效地降低网络延迟。优化网络路径可以选择最短的传输路径，减少数据包的传输距离和跳数。减少网络节点数量可以降低数据包在网络中的转发次数，提高传输效率。提高网络设备处理速度可以加快数据包的处理和转发速度，减少延迟。例如，在一个实时性要求较高的网络应用中，如在线游戏、视频会议等，可以采用专用的网络加速设备，如加速器、缓存服务器等，来降低网络延迟，提高用户体验。

优化数据传输协议也是提高数据传输效率和可靠性的重要手段。选择适合业务需求的传输协议，如 TCP/IP、UDP 等，并根据实际情况调整协议参数，可以提高数据传输的效率和可靠性。TCP/IP 协议是互联网的基础协议，具有可靠的数据传输和错误恢复机制，但在某些情况下还可能会导致较高的延迟。UDP 协议则是一种无连接的协议，具有较低的延迟和较高的传输效率，但不保证数据的可靠性。在选择传输协议时，要根据业务的特点和需求进行综合考虑。例如，对于实时性要求较高的业务，如视频直播、在线游戏等，可以选择 UDP 协议；对于数据可靠性要求较高的业务，如文件传输、数据库同步等，可以选择 TCP/IP 协议。同时，还可以根据实际情况调整协议参数，如 TCP 的窗口大小、UDP 的数据包大小等，以提高数据传输的效率和可靠性。

（三）资源优化利用的核心要点及策略

负载均衡是提高网络资源利用率和整体性能的重要机制。在网络结构中引入负载均衡机制，可以将网络流量均匀分配到多个网络设备或链路上，避免单个设备或链路负载过重，提高网络的可靠性和性能。负载均衡可以通过硬件设备实现，如负载均衡器；也可以通过软件实现，如负载均衡算法。负载均衡器可以根据不同的负载均衡策略，如轮询、加权轮询、最小连接数等，将网络流量分配到不同的服务器上。负载均衡算法则可以在网络设备上运行，根据网络的实时状态动态调整流量分配策略。例如，在一个电子商务网站的服务器集群中，可以采用负载均衡器将用户的请求分配到不同的服务器上，提高服务器的处理能力和响应速度。

节能降耗是网络结构设计与优化中需要考虑的重要因素。在网络设备选型时，应考虑其能效比和功耗，选择节能型设备，这样可以降低网络的能耗和运营成本。同时，通过优化网络配置和管理策略，如关闭不必要的设备和端口、调整设备的功率模式等，也可以降低网络设备的能耗。例如，在一个数据中心网络中，可以采用虚拟化技术将多个物理服务器整合到一个虚拟服务器上，减少服务器的数量和能耗。还可以采用智能电源管理系统，根据网络的负载情况自动调整设备的功率模式，降低能耗。

（四）持续性能监控与优化的必要性及实施步骤

建立性能监控体系是确保网络高效运行的重要手段。建立全面的网络性能监控体系，实时监测网络设备的运行状态、网络流量、响应时间等关键指标，可以及时发现网络中的性能问题和故障，采取相应的措施进行解决。性能监控体系可以通过网络管理软件、监控设备等实现，对网络进行全方位的监控和管理。例如，通过网络管理软件可以实时监测网络设备的 CPU 利用率、内存利用率、端口流量等指标，发现设备的性能瓶颈和故障。通过监控设备可以实时监测网络的流量分布、延迟情况等指标，发现网络中的拥塞点和故障点。

定期性能评估与优化是持续提升网络性能的重要环节。定期对网络性能进行评估和分析，发现潜在的性能瓶颈和问题，并采取相应的优化措施进行改进。性能评估可以通过网络性能测试工具、数据分析软件等实现，对网络的性能进行全面的评估和分析。例如，网络性能测试工具可以测试网络的吞吐量、延迟、丢包率等指标，发现网络中的性能问题。数据分析软件可以对网络的流量数据、日志数据等进行分析，发现网络中的潜在问题和趋势。根据性能评估的结果，可以采取相应的优化措施，如调整网络拓扑结构、优化设备配置、升级网络设备等，提高网络的性能和可靠性。

适应业务需求变化是网络结构设计与优化的重要目标。可扩展性设计和灵活性调整是实现这一目标的重要手段。在网络结构设计中预留足够的扩展空间，以便在未来能够轻松添加新设备、扩展网络规模或引入新技术。例如，在网络规划时，可以考虑采用模块化的设计方法，预留足够的端口和带宽资源，以便在未来能够方便地进行扩展。灵活性调整则是根据业务需求的变化，灵活调整网络结构和配置，确保网络满足业务发展的需求。例如，随着业务的发展，可能需要调整网络的安全策略、QoS 策略等，以适应不同的业务需求。

三、可持续性原则

（一）环境可持续性的关键意义及实现方式

环境可持续性在网络结构设计与优化中具有重大意义。随着全球对环境保护的关注度不断提高，网络行业也必须承担起相应的责任，以减少对环境的负面影响。

节能设计是实现环境可持续性的重要途径之一。在网络设备选型时，优先考虑能效比高、功耗低的设备至关重要。这样的设备在运行过程中能够消耗较少的能源，从而降低网络整体的能耗。例如，选择具有节能模式的交换机和路由器，当网络流量较低时，设备可以自动进入低功耗状态，减少能源消耗。同时，通过优化网络配置和管理策略，也能有效降低网络设备的能耗。例如，合理调整设备的休眠时间、关闭不必要的端口和服务等。此外，采用智能能源管理系统，可以实时监测网络设备的能耗情况，并根据实际需求进行动态调整，进一步提高能源利用效率。

资源回收与再利用在网络设备更新换代时起着关键作用。随着技术的不断发展，网络设备的更新速度也在加快。在这个过程中，注重资源的回收和再利用可以减少电子垃圾的产生，降低对环境的污染。对废旧设备进行拆解、分类和回收，可以将其中有价值的零部件和材料进行再利用，减少对自然资源的需求。例如，回收的金属可以用于制造新的设备，回收的塑料可以进行再加工。同时，应建立完善的电子垃圾回收体系，加强对回收过程的监管，确保资源的合理利用和环境的安全。

（二）经济可持续性的重要考量及实施策略

成本控制在网络结构设计与优化过程中不可或缺。网络建设和运维需要投入大量的资金，因此注重成本控制可以避免不必要的浪费，提高资源的利用效率。在网络结构设计阶段，要进行充分的规划和预算，合理选择设备和技术方案，避免过度投资。例如，根据实际需求确定网络规模和性能要求，选择性价比高的设备和服务提供商。在网络运维阶段，要加强成本管理，优化资源配置，降低运营成本。例如，通过自动化管理工具提高运维效率，减少人工成本；合理安排设备的维护和升级计划，避免因设备故障而导致的高额维修费用。

投资回报是网络结构设计与优化的重要目标之一。关注网络结构的投资回报率，确保网络建设的经济效益。通过优化网络性能、提高资源利用率等方式，提高网络的整体效益和投资回报率。例如，提高网络的吞吐量和响应速度，可以提升用户体验，增加业务量，从而带来更多的经济收益。同时，合理规划网络资源，避免资源闲置和浪费，也可以提高投资回报率。此外，还要对网络建设和运维的成本和收益进行定期评估和分析，及时调整策略，确保网络的经济可持续性。

（三）技术可持续性的核心要点及保障措施

可扩展性是网络结构设计中必须考虑的重要因素。预留足够的扩展空间可以确保网络结构能够适应未来技术的发展和业务需求的变化。在网络规划阶段，要充分考虑未来的发展趋势，选择具有良好可扩展性的技术和设备。例如，采用模块化的网络架构，便于在未来添加新的模块和功能。同时，要为网络的扩展预留足够的带宽和端口资源，以便在需要时能够轻松扩容。此外，应建立灵活的网络管理机制，以快速响应业务需求的变化，实现网络的动态扩展。

兼容性是实现技术可持续性的关键。选择兼容性强、标准化程度高的网络设备和协议，可以降低未来技术升级和更换设备的成本。兼容性强的设备可以与不同厂家的产品进行互联互通，避免因设备不兼容而导致的更换成本。标准化程度高的协议可以确保不同设备之间的互操作性，便于网络的扩展和升级。例如，采用广泛应用的 TCP/IP 协议和以太网技术，可以保证网络与各种设备和系统的兼容性。同时，要关注行业标准的发展动态，及时采用新的标准和技术，提高网络的兼容性和可持续性。

（四）社会可持续性的关键作用及实现途径

用户满意度是网络社会可持续发展的重要保障。应关注用户需求和满意度，通过优化网络性能、提高服务质量等方式，提升用户的网络使用体验。良好的用户体验可以增强用户对网络的信任和依赖，促进网络社会的可持续发展。例如，提高网络的稳定性和可靠性，减少网络故障和中断的发生；提供快速的网络响应速度和高质量的网络服务，满足用户对多媒体应用和在线业务的需求。同时，要建立用户反馈机制，及时了解用户的需求和意见，不断改进网络服务，提高用户满意度。

网络安全与隐私保护是维护网络社会稳定和信任的关键。加强网络安全防护，实施合理的安全策略和技术手段，可以确保用户数据的安全性和隐私性。网络安全事件的频繁发生给用户和企业带来了巨大的损失，因此加强网络安全防护至关重要。例如，采用防火墙、入侵检测系统、数据加密技术等，可以有效防止网络攻击和数据泄露。同时，要注重对用户隐私的保护，建立严格的隐私政策和数据管理机制，确保用户的个人信息不被滥用和泄露。此外，要加强网络安全教育和培训，提高用户的安全意识和防范能力，共同维护网络社会的安全和稳定。

持续优化与改进是实现网络结构可持续性的重要环节。应定期对网络结构进行评估和分析，发现潜在的问题和瓶颈，并采取相应的优化措施进行改进。网络环境是不断变化的，因此需要定期对网络进行评估，以确保其始终能够满足用户的需求和业务的发展。例如，通过性能测试和用户反馈，了解网络的性能和服务质量，发现问题并及时进行优化。同时，引入新技术与创新也是提高网络整体性能和竞争力的重要手段。积极关注新技术的发展和创新，及时将新技术引入网络结构中，可以为用户提供更好的服务和体验。此外，应注重技术创新和人才培养，为网络结构的持续优化和改进提供有力的支持。

四、安全性原则

（一）网络安全架构设计的核心要点及重要性

防御深度原则是网络安全架构设计的关键理念之一。在当今复杂的网络环境中，单一的安全措施往往难以抵御各种潜在的威胁。因此，强调多层次的安全措施至关重要。通过在网络中实施多个安全层，如防火墙、入侵检测系统、数据加密等，可以形成一个立体的防御体系。当某一层次的安全机制失效时，其他层次的保护仍然能够发挥作用，从而大大提高整体安全性。例如，防火墙可以阻止未经授权的外部访问，但如果攻击者突破了防火墙，入侵检测系统可以及时发现并阻止进一步的攻击行为。而数据加密则可以确保即使数据被窃取，也难以被解读。

最小权限原则在网络安全中同样具有重要意义。其确保每个用户和系统组件只有完成任务所需的最低权限，才可以有效地降低安全风险。如果用户被赋予过多的权限，那么他们就有可能误操作或者被攻击者利用这些权限进行恶意活动。例如，一个普通员工可能只需要访问特定的文件和应用程序，而不需要管理员权限。通过严格控制权限，减少潜在攻击者获得敏感信息或执行恶意操作的机会。同时，最小权限原则也有助于提高系统的稳定性和可靠性，因为不必要的权限可以降低系统出现漏洞和故障的可能性。

（二）安全技术与策略的关键作用及实施方法

防火墙技术作为网络安全的第一道防线，起着至关重要的作用。防火墙可以通过定义规则，控制流进流出网络的数据，从而有效地阻止未经授权的访问和恶意攻击。硬件防火墙通常具有更高的性能和可靠性，适用于大型企业和关键网络环境。软件防火墙则更加灵活，可以根据具体需求进行定制和配置。云防火墙则为企业提供了一种便捷的安全解决方案，无须在本地部署硬件设备，即可实现对网络流量的监控和过滤。在选择防火墙时，需要根据组织的需求和网络环境进行综合考虑。例如，对于小型企业来说，软件防火墙可能是一个经济实惠的选择；而对于大型企业或对安全性要求较高的组织，则可能需要采用硬件防火墙或云防火墙。

虚拟专用网络（VPN）为用户提供了安全的远程访问方式。在远程办公和移动设备连接日益普及的今天，VPN 的重要性更加凸显。通过加密通信，VPN 可以确保用户在远程访问网络时的数据安全。SSL VPN 和 IPsec VPN 是常见的 VPN 技术，它们各有优缺点。SSL VPN 通常更容易部署和使用，适用于远程访问 Web 应用程序等场景。IPsec VPN 则具有更高的安全性和性能，适用于连接企业内部网络等场景。在选择 VPN 技术时，需要考虑用户需求、网络环境和安全要求等因素。例如，用户要通过 Web 浏览器进行远程访问，那么 SSL VPN 可能是一个更好的选择；如果要连接企业内部的敏感数据，那么 IPsec VPN 可能更加合适。

入侵检测与防御系统（IDPS）能够实时监测并阻止恶意活动。这些系统通过分析网络流量和系统日志，识别潜在的威胁，并及时采取防御措施。入侵检测系统可以分为基于网络的入侵检测系统和基于主机的入侵检测系统两种类型。基于网络的入侵检测系统可以监测整个网络的流量，发现潜在的攻击行为；基于主机的入侵检测系统则主要监测单个主机的活动，发现主机上的异常行为。入侵防御系统则在入侵检测的基础上，能够自动采取防御措施，如阻止恶意数据包的传输、隔离受感染的主机等。在部署 IDPS 时，需要根据网络规模和安全需求进行合理的规划和配置。例如，对于大型企业网络，可以采用分布式的 IDPS 架构，在不同的网络位置部署多个检测点，以提高检测的准确性和覆盖范围。

安全信息与事件管理（SIEM）是一种集中管理、分析和响应安全事件的工具，它可以收集来自不同安全事件源的信息，如防火墙日志、入侵检测系统日志、服务器日志等，并进行关联分析，以发现潜在的威胁和安全事件。SIEM 能够帮助安全团队更好地理解网络活动，及时发现异常行为，并提供对潜在威胁的快速响应。在实施 SIEM 时，需要建立有效的事件响应流程，确保安全团队能够及时处理安全事件。同时，还需要不断优化 SIEM 的配置和规则，以提高其检测和响应的准确性。

端点安全解决方案旨在保护终端设备的安全。随着移动设备和物联网设备的普及，端点安全变得越来越重要。端点安全解决方案包括防病毒软件、终端防火墙、设备加密等功能，可以有效地减轻端点设备受到的威胁。例如，防病毒软件可以检测和清除终端设备上的恶意软件；终端防火墙可以控制终端设备的网络访问；设备加密可以保护终端设备上的数据安全。在选择端点安全解决方案时，需要考虑设备类型、用户需求和安全要求等因素。例如，对于移动设备，可以选择支持移动平台的防病毒软件和加密解决方案；对于物联网设备，可以采用轻量级的安全解决方案，以减少对设备性能的影响。

（三）安全策略与流程的重要性及实施步骤

加强身份认证与访问控制是确保网络安全的重要措施。通过实施严格的身份认证机制，如多因素认证、生物识别等，可以确保只有合法用户才能访问网络资源。多因素认证要求用户提供多个身份验证因素，如密码、指纹、令牌等，大大提高了身份认证的安全性。生物识别技术则利用用户的生物特征，如指纹、面部识别、虹膜识别等，进行身份认证，具有更高的准确性和安全性。同时，根据用户角色和权限设置合理的访问控制策略，可以防止未经授权的访问和数据泄露。访问控制策略可以包括基于角色的访问控制、基于属性的访问控制等，根据用户的身份、角色和属性来确定其对网络资源的访问权限。

定期安全审计与漏洞扫描是发现潜在安全风险和漏洞的重要手段。定期对网络系统进行安全审计，可以检查网络系统的安全配置、用户权限、访问控制等方面是否存在问题。漏洞扫描则可以检测网络系统中存在的软件漏洞、安全配置错误等问题。定期进行安全审计和漏洞扫描，可以及时发现潜在的安全风险和漏洞，并采取相应的措施进行修复。例如，安装安全补丁、更新软件版本、调整安全配置等，以提高网络系统的安全性。

应急响应与灾难恢复计划是应对网络攻击和故障的重要保障。制订详细的应急响应和灾难恢复计划，可以在网络系统遭受攻击或故障时迅速恢复运行。应急响应计划包括事件报告、事件响应、事件调查等内容，确保在安全事件发生时能够及时采取有效的措施进行处理。灾难恢复计划则包括备份和恢复策略、灾难恢复演练等内容，确保在网络系统遭受重大故障或灾难时能够迅速恢复数据和业务。在制订应急响应和灾难恢复计划时，需要考虑各种可能的情况，并进行充分的测试和演练，以确保计划的有效性和可行性。

（四）安全意识与教育的关键作用及实施方法

提高员工安全意识是网络安全的重要环节。通过培训和教育活动，提高员工对网络安全的认识和重视程度，可以有效地减少人为因素造成的安全风险。让员工了解网络安全的重要性以及他们在维护网络安全中的责任和作用，可以促使他们更加自觉地遵守安全规定，保护网络系统的安全。培训内容包括网络安全基础知识、安全策略和流程、常见的安全威胁和防范措施等。培训方式可以采用线上培训、线下培训、案例分析等多种形式进行，以提高培训的效果。

建立安全文化是在组织内部形成一种积极的安全氛围。在安全文化的影响下，员工会主动报告安全漏洞和潜在威胁，共同维护网络系统的安全稳定。建立安全文化需要从领导层面开始重视，通过制定安全政策、奖励安全行为、惩罚违规行为等方式，引导员工树立正确的安全观念。同时，还可以通过组织安全活动、宣传安全知识等方式，增强员工的安全意识和参与度。

第三节　交通运输网络优化策略

一、基于流量的优化策略

（一）流量工程优化的关键意义及具体方法

动态路由选择在基于流量的优化策略中起着至关重要的作用。根据实时的网络流量状况和用户需求灵活调整网络流量分配，能够确保网络资源得到最有效的利用。使用先进的路由算法，如 OSPF（开放最短路径优先）或 BGP（边界网关协议），可以使网络具备更高的智能性和适应性。OSPF 通过计算最短路径来确定数据包的传输路径，能够在网络拓扑发生变化时快速重新计算路由，保证数据包能够快速、准确地到达目的地。BGP 则主要用于不同自治系统之间的路由选择，能够根据网络的实际情况动态调整路由策略，实现跨网络的流量优化。

负载均衡是流量工程优化的另一个重要方面。在网络设备或链路之间分配流量，避免单点过载，可以提高网络的可靠性和性能。采用硬件负载均衡器或软件解决方案，如 LVS（Linux 虚拟服务器）或 Nginx，能够实现高效的负载均衡。硬件负载均衡器通常具有更高的性能和可靠性，但成本相对也较高。软件负载均衡器则具有灵活性高、成本低的优点，可以根据实际需求进行定制和扩展。通过负载均衡，可以将网络流量均匀地分配到多个服务器或链路，提高系统的整体处理能力和可用性。

流量整形与限速是控制网络流量的有效手段。对特定类型的流量进行整形，以控制其传输速率，可以避免某些流量占用过多带宽，影响其他业务的正常运行。例如，可以对 P2P 下载、视频流等占用带宽较大的流量进行限速，确保关键业务的带宽需求得到满足。通过限速策略，可以防止网络拥塞，提高网络的稳定性和安全性能。流量整形可以通过队列管理技术实现，如令牌桶算法、漏桶算法等，根据不同的流量类型和需求进行合理的带宽分配。

（二）SDN（软件定义网络）技术优化的优势及实施途径

集中化控制是 SDN 技术的核心优势之一。利用 SDN 控制器实现网络流量的集中化管理和优化，可以大大提高网络的管理效率和灵活性。通过中央控制器实时获取网络状态信息，并根据业务需求和网络拓扑动态调整路由策略，可以实现快速的网络配置和优化。SDN 控制器可以对网络设备进行集中管理，实现统一的流量调度和资源分配，避免了传统网络中分布式管理带来的复杂性和低效性。

灵活转发策略是 SDN 技术的另一个重要优势。基于 SDN 的转发策略优化方案，可以通过中央控制器对网络设备进行编程，实现灵活的转发策略。例如，根据源地址、目的地址、端口号等信息，对数据包进行分类和标记，并根据预设的转发规则进行相应处理。这种灵活的转发策略可以实现精细化的流量管理，满足不同业务的需求。同时，SDN 还可以支持动态的流量调度，根据网络状况和业务需求实时调整转发路径，提高网络的安全性能和可靠性。

网络切片是 SDN 技术在流量优化方面的重要应用。通过 SDN 技术实现网络资源的动态分配和调整，为不同业务提供隔离的网络资源。可以为实时性要求高的业务分配专用网络切片，保障其性能；而对于非实时性业务，则可以共享网络切片，提高资源利用率。网络切片可以根据业务需求进行定制，实现不同业务之间的隔离和资源共享，提高网络的灵活性和可扩展性。同时，SDN 控制器可以对网络切片进行集中管理和优化，实现高效的资源分配和流量调度。

（三）安全策略优化的重要性及具体措施

入侵检测与防御是网络安全的重要保障。部署入侵检测系统（IDS）和入侵防御系统（IPS），实时监测并防御网络攻击，可以有效地保护网络的安全。通过分析网络流量中的异常行为，及时发现并阻止潜在的威胁。IDS 可以对网络流量进行实时监测，发现异常行为并发出警报。IPS 则可以在发现攻击行为时自动采取防御措施，阻止攻击的进一步发展。入侵检测与防御系统可以与其他安全设备协同工作，形成一个完整的网络安全防护体系。

数据加密与完整性校验是保护数据安全的重要手段。对敏感数据进行加密传输，确保数据的机密性和完整性。使用数字签名或哈希函数等技术，验证数据的完整性和真实性。数据加密可以防止数据在传输过程中被窃取或篡改，保障数据的安全。数字签名和哈希函数可以验证数据的完整性和真实性，确保数据在传输过程中不被篡改。同时，加密技术和完整性校验技术可以与其他安全策略相结合，形成一个多层次的安全防护体系。

访问控制与身份验证是确保网络安全的基础。实施严格的访问控制策略，确保只有合法用户才能访问网络资源。采用多因素认证、生物识别等身份验证技术，提高系统的安全性。访问控制可以通过设置用户权限、网络访问控制列表等方式实现，限制用户对网络资源的访问。身份验证则可以通过密码、令牌、生物识别等方式实现，确保用户的身份真实可靠。多因素认证和生物识别技术可以提高身份验证的安全性，防止非法用户入侵。

（四）性能监控与优化的关键环节及实施方法

流量监测与分析是性能监控与优化的基础。可使用网络流量监测工具，如 Wireshark、Snort 等，实时监测网络流量状况。通过分析流量数据，发现网络中的瓶颈和潜在问题，并采取相应的优化措施。流量监测工具可以对网络流量进行实时捕获和分析，提供详细的流量统计信息和数据包分析结果。通过对流量数据的分析，可以了解网络的使用情况和性能状况，发现网络中的瓶颈和潜在问题。例如，可以通过分析流量的大小、类型、来源和目的等信息，确定哪些应用程序占用了大量的带宽，哪些链路存在拥塞等问题。

性能评估与优化是提高网络性能的关键环节。应定期对网络性能进行评估和分析，包括吞吐量、延迟、抖动等指标。根据评估结果，调整网络配置和优化策略，以提高网络性能。性能评估可以通过使用网络性能测试工具，如 Iperf、Ping 等，对网络的吞吐量、延迟、抖动等指标进行测试和分析。可根据评估结果，调整网络设备的配置参数，优化路由策略，调整负载均衡策略等，以提高网络的性能和可靠性。同时，还可以通过对网络流量的分析和优化，提高网络的资源利用率和性能。

二、基于服务的优化策略

（一）服务质量控制（QoS）的重要性及实现方式

流量分类与优先级设置是服务质量控制的基础。对网络流量进行分类，根据业务类型、用户重要性等因素设置不同的优先级，能够确保关键业务获得优先处理，提升用户体验。例如，可以将实时视频会议、在线游戏等对延迟敏感的业务设置为高优先级，而将文件下载、电子邮件等对延迟不太敏感的业务设置为低优先级。通过这种方式，当出现网络拥塞时，高优先级业务能够获得足够的带宽和低延迟服务，保证其正常运行。

资源预留与动态调整是实现服务质量控制的关键手段。为关键业务预留必要的网络资源，能够确保在网络拥塞时这些业务仍能保持服务质量。例如，可以为企业的重要业务系统预留一定的带宽和服务器资源，以保证在高峰时段这些业务也能稳定运行。同时，根据网络负载和业务需求的变化，动态调整资源分配，能够提高资源利用率。例如，当某个业务的流量减少时，可以将其占用的资源释放出来，分配给其他需要的业务。

服务等级协议（SLA）是保障服务质量的重要工具。与用户签订服务等级协议，明确服务质量标准和违约赔偿条款，能够让用户对服务质量有明确的预期，同时也对服务提供商形成约束。通过 SLA 监控和报告机制，服务提供商可以实时了解服务质量是否符合约定标准，并及时采取措施进行调整。例如，可以通过网络监控工具实时监测网络性能指标，如带宽、延迟、丢包率等，并将这些指标与 SLA 中的标准进行对比，一旦发现不符合标准的情况，立即进行调整。

（二）服务可靠性优化的关键措施及实施方法

冗余备份与故障切换是提高服务可靠性的重要手段。采用冗余备份机制，如双机热备、多路径传输等，能够在主设备或主路径出现故障时，快速切换到备份设备或路径，确保服务的连续性。例如，在企业的核心业务系统中，可以采用双机热备的方式，当主服务器出现故障时，备份服务器能够立即接管服务，确保业务不受影响。同时，多路径传输可以在网络链路出现故障时，自动切换到备用链路，保证数据传输的可靠性。

定期维护与故障排查是确保服务可靠性的基础工作。定期对网络设备和服务进行维护和检查，及时发现并排除潜在故障，能够降低故障发生的概率。例如，可以定期对服务器进行硬件检查、软件升级、数据备份等操作，确保服务器的稳定运行。同时，建立故障排查和应急响应机制，能够在发生故障时迅速定位并解决问题。例如，通过网络监控工具快速定位故障点，并派遣技术人员进行现场处理。

负载均衡与资源优化是提高服务可靠性和性能的有效方法。通过负载均衡技术，将用户请求均匀分发到多个服务器上，避免单点过载，能够提高系统的整体性能和可靠性。例如，可以采用硬件负载均衡器或软件负载均衡方案，将用户请求分发到不同的服务器上，根据服务器的负载情况动态调整分发策略。同时，根据业务需求和资源利用情况，动态调整服务器的配置和数量，能够提高资源利用率和服务性能。例如，可以根据业务的增长情况，适时增加服务器的数量和配置，以满足业务需求。

（三）服务安全性优化的核心要点及实施策略

安全策略与访问控制是保障服务安全的重要手段。制定严格的安全策略，包括访问控制、防火墙设置、入侵检测等，能够保护网络服务免受攻击。例如，可以通过设置访问控制列表，限制只有授权用户才能访问网络服务；通过设置防火墙规则，阻止未经授权的访问和恶意攻击；通过部署入侵检测系统，实时监测网络流量，发现并阻止潜在的攻击行为。同时，对用户进行身份验证和权限管理，确保只有合法用户才能访问网络服务。例如，可以采用多因素身份验证、用户角色管理等方式，提高用户身份验证的安全性和准确性。

数据加密与隐私保护是确保服务安全的关键环节。对敏感数据进行加密传输和存储，能够确保数据的机密性和完整性。例如，可以采用 SSL/TLS 加密协议对网络通信进行加密，采用数据库加密技术对存储的数据进行加密。同时，遵守相关法律法规和隐私政策，保护用户隐私和个人信息。例如，可以制定严格的数据隐私保护政策，明确数据的收集、使用、存储和披露规则，确保用户的个人信息得到妥善保护。

安全审计与漏洞扫描是发现和修复安全漏洞的重要手段。定期对网络服务和设备进行安全审计和漏洞扫描，能够发现潜在的安全风险并及时加以修复。例如，可以通过安全审计工具对网络服务的日志进行分析，发现异常行为和安全漏洞；通过漏洞扫描工具对网络设备和服务器进行扫描，发现潜在的安全漏洞并及时进行修复。同时，建立安全事件应急响应机制，能够在安全事件发生时迅速应对并减少损失。例如，可以制定安全事件应急预案，明确安全事件的处理流程和责任分工，确保在安全事件发生时能够迅速采取有效的措施进行应对。

（四）服务性能优化的关键方面及实施途径

网络优化与带宽管理是提高服务性能的重要手段。优化网络拓扑结构和路由策略，能够提高数据传输速度和可靠性。例如，可以通过调整网络设备的位置和连接方式，优化网络拓扑结构，减少数据传输的延迟和丢包率；通过采用动态路由协议，根据网络负载情况自动调整路由策略，提高网络的性能和可靠性。同时，实施带宽管理策略，确保关键业务获得足够的带宽资源。例如，可以通过流量整形、带宽限制等技术，对不同业务的带宽进行合理分配，保证关键业务的带宽需求得到满足。

服务器性能调优是提高服务性能的关键环节。对服务器进行性能调优，包括内存优化、硬盘优化、CPU 优化等，能够提高服务器的处理能力和响应速度。例如，可以通过调整服务器的内存参数，提高内存的利用率和访问速度；通过优化硬盘的读写策略，提高硬盘的读写性能；通过调整服务器的 CPU 参数，提高 CPU 的处理能力和效率。同时，采用虚拟化技术，实现服务器资源的灵活分配和高效利用。例如，可以通过服务器虚拟化技术，将一台物理服务器虚拟化成多台虚拟机，根据业务需求动态分配服务器资源，提高服务器的利用率和性能。

应用层优化是提高服务性能的重要方面。优化应用程序代码和数据库查询，可以减少不必要的计算和资源消耗，从而提高应用性能。例如，可以通过优化算法、减少循环次数、避免重复计算等方式，优化应用程序代码；通过优化数据库查询语句、建立索引、缓存数据等方式，提高数据库查询性能。同时，采用缓存技术，减少数据库查询和外部 API 调用的次数，提高应用性能。例如，可以采用内存缓存、分布式缓存等技术，将经常访问的数据缓存起来，减少对数据库和外部 API 的访问次数，提高应用的响应速度。

三、基于技术的优化策略

（一）人工智能与机器学习的关键作用及实现途径

智能流量管理在网络优化中具有重要意义。利用人工智能和机器学习算法对网络流量进行智能分析和预测，能够实现流量的动态管理和优化。通过对大量历史网络流量数据的学习，算法可以识别出不同时间段、不同业务类型的流量模式和趋势。例如，在工作日的上班时间，企业内部办公系统的流量可能会增加；而在夜间，视频娱乐类的流量可能会占据主导地位。根据这些模式和趋势，自动调整路由策略和带宽分配，将更多的带宽资源分配给高需求的业务，从而提高网络效率和用户体验。同时，智能流量管理还可以实时监测网络流量的变化，当出现突发的流量高峰时，迅速调整资源分配，确保网络的稳定运行。

智能故障排查与恢复是提高网络可靠性的重要手段。利用机器学习技术对网络故障进行智能识别和预测，可以提前发现潜在问题并采取相应的预防措施。机器学习算法可以通过分析网络设备的日志数据、性能指标等信息，识别出可能导致故障的异常模式。例如，如果某个网络设备的温度持续升高，或者某个端口的错误率突然增加，算法可以判断出该设备可能存在故障风险，并发出预警。在发生故障时，利用智能算法快速定位故障点并自动恢复服务，可以减少故障对业务的影响。例如，通过对网络拓扑结构的分析和故障传播模式的学习，算法可以迅速确定故障发生的位置，并自动切换到备用路径或设备，恢复网络服务。

智能安全防御是保障网络安全的重要举措。利用人工智能和机器学习技术提升网络的安全防御能力，如智能入侵检测、智能威胁分析等。通过不断学习网络攻击的模式和特征，算法可以自动更新安全策略，提高网络对新型攻击的防御能力。例如，对于不断变化的恶意软件和网络攻击手段，机器学习算法可以实时分析网络流量中的异常行为，识别出潜在的攻击，并及时采取相应的防御措施，如阻止恶意流量、隔离受感染的设备等。同时，智能安全防御还可以对用户行为进行分析，识别出异常的用户活动，如异常的登录时间、地点或访问模式，从而及时发现内部威胁。

（二）软件定义网络（SDN）与网络功能虚拟化（NFV）的优势及实施方法

网络资源的灵活配置与调度是 SDN 和 NFV 的重要优势之一。利用 SDN 技术实现网络资源的集中化管理和灵活配置，能够根据业务需求动态调整网络拓扑和路由策略。SDN 将网络的控制平面与数据平面分离，通过集中式的控制器对网络进行统一管理。这样可以根据实时的业务需求和网络状况，快速调整路由路径、带宽分配等网络参数，提高网络的灵活性和适应性。例如，当某个业务需要更高的带宽时，控制器可以立即调整网络资源，为该业务分配更多的带宽。通过 NFV 技术将网络功能以虚拟化的形式部署在通用硬件上，实现网络功能的快速部署和弹性扩展。NFV 可以将传统的网络设备功能，如路由器、防火墙等，以软件的形式在通用服务器上运行，从而降低了网络设备的成本和复杂性。同时，NFV 可以根据业务需求快速部署和扩展网络功能，提高网络的灵活性和可扩展性。

网络服务的自动化与智能化是 SDN 和 NFV 的另一个重要应用。结合 SDN 和 NFV 技术，实现网络服务的自动化部署、管理和优化，能够提高网络服务的灵活性和响应速度。通过自动化的脚本和工具，可以快速部署新的网络服务，减少人工干预和错误。同时，利用智能算法对网络服务进行智能调度和优化，确保关键业务获得优先服务。例如，根据业务的优先级和网络资源的状况，自动调整网络服务的分配和部署，可保证高优先级业务的服务质量。此外，SDN 和 NFV 还可以实现网络服务的动态调整和优化，根据业务需求的变化实时调整网络服务的配置和性能。

（三）网络自动化与编排的核心要点及实施策略

网络配置的自动化是提高网络部署效率和准确性的重要手段。利用自动化工具和技术实现网络配置的自动化，能够减少人工干预和错误。通过自动化脚本和模板，可以快速部署和配置网络设备和服务。例如，在部署新的网络设备时，可以使用预先编写好的自动化脚本，自动完成设备的初始化配置、网络参数设置等操作，大大提高了部署效率。同时，自动化配置还可以确保配置的一致性和准确性，减少因人为错误导致的网络故障。此外，网络配置的自动化还可以实现对大规模网络的集中管理和配置，提高网络管理的效率和可扩展性。

网络运维的智能化是提高网络运维效率和服务质量的关键。应用智能运维技术对网络进行实时监控和预警，能够及时发现并处理潜在问题。通过智能运维平台，可以收集和分析网络设备的性能指标、日志数据等信息，实时监测网络的运行状态。当出现异常情况时，平台可以自动发出预警，并提供相应的故障诊断和处理建议。同时，智能运维平台还可以实现网络运维的自动化和智能化，通过自动化的任务调度和流程管理，完成日常的网络运维工作，如设备巡检、故障处理、性能优化等。这样可以大大提高运维效率，降低运维成本，同时提高网络的服务质量和可靠性。

（四）高性能计算与存储技术的重要性及应用方法

高性能网络设备是确保网络高效运行的基础。采用高性能网络设备，如高性能路由器、交换机等，能够提高网络传输速度和吞吐量。高性能网络设备通常采用先进的硬件技术和算法优化，能够处理大量的网络流量。例如，采用高速处理器、大容量内存、高速接口等硬件技术，可以提高设备的处理能力和数据传输速度。同时，利用先进的路由算法、交换技术等，可以优化设备的性能，提高网络的运行效率。此外，高性能网络设备还可以提供丰富的功能和管理接口，方便网络管理员进行管理和维护。

分布式存储与数据备份是提高数据可靠性和可用性的重要手段。采用分布式存储技术实现数据的冗余备份和负载均衡，能够提高数据的可靠性和可用性。分布式存储将数据分散存储在多个节点上，当某个节点出现故障时，数据仍然可以从其他节点获取，从而保证了数据的可用性。同时，分布式存储还可以实现负载均衡，提高存储系统的安全性能和可靠性。通过智能存储管理系统实现数据的自动化备份和恢复，能够确保数据的安全性和完整性。智能存储管理系统可以根据预设的策略自动进行数据备份，并在数据丢失或损坏时自动进行恢复，减少了人工干预和错误，提高了数据的安全性和可靠性。

四、基于政策的优化策略

（一）网络架构设计与优化中政策优化的重要性及举措

推动技术创新与标准化在网络架构设计与优化中起着关键作用。政府制定相关政策鼓励网络技术的创新和研发，能够为网络架构的不断发展提供动力。随着信息技术的飞速发展，新的网络技术不断涌现，如软件定义网络（SDN）、网络功能虚拟化（NFV）等。政府可以通过设立专项基金，为企业和科研机构提供资金支持，促使其加大对这些新技术的研究和开发力度。提供税收优惠等措施则可以降低企业的研发成本，提高企业的创新积极性。同时，推动网络架构的标准化和规范化也至关重要。标准化可以确保不同厂家的设备和系统之间能够相互兼容和互通，提高网络的可扩展性和稳定性。政府可以组织相关行业协会和企业制定网络架构的标准规范，并通过政策引导企业遵守这些标准。

加强监管与合规性检查是保障网络架构安全可靠的重要手段。建立健全网络架构的监管体系，能够对网络服务提供商进行有效的监督和管理。监管部门通过制定严格的准入标准和服务质量要求，来确保网络服务提供商具备相应的技术实力和管理水平。加强对网络服务提供商的合规性检查，可以督促他们遵守法律法规和行业规范，保障用户的合法权益。制定严格的网络安全和数据保护法规，能够为网络架构的安全性和隐私保护提供法律保障。政府可以明确网络服务提供商在网络安全和数据保护方面的责任和义务，对违反法规的行为进行严厉处罚。同时，政府还可以加强对网络安全技术的研发和应用，提高网络的安全防护能力。

促进资源共享与协同合作有助于提高网络架构的效率和效益。政府推动网络资源的共享和协同合作，可以打破不同网络服务提供商之间的壁垒，实现资源的优化配置。鼓励不同网络服务提供商之间的互联互通，可以提高网络的覆盖范围和服务质量。通过建立公共服务平台，可以为企业和用户提供便捷的网络服务和资源共享渠道。例如，建立云计算公共服务平台，可以让企业根据自身需求灵活地租用计算资源和存储资源，降低企业的信息化成本。提供信息共享机制可以促进不同部门和企业之间的信息交流和合作，提高网络架构的整体效能。

（二）经济发展中的政策优化的关键意义及实施方法

优化税收政策对经济发展具有重要的推动作用。通过降低企业税负和提供税收优惠等措施，可以鼓励企业加大网络架构的投资和优化力度。在当前经济形势下，企业面临着较大的经营压力，降低税负可以减轻企业的负担，提高企业的盈利能力。相关部门应对创新型企业和高新技术企业给予更多的税收支持，引导企业加大技术创新和研发投入，提高企业的核心竞争力。例如，对从事网络架构研发和应用的企业给予税收减免、研发费用加计扣除等优惠政策，可以激励企业不断创新，推动网络架构的优化升级。

加强基础设施建设是经济发展的重要支撑。政府加大对网络基础设施的投资力度，可以提升网络架构的性能和可靠性。高速、宽带、智能的网络基础设施是数字经济发展的基础，能够为企业和用户提供高效便捷的网络服务。政府可以通过财政拨款、发行专项债券等方式筹集资金，加大对光纤网络、5G 网络、数据中心等基础设施的建设力度。同时，政府还可以引导社会资本参与网络基础设施建设，通过 PPP 模式等方式吸引民间投资，提高基础设施建设的效率和质量。

推动产业升级与技术创新是经济可持续发展的必然要求。制定相关政策鼓励网络产业的升级和技术创新，可以促进经济结构的调整和优化。政府可以通过提供研发补贴、知识产权保护等措施，支持网络架构领域的创新和发展。研发补贴可以为企业的技术创新提供资金支持，降低企业的创新风险。知识产权保护可以鼓励企业进行技术创新，保护企业的创新成果。同时，政府还可以加强对网络产业的规划和引导，培育一批具有核心竞争力的网络企业，从而推动网络产业的集聚发展。

（三）社会管理中的政策优化的核心价值及具体措施

提升网络安全意识是社会管理的重要任务。政府加强网络安全宣传和教育，可以提高公众的网络安全意识。随着网络的普及和应用，网络安全问题日益突出，公众的网络安全意识亟待提高。政府可以通过开展网络安全培训、发布网络安全指南等措施，帮助公众了解网络安全的重要性和防范措施。例如，组织网络安全专家为企业和公众开展网络安全培训，提高他们的安全防范能力。发布网络安全指南可以为公众提供具体的网络安全操作建议，引导公众正确使用网络，防范网络安全风险。

加强国际合作与交流是应对全球网络安全挑战的必然选择。推动与其他国家在网络安全领域的合作与交流，可以共同应对网络安全挑战。网络安全是全球性问题，需要各国共同努力。政府可以通过参与国际网络安全组织、签署网络安全合作协议等措施，加强国际合作与协调。例如，参与国际电信联盟等国际组织的网络安全活动，与其他国家分享网络安全经验和技术。签署网络安全合作协议可以建立跨国网络安全合作机制，共同打击网络犯罪和网络恐怖主义。

完善法律法规体系是社会管理的重要保障。建立健全网络安全法律法规体系，可以为网络架构的优化提供法律保障。随着网络技术的不断发展，网络空间的法律问题日益复杂，需要制定完善的法律法规体系来规范网络行为。政府可以加强对网络安全、数据保护、电子商务等领域的立法工作，明确网络主体的权利和义务，规范网络行为。同时，加强对网络违法行为的打击力度，可以维护网络空间的秩序和安全。政府可以建立健全网络执法机制，加强对网络犯罪的侦查和打击，保护公民和企业的合法权益。

第四节　交通运输枢纽布局规划

一、枢纽的功能定位与分类

（一）枢纽的功能定位的关键意义及详细阐释

集散和中转功能是枢纽的核心功能之一。枢纽作为大量客货流的集散地，其地理位置和交通条件使其能够接收来自不同方向的客货流。例如，一个位于交通要道的铁路枢纽，可以接收来自各个方向的列车，将旅客和货物集中到这里。然后，通过有效的组织和分配，将这些客货流发送到不同的目的地。枢纽的中转功能则实现了不同运输方式或同一运输方式内不同线路之间的客货转换和衔接。例如，在一个综合交通枢纽中，旅客可以从火车换乘飞机，或者从公路客运换乘地铁，实现不同运输方式之间的无缝衔接。这种中转功能大大提高了客货运输的效率，减少了运输时间和成本。

运输组织功能在枢纽中起着至关重要的作用。枢纽作为运输网络中的重要节点，负责组织和协调各种运输方式的运行。通过合理的调度和安排，枢纽可以确保不同运输方式之间的协调配合，提高运输效率。例如，在一个铁路—道路枢纽中，铁路部门和公路运输部门可以通过信息共享和协调调度，实现货物的快速转运。同时，枢纽还可以通过优化运输线路和运输方式的组合，降低运输成本。例如，对于长途运输，可以采用铁路或水路运输；而对于短途运输，则可以采用公路运输，实现运输成本的最小化。

信息服务功能是现代枢纽不可或缺的一部分。枢纽提供实时的运输信息，包括航班、列车、船舶等交通工具的到发时间、运行状态等。这些信息对于旅客和货主来说至关重要，可以帮助他们合理安排行程，减少等待时间。通过信息化手段，枢纽还能够提供票务预订、行程规划等增值服务，提升旅客和货主的出行体验。例如，旅客可以通过手机APP或网站查询航班信息、预订机票，并获取机场的导航和服务信息。货主也可以通过物流信息平台实时跟踪货物的运输状态，确保货物的安全和及时到达。

　　辅助服务功能为枢纽的综合服务提供了有力支持。枢纽提供包括饮食服务、货物堆放和存储场所、包装和处理服务等在内的辅助服务。这些服务可以满足旅客和货主在旅途中的各种需求，提高他们的满意度。例如，在一个机场枢纽中，旅客可以在候机区享受各种美食和购物服务，缓解旅途的疲劳。货主可以将货物存放在枢纽的仓库中，等待合适的运输时机。同时，包装和处理服务可以确保货物在运输过程中的安全和完好无损。

（二）枢纽按地理位置分类的特点及影响

　　陆路运输枢纽在交通网络中占据着重要地位。如北京、郑州等城市，作为陆路运输枢纽，其主要承担陆路运输的集散和中转功能。这些城市通常位于交通要道上，拥有发达的公路和铁路网络。陆路运输枢纽的特点是运输量大、运输速度快、覆盖范围广。它们可以连接全国各地的城市和地区，实现货物和旅客的快速运输。例如，北京作为中国的首都，是全国重要的陆路运输枢纽之一，拥有多条高速公路和铁路干线，连接着全国各地。郑州则是中国中部地区的重要交通枢纽，地处京广铁路和陇海铁路的交汇处，具有重要的战略地位。

　　滨海运输枢纽位于沿海地区，具有海运和陆运的衔接功能。如上海、大连等城市，作为滨海运输枢纽，拥有优良的港口条件和发达的陆路交通网络。滨海运输枢纽的特点是运输成本低、运输量大，适合长距离运输。海运可以运输大量的货物，而陆运则可以将货物从港口运输到内陆地区。例如，上海作为中国最大的港口城市之一，拥有世界一流的港口设施和发达的陆路交通网络，是中国重要的滨海运输枢纽。大连则是中国东北地区的重要港口城市，地处辽东半岛南端，拥有优良的港口条件和便捷的陆路交通，是东北地区重要的对外门户。

　　通航江河岸边运输枢纽主要承担江河运输与陆运的衔接功能。如长江干流上的宜宾至上海段的多个运输枢纽，这些枢纽位于长江沿岸，拥有便利的水路运输条件和发达的陆路交通网络。通航江河岸边运输枢纽的特点是运输成本低、运输量大，适合大宗货物运输。江河运输可以运输大量的煤炭、矿石、粮食等大宗货物，而陆运则可以将货物从江边运输到内陆地区。例如，重庆作为长江上游的重要城市，拥有重要的港口设施和发达的陆路交通网络，是长江上游地区的重要运输枢纽。武汉则是长江中游的重要城市，地处长江与汉江的交汇处，拥有优越的地理位置和交通条件，是长江中游地区的重要运输枢纽。

（三）枢纽按交通方式分类的优势及应用场景

铁路—道路枢纽由铁路和道路干线组成，主要分布于内陆地区，是运输枢纽的主要形式之一。这种枢纽的优势在于运输量大、运输速度快、覆盖范围广。铁路可以运输大量的货物和旅客，而道路则可以将货物和旅客从铁路站点运输到各个目的地。例如，在一个铁路—道路枢纽中，货物可以通过铁路运输到枢纽城市，然后再通过公路运输到周边地区。铁路—道路枢纽适用于内陆地区的货物运输和旅客出行，特别是对于长途运输和大宗货物运输具有重要意义。

水路—道路枢纽由河运或海运与道路运输方式组成，一般水运起主要作用，道路以集散客货为主。这种枢纽的优势在于运输成本低、运输量大，适合长距离运输。水运可以运输大量的货物，而道路则可以将货物从港口运输到内陆地区。例如，在一个水路—道路枢纽中，货物可以通过水运运输到港口城市，然后再通过公路运输到周边地区。水路—道路枢纽适用于沿海地区和江河沿岸地区的货物运输，特别是对于大宗货物运输具有重要意义。

水路—铁路—道路运输枢纽包括海运—河运—铁路—道路枢纽、海运—铁路道路枢纽和河运—铁路—道路枢纽等类型，具有多种运输方式的衔接功能。这种枢纽的优势在于运输方式多样、运输效率高、覆盖范围广。可以根据不同的运输需求选择合适的运输方式，实现货物和旅客的快速运输。例如，在一个综合运输枢纽中，货物可以通过海运运输到港口城市，然后再通过铁路运输到内陆地区，最后通过公路运输到各个目的地。水路—铁路—道路运输枢纽适用于大型城市和重要的经济区域，对于实现区域经济一体化和国际贸易具有重要意义。

（四）枢纽按功能和服务范围分类的特点及作用

城市对外交通枢纽主要承担城市与外部地区的客货运输联系，如大型机场、火车站等。这些枢纽的特点是运输量大、运输速度快、服务范围广。城市对外交通枢纽是城市与外部世界联系的重要通道，对于促进城市的经济发展和对外开放具有重要意义。例如，北京首都国际机场是中国最大的机场之一，承担着大量的国际和国内航班，是北京与外部世界联系的重要门户。

市内交通枢纽主要承担城市内部不同区域之间的客货运输联系，如地铁站点、公交枢纽等。这些枢纽的特点是运输量相对较小、运输速度较快、服务范围局限于城市内部。市内交通枢纽是城市内部交通网络的重要节点，对于提高城市内部交通的效率和便利性具有重要意义。例如，在一个大城市中，地铁站点和公交枢纽可以方便市民出行，减少交通拥堵。

综合交通枢纽由多种运输方式组成，具有强大的集散和中转功能，能够满足不同运输方式之间的衔接和转换需求。如上海、北京等城市的综合交通枢纽，已经形成了铁路、公路、水路、空中、管道等多种运输方式的组合。综合交通枢纽的特点是运输方式多样、运输效率高、服务范围广。综合交通枢纽可以为旅客和货主提供一站式的服务，实现不同运输方式之间的无缝衔接。例如，在上海虹桥综合交通枢纽中，旅客可以方便地换乘飞机、高铁、地铁、公交等多种交通工具，实现快速出行。

按规模和重要性分类的枢纽以及按航空枢纽分类的枢纽也各自具有独特的特点和作用，它们共同构成了一个多元化的枢纽体系，为不同的运输需求和经济发展提供有力的支持。

二、枢纽布局的现状分析

（一）物流枢纽布局现状的关键特征及影响因素

建设进展方面，许多国家物流枢纽积极推进建设运营工作，这反映出国家对物流产业的高度重视以及物流行业在经济发展中的关键地位。被列入建设名单的枢纽机构积极提交监测材料，说明其对自身发展的重视以及对规范管理的积极响应。这种稳步推进的建设态势，为物流行业的稳定发展提供了坚实的基础。例如，不断完善的物流设施和服务，能够吸引更多的企业入驻，促进区域经济的发展。

货物吞吐量的变化体现了不同地区和不同类型物流枢纽的发展特点。中部地区货物吞吐量增速最快，可能是由于中部地区经济的快速崛起以及交通基础设施的不断完善。东部地区枢纽货物吞吐量均值最高，这得益于东部地区发达的经济和密集的产业布局，对物流的需求较大。而不同类型的枢纽中，陆上边境口岸型和空港型枢纽货物吞吐量增速较快，反映出国际贸易和航空物流的快速发展。例如，随着跨境电商的兴起，陆上边境口岸型枢纽的重要性日益凸显；航空物流的高效性也使得空港型枢纽在高附加值货物运输方面发挥着重要作用。

物流业务收入的增长表明物流枢纽的运营效益在不断提升。东部、西部、中部和东北地区枢纽平均物流业务收入的增长，反映出全国物流行业的整体发展态势良好。港口型和空港型枢纽中多数枢纽的物流业务收入增速较快，说明这些枢纽在物流产业链中的核心地位。例如，港口型枢纽作为国际贸易的重要节点，其业务收入的增长与全球贸易的活跃程度密切相关；空港型枢纽则凭借快速的运输速度和高效的服务，在高端物流市场占据重要份额。

投资情况的变化反映了不同地区和不同类型枢纽的发展潜力和投资吸引力。东北地区枢纽投资额增速较快，可能是由于该地区在国家政策支持下，积极地推进物流基础设施建设，从而提升了区域经济的发展水平。空港型、港口型和商贸服务型枢纽投资额的增长，表明这些类型的枢纽在未来的发展中具有较大的潜力。例如，随着航空运输和国际贸易的不断发展，空港型和港口型枢纽需要不断加大投资，以满足日益增长的物流需求；商贸服务型枢纽则需要投资提升服务质量和拓展业务范围。

设施优化是物流枢纽不断提升竞争力的重要举措。各地枢纽在冷链基础设施、国际物流设施、集疏运设施和新型基础设施等方面的投入和优化，能够提高物流效率、降低物流成本，满足不同类型货物的运输需求。例如，南宁陆港型枢纽加快冷链物流基础设施建设，能够更好地服务于生鲜农产品等对温度要求较高的货物运输；西安陆港型枢纽内哈萨克斯坦西安码头的投运，加强了与国际物流之间的合作，提升了枢纽的国际影响力。

（二）航空货运枢纽布局现状的重要趋势及发展方向

发展指数显示出上海、北京、成都等城市在航空物流枢纽发展中的领先地位，表明这些城市拥有发达的经济、优越的地理位置和完善的航空运输网络，能够吸引大量的航空物流业务。大型综合性机场货邮吞吐量的快速增长和国家物流枢纽建设的显著成效，进一步证明了航空货运在现代物流体系中的重要性。例如，上海作为国际经济中心和交通枢纽，其航空物流枢纽的发展对于全球贸易和供应链的稳定起着至关重要的作用。

货邮吞吐量的增长反映了航空货运市场的活跃程度。2023 年，我国民用运输机场完成货邮吞吐量的增长，表明航空货运需求在不断增加。列入国家规划的航空物流枢纽机场合计完成货邮吞吐量占比较高，说明这些枢纽在航空货运中的核心地位。例如，这些枢纽机场通过不断提升服务质量和运营效率，吸引了更多的航空公司和货主，促进了航空货运业务的发展。

枢纽增长情况和排名变化体现了不同航空货运枢纽的发展态势。部分枢纽的快速增长，如武汉—鄂州枢纽涨幅最大，表明这些地区在航空货运领域的积极发展和创新举措取得了显著成效。成都排名的提升则反映出其在航空物流领域的不断努力和发展潜力。传统航空枢纽通过恢复航班航线和提升机场通达性，也取得了明显的效益增幅。例如，武汉—鄂州枢纽可能通过加强与周边地区的产业合作、提升物流服务水平等方式，实现了货邮吞吐量的快速增长；成都则通过天府国际机场的投入运营，拓展了航空运输能力和服务范围。

新批复枢纽的出现为航空货运的发展带来了新的机遇。中华人民共和国发展和改革委员会新批复的上海、杭州、青岛和武汉—鄂州四个空港型物流枢纽，将进一步完善我国航空物流枢纽布局，提升航空货运的效率和服务水平。例如，这些新批复的枢纽将吸引更多的投资和资源，促进当地经济的发展和产业升级。

(三) 综合交通枢纽布局现状的核心要点及未来展望

规划目标明确了我国综合交通枢纽在"十四五"期间的发展方向和具体指标。新建枢纽换乘距离在 300 米以内、至中心城区半小时可达率 90% 以上以及新建枢纽多式联运换装 1 小时完成率 90% 以上等目标，体现了对交通便利性和效率的追求。例如，这些目标的实现将极大地提高旅客和货物的运输效率，降低运输成本，促进区域经济的一体化发展。

发展特点表明我国综合交通枢纽发展进入了新的历史机遇期。着力推进不同运输方式一体衔接，提升枢纽的一体化、集约化、人文化、复合化水平，是适应现代交通发展需求的必然选择。例如，一体化的综合交通枢纽能够实现不同运输方式之间的无缝衔接，提高运输效率；集约化的设计可以节约土地资源，降低建设和运营成本；人文化的服务能够提升旅客的出行体验；复合化的功能可以促进交通与城市的融合发展。

设施与服务的提升是综合交通枢纽发展的重要成果。我国综合交通枢纽港站数量和服务效率的明显提升，以及重点综合货运枢纽多式联运 1 小时换装完成率的提高，表明我国的运输综合实力实现了大幅度提升。

三、枢纽布局规划的原则与方法

(一) 枢纽布局规划的原则的重要性及具体体现

功能性原则是枢纽布局规划的基础。枢纽布局应满足其设计的主要功能和任务需求，这意味着在规划过程中，必须明确各类枢纽的具体功能定位。例如，物流枢纽的主要功能是货物的集散、存储和转运，因此在布局规划时，需要考虑货物的进出通道、存储区域的大小和布局、转运设备的配置等因素，以确保货物高效流动。航空枢纽则需要重点考虑航班的起降跑道、候机楼的布局、停机坪的大小等因素，以满足旅客和货物的航空运输需求。综合交通枢纽则需要整合多种运输方式，实现不同运输方式之间的无缝衔接，因此在布局规划时，需要考虑各种运输方式的站点设置、换乘通道的设计、交通组织等因素。通过合理规划功能区域，各类枢纽能够充分发挥其各项功能，提高运输效率和服务质量。

协调性原则是实现枢纽与周边环境协同发展的关键。枢纽布局应与城市总体规划、土地利用规划、产业发展规划等相协调，这可以避免枢纽建设与城市发展之间的矛盾和冲突。例如，枢纽的选址应考虑与城市的交通网络连接是否便捷，是否有利于城市居民的出行和货物的运输。同时，枢纽的建设规模和功能布局也应与城市的经济发展水平和产业结构相适应，以满足城市的运输需求。枢纽内部各功能区域之间的相互协调也是至关重要的，不同功能区域之间应避免相互干扰，形成有机整体。例如，货物存储区域应与运输通道相连接，方便货物的进出；旅客候车区域应与交通站点相连接，方便旅客的换乘。通过贯彻协调性原则，可以实现枢纽与城市、枢纽内部各功能区域之间的协同发展。

经济性原则是确保枢纽建设可持续发展的重要保障。枢纽布局应考虑投资效益，通过合理规划降低建设成本，提高运营效率。在规划过程中，需要对不同的布局方案进行经济分析和比较，选择成本效益最优的方案。例如，可以通过优化枢纽的布局和设计，减少土地占用和基础设施建设成本；通过合理配置设备和人员，提高运营效率，降低运营成本。同时，应充分利用土地资源，通过集约利用、立体开发等措施，减少土地占用。例如，可以采用多层建筑结构，将不同功能区域分层设置，提高土地利用率；可以利用地下空间，设置停车场、仓库等设施，节约地面空间。通过贯彻经济性原则，可以实现枢纽建设的可持续发展。

可持续性原则是实现枢纽与环境和谐共生的必然要求。枢纽布局应贯彻可持续发展理念，在规划和建设中充分考虑生态环保因素。例如，在选址时应避免选择生态敏感区域，减少对生态环境的破坏；在建设过程中应采用环保材料和技术，减少对环境的污染；在运营过程中应采取节能减排措施，降低碳排放和能源消耗。应采用绿色设计、绿色施工、绿色运营等措施，降低枢纽运营过程中的碳排放和环境影响。例如，可以采用太阳能、风能等可再生能源，为枢纽提供能源支持；采用雨水收集和利用系统，减少水资源的浪费；采用垃圾分类和回收系统，减少垃圾对环境的污染。通过可持续性原则的贯彻，可以实现枢纽与环境的和谐共生。

安全可靠性原则是保障枢纽正常运行的前提条件。枢纽布局应确保枢纽设施的安全可靠性，满足相关安全标准和规范。例如，在设计和建设过程中，应考虑地震、洪水、火灾等自然灾害的影响，采取相应的防护措施；应考虑恐怖袭击、交通事故等人为灾害的影响，采取相应的安全防范措施；应建立完善的应急预案和措施，应对可能发生的突发事件和灾害。例如，制定火灾应急预案、地震应急预案、恐怖袭击应急预案等，定期进行演练，提高应急处置能力。通过贯彻安全可靠性原则，可以保障枢纽的正常运行和人员、财产的安全。

灵活性与可扩展性原则是适应未来发展变化的重要保障。枢纽布局应具有一定的灵活性和可扩展性，以适应未来运输需求的变化和枢纽功能的扩展。例如，在规划过程中，应预留足够的空间和设施，以满足未来可能增加的运输方式和运输量；应采用模块化设计，方便未来对枢纽进行升级和改造。应预留足够的空间和设施，以满足未来可能增加的运输方式和运输量。例如，可以预留未来建设轨道交通站点的空间；可以预留未来增加货物存储区域的空间。通过贯彻灵活性与可扩展性原则，可以使枢纽能够适应未来的发展变化，保持其竞争力和可持续发展能力。

（二）枢纽布局规划的方法的关键步骤及实施要点

资料收集与分析是枢纽布局规划的基础工作。收集枢纽所在地区的经济、社会、交通、环境等方面的资料和数据，可以为规划提供全面的信息支持。例如，收集地区的经济发展水平、产业结构、人口分布等经济社会资料，可以了解地区的运输需求和发展趋势；收集地区的交通网络布局、运输方式构成、货物流向等交通资料，可以了解地区的交通状况和运输特点；收集地区的地形地貌、气候条件、生态环境等环境资料，可以了解地区的自然条件和环境限制。对收集到的资料进行分析和处理，可以深入了解枢纽所在地区的交通需求、运输方式、货物流向等情况，为规划提供科学依据。例如，通过对交通流量的分析，可以确定枢纽的规模和布局；通过对货物流向的分析，可以确定货物存储区域和转运通道的设置；通过对环境影响的分析，可以确定环保措施的采用。

现场踏勘与调研是枢纽布局规划的重要环节。对枢纽所在地区进行现场踏勘，了解地形、地质、水文等自然条件，可以为规划提供实际的地理信息支持。例如，了解地形地貌可以确定枢纽的选址和布局；了解地质条件可以确定基础设施的建设方式和安全措施；了解水文条件可以确定排水系统的设计和防洪措施。与当地政府和相关部门进行沟通，了解政策导向、发展规划等情况，为规划提供政策和规划支持。例如，了解城市总体规划可以确定枢纽与城市的关系和发展方向；了解土地利用规划可以确定枢纽的用地范围和建设条件；了解产业发展规划可以确定枢纽的服务对象和功能需求。

方案设计与比选是枢纽布局规划的核心工作。根据资料收集和分析的结果，结合现场踏勘和调研的情况，设计多个枢纽布局方案。在方案设计过程中，应充分考虑功能性、协调性、经济性、可持续性、安全可靠性、灵活性与可扩展性等原则，确保方案的科学性和合理性。对各方案进行技术经济比较，包括工程量、投资、工期、运营效益等方面的比较。在比较过程中，应采用科学的方法和指标，确保比较结果的客观性和准确性。根据比较结果，选定最优方案进行深化设计。在深化设计过程中，应进一步细化方案的内容和措施，确保方案的可行性和可操作性。

专家评审与论证是枢纽布局规划的重要保障。组织专家对选定的方案进行评审和论证，确保方案的可行性和科学性。专家评审和论证应邀请相关领域的专家学者、政府官员、企业代表等参加，充分听取各方意见和建议。根据专家的意见和建议，对方案进行必要的调整和优化。在调整和优化过程中，应充分考虑专家的意见和建议，确保方案的质量和水平。通过专家评审和论证，可以提高方案的科学性和合理性，为规划的实施提供有力保障。

规划实施与监督是枢纽布局规划的关键环节。制订详细的规划实施计划，明确各项工作的责任主体和时间节点。在实施计划过程中，应充分考虑规划的目标和任务，合理安排各项工作的进度和顺序。建立规划实施监督机制，对规划实施情况进行跟踪和评估。在监督机制建立过程中，应明确监督的内容和方法，定期对规划实施情况进行检查和评估。根据评估结果，及时调整和优化规划实施方案。在调整和优化过程中，应充分考虑评估结果和实际情况，确保规划的顺利实施和目标的实现。通过规划实施与监督，可以确保规划的顺利实施和目标的实现，为枢纽的建设和发展提供有力保障。

四、枢纽布局优化的建议与措施

（一）科学规划与合理布局的关键意义及实施路径

综合交通规划在枢纽布局优化中起着基础性的作用。将枢纽站点的规划纳入城市总体规划，能够确保站点布局与城市发展相协调。城市的发展是一个动态的过程，不同阶段对交通的需求也会发生变化。通过将枢纽站点规划与城市总体规划相结合，可以使枢纽站点更好地服务于城市的经济、社会和居民生活。利用地理信息系统（GIS）技术和交通数据进行分析，可以为决策提供科学依据。GIS 技术能够直观地展示不同位置的枢纽站的潜在影响，包括对周边交通流量、土地利用、经济发展等方面的影响。交通数据则可以提供关于交通需求、出行模式等方面的信息，帮助规划者更好地了解交通状况和需求，从而做出更加合理的规划决策。

多层次枢纽网络的构建有助于提高枢纽的运营效率和服务质量。统筹规划不同层次的枢纽站，形成高效的枢纽站网络，可以实现枢纽之间的互联互通和资源共享。不同层次的枢纽站可以根据其功能和服务范围进行划分，如大型综合交通枢纽、区域交通枢纽、城市交通枢纽等。通过合理规划不同层次的枢纽站，可以实现不同交通方式之间的无缝衔接，提高交通的便捷性和效率。同时，枢纽站网络的构建还可以促进资源的共享，如共享交通信息、设施设备等，能够降低运营成本，提高资源利用效率。

土地利用优化是枢纽布局优化的重要方面。优化枢纽站周围的土地利用，能够促进经济发展和交通效率。通过调整土地用途、提高土地利用强度等方式，可以为枢纽建设提供充足的土地资源。例如，可以将枢纽站周边的土地规划为商业、办公、居住等综合用途，实现土地的多功能利用。这样不仅可以为枢纽提供配套服务，还可以促进经济发展，提高土地利用价值。同时，提高土地利用强度可以在有限的土地资源上建设更多的设施，满足交通需求。例如，可以采用立体开发的方式，建设多层停车场、商业设施等，提高土地利用效率。

（二）多模式融合与换乘便捷的重要性及实现方法

多模式整合是实现交通便捷高效的关键。推动公交（公共交通）、地铁、轻轨、铁路、航空等多种交通方式的有效衔接，能够形成互补的综合交通网络。不同交通方式具有各自的优势和特点，通过整合可以实现优势互补，为乘客提供更加便捷的出行选择。例如，公共交通可以覆盖城市的各个角落，地铁和轻轨可以快速运输大量乘客，铁路可以连接不同城市，航空可以实现远距离快速运输。在枢纽内部设置清晰的换乘指示和便捷的换乘通道，可以减少乘客换乘时间和成本。清晰的换乘指示可以帮助乘客快速找到换乘点，避免迷路和浪费时间。便捷的换乘通道可以减少乘客的步行距离和换乘难度，提高换乘效率。例如，可以设置自动扶梯、电梯、人行天桥等设施，方便乘客换乘。

设施现代化是提升枢纽服务水平的重要手段。引入先进的售票、检票、安检和行李处理系统，能够提高站点的自动化和智能化水平。先进的售票系统可以提供多种购票方式，方便乘客购票。例如，网上购票、自助售票机等可以减少乘客排队购票的时间。检票系统可以实现快速检票，提高通行效率。安检系统可以提高安全性，同时减少对乘客的干扰。行李处理系统可以提高行李运输的效率和准确性，减少行李丢失和损坏的风险。例如，设置自动化行李输送带、智能安检设备等，可以提高枢纽的服务水平和运营效率。

（三）提升服务质量和乘客体验的核心要点及实施策略

无障碍设计是体现人文关怀的重要方面。确保枢纽站点的设计满足无障碍通行的要求，能够方便老年人和残疾人士使用。无障碍通道、电梯、卫生间等设施的设置，可以为特殊人群提供便利，使他们能够平等地享受交通服务。同时，提供相应的服务，如导盲犬服务、轮椅租赁等，可以进一步提高特殊人群的出行体验。例如，在枢纽站点设置专门的无障碍服务台，为特殊人群提供帮助和咨询服务。

信息服务是提升乘客出行体验的关键。提供实时的交通信息服务，包括列车时刻表、航班信息、公交线路等，可以帮助乘客更好地规划行程。

实时交通信息可以让乘客了解交通状况，及时调整出行计划，避免延误和浪费时间。同时，建立枢纽信息平台，实现信息共享和互联互通，可以为乘客提供更加全面和便捷的信息服务。例如，通过手机 App、电子显示屏等方式，向乘客提供交通信息、换乘指南、周边服务等信息，方便乘客出行。

商业配套服务可以为旅客提供舒适且全面的出行体验。提供商业、餐饮、娱乐等配套服务，可以满足乘客的多样化需求。在枢纽内部设置购物中心、餐厅、休息区等设施，可以让乘客在等待换乘的过程中享受舒适的环境和便捷的服务。同时，商业配套服务还可以为枢纽带来经济效益，促进枢纽的可持续发展。例如，通过合理规划商业布局，吸引商家入驻，提高枢纽的商业活力和吸引力。

（四）绿色发展与可持续性的关键作用及推进措施

节能减排是实现枢纽可持续发展的重要任务。采用绿色建筑材料和节能技术，能够降低枢纽建设和运营过程中的能源消耗和碳排放。绿色建筑材料具有环保、节能、可持续等特点，可以减少对环境的影响。节能技术可以提高能源利用效率，降低能源消耗。例如，使用太阳能、风能等可再生能源为枢纽提供电力，可以减少对传统能源的依赖，降低碳排放量。推广绿色建筑和节能设备，如节能照明、智能空调等，可以进一步降低能源消耗。

环境保护是枢纽布局优化的重要考虑因素。加强枢纽周边环境的保护和治理，能够减少噪声、污染等对环境的影响。设置隔音设施可以降低交通噪声对周边居民的影响。绿化带的设置可以吸收空气中的污染物，改善空气质量。同时，合理规划交通流线，减少交通拥堵，可以降低汽车尾气排放对环境的影响。例如，通过优化道路布局、推广公共交通等方式，减少汽车数量，降低环境污染。

政策支持与人才培养是枢纽布局优化的重要保障。政府出台相关政策，鼓励枢纽站点的建设和改造，能够提供资金和技术支持。制定税收优惠、资金补贴等政策，可以吸引社会资本参与枢纽建设，缓解政府财政压力。同时，加强对交通管理人员的专业培训，提升服务质量和管理水平。交通管理人员的专业素质和管理水平直接影响枢纽的运营效率和服务质量。通过培训，可以提高他们的业务能力和服务意识，为乘客提供更好的服务。鼓励高校和科研机构开展相关研究和人才培养工作，可以为枢纽发展提供智力支持。高校和科研机构可以开展交通规划、枢纽设计、运营管理等方面的研究，为枢纽布局优化提供理论和技术支持。同时，培养交通专业人才，可以为枢纽的发展提供人才保障。

公众参与与反馈机制是枢纽布局优化的重要环节。鼓励公众参与枢纽站点的规划和管理，能够收集意见和建议，使规划和管理更加符合公众需求。通过问卷调查、座谈会等方式，可以了解乘客和市民的需求和期望，为枢纽优化提供参考。建立枢纽运营和服务质量的反馈机制，及时收集和处理乘客的投诉和建议，可以不断改进和优化枢纽的运营效率和服务质量。例如，设置投诉热线、意见箱等，方便乘客反馈问题。同时，对乘客的投诉和建议应及时处理和回复，以提高乘客的满意度和信任度。

第五节　交通运输线路选择与优化

一、线路选择的影响因素

（一）自然地理条件的关键作用及具体影响

地形在线路选择中占据着至关重要的地位。不同的地形地貌对线路的走向、施工难度以及后期运营成本有着显著影响。山地和丘陵地区地形起伏较大，坡度和坡向变化复杂，这使得线路在规划时需要尽可能地沿等高线修建，以减少土石方工程和降低施工难度。例如，在山区修建铁路或公路时，若不沿等高线布局，可能会导致大量山体开挖和填方工程，不仅增加了建设成本，还可能引发山体滑坡等地质灾害。此外，复杂的地形还可能限制线路的曲率半径和坡度，影响车辆行驶的速度和安全性。在平原地区，地形相对平坦，线路选择的灵活性较大，但也需要考虑地下水位、土壤承载力等因素，以确保路基的稳定性。

土壤的质量和稳定性直接关系到路基工程的设计与施工。不同类型的土壤具有不同的力学性质和承载能力，对线路的基础建设提出了不同的要求。在土壤质量较差或稳定性不足的地区，如软土、淤泥质土等，需要采取额外的加固措施，如打桩、铺设土工格栅等，以提高路基的稳定性；否则，在后期运营过程中，可能会出现路基沉降、路面开裂等问题，影响线路的正常使用。同时，土壤的腐蚀性也会影响到地下管线等设施的选材和防护措施，增加了工程的复杂性和成本。

气候因素对线路选择的影响同样不可忽视。在高寒地区，低温和冻融作用会对路面材料造成严重破坏，因此需要选择抗冻性能好的材料，并采取相应的保温措施，如设置隔热层、加强排水等。在潮湿地区，由于雨水充沛，容易导致路面水损和路基软化，所以需要设计完善的排水系统，确保雨水能够及时排出。此外，强风、暴雨、暴雪等极端天气也会对线路的安全性和运营效率产生影响，在规划线路时需要充分考虑这些因素，采取相应的防护措施，如设置防风林、加固桥梁等。

水文条件对线路跨越河流、湖泊、湿地等地物的设计起着决定性作用。线路应尽量避开沼泽地等水文条件复杂的区域，因为这些地区土壤松软，承载能力低，不利于线路的建设和运营。同时，应尽量减少跨越河流的次数，以降低桥涵的总长度和工程成本。在必须跨越河流的地方，需要根据河流的流量、流速、河床地质等因素，合理选择桥梁的类型和跨度，确保桥梁的安全性和稳定性。此外，还需要考虑洪水对线路的影响，采取相应的防洪措施，如抬高路基、设置防洪堤等。

（二）社会经济因素的重要意义及影响方式

人口分布是决定交通需求规模和形态的关键因素。在人口密集的地区，交通需求较大，线路的选择需要满足更高的客流量和货流量。这可能意味着需要更频繁地设置站点，以方便居民出行和货物运输。同时，线路的容量也需要相应增加，以满足高峰时段的交通需求。例如，在大城市的中心城区，地铁线路通常会加密站点布局，提高列车的发车频率，以满足大量乘客的出行需求。而在人口稀疏的地区，交通需求相对较小，线路的布局可能会更加稀疏，以降低建设和运营成本。

城市规划对线路与城市之间的联系起着重要的引导作用。线路的选择应与城市总体规划相协调，以确保交通的便捷性和可达性。城市规划确定了城市的发展方向和功能布局，线路的规划需要与之相适应，为城市的各个区域提供高效的交通服务。例如，在新城区的开发中，线路的规划可以提前考虑，为新城区的发展提供支撑。同时，线路的建设也可以促进城市的发展，如地铁线路的开通可以带动周边地区的房地产开发和商业繁荣。

经济发展水平决定了线路的发展方向和需求量。在经济发展较快的地区，交通需求增长迅速，线路可能需要更加密集和高效，以满足日益增长的交通需求。例如，在经济发达的沿海地区，高速公路和铁路网络通常比较发达，以支持货物的快速运输和人员的频繁流动。而在经济相对落后的地区，交通需求相对较小，线路的建设可能会相对滞后。此外，经济发展还会影响线路的投资和运营模式，经济发达地区可能有更多的资金投入到交通基础设施建设中，同时也能够承受更高的运营成本。

（三）交通需求的核心地位及影响过程

货物运输需求是线路选择的重要考虑因素之一。不同类型的线路需要满足不同的货物运输需求。铁路线路通常适合大宗货物的长距离运输，具有运输量大、成本低的优势。在规划铁路线路时，需要考虑货物的来源地、目的地以及运输量，合理设置站点和线路走向，以提高运输效率。例如，煤炭、铁矿石等大宗货物的运输通常需要连接矿区和港口或工业区的铁路线路。公路线路则更适合短途货物的快速运输，它具有灵活性高、门到门服务的特点。因此在规划公路线路时，需要考虑货物的集散点和运输路线，确保货物能够及时送达目的地。

通行需求对于乘客而言至关重要。线路的选择应满足其出行需求，包括出行时间、出行距离、出行目的等。在城市地区，公交线路可能需要覆盖更多的居民区和商业区，以方便乘客的出行。同时，线路的发车频率和运营时间也需要根据乘客的出行规律进行合理调整。例如，在早晚高峰时段，公交线路需要加密发车频率，以满足上班族的出行需求。在旅游景区等特殊区域，线路的规划需要考虑游客的出行需求，设置直达线路或旅游专线，提高游客的出行便利性。

(四)环境保护的关键影响及应对措施

生态环境保护是线路选择过程中必须高度重视的问题。在进行线路规划时，应尽量避免对自然环境的破坏，保护生态平衡。对生态敏感区域，如自然保护区、湿地、森林等，应采取绕行或其他环保措施来减少对生态环境的影响。例如，可以采用生态廊道的设计，为野生动物提供迁徙通道；采用绿色施工技术，减少施工过程中的扬尘和噪声污染。同时，线路的运营也需要采取环保措施，如推广新能源交通工具、加强尾气排放治理等，降低对环境的负面影响。

文化遗产保护同样不容忽视。线路的选择还应考虑对文化遗产的保护，避免对历史文化名城、古迹等造成破坏。在历史文化名城或古迹附近，线路可能需要避开或采取特殊措施来减少对文化遗产的破坏。例如，可以采用地下隧道的方式通过历史文化保护区，避免对地面建筑的影响；可以在施工过程中加强对文物的保护和监测，确保文物的安全。

二、线路优化的目标与原则

(一)线路优化的目标的重要性及实现途径

提高运输效率是线路优化的核心目标之一。通过优化线路，减少运输过程中的等待时间、中转时间和空驶时间，能够极大地提升运输效率。在实际操作中，可以通过合理规划线路，避免拥堵路段和高峰时段，选择最快捷的路径以减少等待时间。对于需要中转的运输任务，优化中转站点的布局和流程，提高中转效率，减少中转时间。同时，通过精确的调度和规划，减少车辆的空驶里程，提高车辆的利用率。优化后的线路应能够更快地响应市场需求，这意味着能够及时满足客户的订单要求，提高客户满意度。例如，对于快递行业来说，快速的运输效率可以确保包裹及时送达客户手中，增强客户对企业的信任和忠诚度。

降低成本是线路优化的关键目标。线路优化旨在通过减少不必要的运输环节和距离，降低运输成本。首先，减少不必要的运输环节可以避免重复装卸和转运，降低人力成本和货物损坏的风险。其次，缩短运输距离可以减少燃料成本和车辆维护成本。在规划线路时，应充分考虑货物的起点、终点和中间节点，选择最短、最经济的路径。例如，对于物流企业来说，可以通过优化配送路线，将多个客户的订单合并运输，减少车辆的行驶里程，从而降低成本。

提升服务质量是线路优化的重要目标。优化的线路应能够更好地满足客户的需求，提供更准时、更可靠的服务。通过减少运输延误和破损率，能够提升整体服务质量。为了实现这一目标，需要对线路进行精细化管理，考虑各种可能影响运输时间和货物安全的因素。例如，选择路况良好、交通流量稳定的道路，避免因道路施工、交通事故等原因而导致延误。同时，加强对运输过程的监控和管理，确保货物的安全运输，减少破损率。

增强安全性是线路优化不可忽视的目标。线路优化应考虑道路条件、交通流量等因素，选择更安全、更稳定的运输路径。通过减少事故风险和安全隐患，保障人员和货物的安全。在选择线路时，应充分了解道路的安全性，避免危险路段和高事故发生率的区域。同时，合理安排运输时间，避免疲劳驾驶和夜间行驶等不安全因素。对于特殊货物的运输，如危险品、易碎品等，更应选择安全可靠的线路和运输方式。

促进可持续发展是线路优化的长远目标。线路优化应关注环保和可持续发展，减少碳排放和环境污染。通过采用更环保的运输方式和路径，推动绿色物流的发展。例如，选择使用新能源车辆、优化运输路线以减少能源消耗、推广多式联运等方式，降低对环境的影响。同时，可持续发展的线路优化还可以提高企业的社会形象和竞争力，符合现代社会对企业的环保要求。

（二）线路优化的原则的关键意义及具体体现

科学分析、注重实效是线路优化的基本原则之一。线路优化应基于科学的数据分析和实证研究，确保优化方案的有效性和可行性。在进行线路优化之前，需要收集大量的运输数据，包括货物的起点、终点、运输量、运输时间、成本等信息。通过对这些数据的分析，可以了解运输需求的分布和特点，找出当前线路存在的问题和优化的潜力。同时，还可以利用数学模型和优化算法，对不同的线路优化方案进行模拟和评估，选择最优的方案。通过对比不同方案的效果，能够确保所选择的优化策略是最有效的。例如，可以通过对比不同路线的运输时间、成本和安全性等指标，选择综合性能最优的线路。

操作便捷、可行性强是线路优化必须遵循的原则。优化后的线路应便于实际操作和管理，减少复杂性和不确定性。在设计优化方案时，应充分考虑实际运输过程中的操作流程和管理要求。例如，线路的规划应便于司机的导航和操作，避免复杂的路线和难以识别的路段。同时，还应考虑到技术、人员、设备等方面的限制，确保优化方案的可实施性。如果优化方案需要大量的技术投入或人员培训，可能会增加实施的难度和成本。因此，在制定优化方案时，应充分考虑实际情况，选择可行的方案。

优化配置、节约成本是线路优化的重要原则。线路优化应充分利用现有资源，实现资源的优化配置和高效利用。通过减少资源浪费和重复投入，降低整体运营成本。在规划线路时，应充分考虑现有运输网络和设施的利用，避免重复建设和资源浪费。例如，可以利用现有的物流园区、配送中心等设施，优化货物的集散和转运流程。同时，还可以通过合理安排车辆的调度和使用，提高车辆的利用率，减少车辆的闲置时间和成本。

安全及时、优质高效是线路优化的核心原则。优化的线路应确保运输过程的安全性和及时性，满足客户的需求和期望。在选择线路时，应优先考虑安全性，确保人员和货物的安全。同时，还应保证运输的及时性，按照客户的要求按时送达货物。为了实现这一目标，需要建立高效的运输管理体系，加强对运输过程的监控和调度。同时，应追求高效、优质的运输服务，提升客户满意度和忠诚度。通过提供优质的服务，可以增强企业的竞争力，赢得更多的客户和市场份额。

灵活性与可扩展性是线路优化的重要原则之一。线路优化应具有一定的灵活性和可扩展性，以适应未来市场需求的变化和不确定性。在设计优化方案时，应预留足够的空间和资源，为未来的扩展和升级提供可能。例如，可以考虑未来可能增加的运输需求和新的客户需求，预留相应的运输能力和服务资源。同时，还应关注技术的发展和创新，及时调整优化方案，以适应新的运输方式和管理模式。

三、线路优化的方法与技术

（一）传统优化方法的关键作用及具体应用

动态规划在线路优化中占据着重要地位。将问题分解为重叠的子问题，并逐个求解，这种方式能够有效地处理复杂的线路优化问题。在线路优化中，动态规划可用于求解最短路径、最小费用流等问题。例如，在物流配送中，需要确定从仓库到各个客户地点的最短路径，以降低运输成本和时间。通过动态规划，可以将整个路径规划问题分解为多个子问题，从起点开始逐步求解到每个中间节点的最优路径，最终得到从起点到终点的最短路径。动态规划的优势在于它能够利用子问题的重叠性质，避免重复计算，提高求解效率。

穷举法虽然在大规模问题中计算量大而变得不可行，但在小规模问题中仍有一定的应用价值。通过列举所有可能的线路组合，并选择其中的最优解，可以确保在小规模问题中找到绝对的最优方案。例如，在一个小型的物流配送网络中，只有几个配送点和有限的线路选择，穷举法可以快速地找出最优的配送路线。然而，随着问题规模的扩大，穷举法的计算量呈指数增长，很快就变得不可行。因此，穷举法通常适用于非常小规模的线路优化问题。

分支定界法在处理具有特定结构的问题时非常有效。通过逐步分割问题的解空间，并剪去不可能产生最优解的分支，从而缩小搜索范围。在线路优化中，分支定界法可以用于解决一些复杂的组合优化问题。例如，在确定多辆车的配送路线时，可以通过分支定界法逐步确定每辆车的行驶路线，同时剪去那些明显不可能产生最优解的分支。这种方法能够在一定程度上降低计算复杂度，提高求解效率。然而，分支定界法的性能取决于问题的结构和剪枝策略的有效性，对于一些复杂的问题，可能仍然需要较长的计算时间。

（二）启发式优化方法的重要价值及实施方式

遗传算法作为一种借鉴生物进化机制的优化算法，在线路优化中具有广泛的应用前景。通过种群演化、选择、交叉和变异等操作，不断产生新的解，并在迭代过程中逼近最优解。在线路优化中，遗传算法可用于求解多目标、约束复杂的线路优化问题。例如，在物流配送中，需要同时考虑运输成本、时间、客户满意度等多个目标，并且可能存在车辆容量限制、时间窗约束等复杂约束条件。遗传算法可以通过编码线路方案为染色体，利用适应度函数评估每个染色体的优劣，然后通过选择、交叉和变异等操作不断进化种群，最终找到满足多目标和复杂约束条件的优化线路方案。

模拟退火算法模拟物理退火过程，通过引入随机性和概率接受较差解来避免陷入局部最优解。在线路优化中，模拟退火算法可用于求解复杂的组合优化问题。例如，在旅行商问题中，需要找到一条最短的遍历所有城市的路径。模拟退火算法可以从一个随机的初始解开始，然后在每次迭代中随机地改变当前解，并根据一定的概率接受较差的解。随着温度的逐渐降低，接受较差解的概率也逐渐减小，最终算法会收敛到一个接近全局最优解的解。模拟退火算法的优势在于它能够在一定程度上跳出局部最优解，找到更好的全局解。

贪心算法要求在每一步选择中都采取当前状态下的最优选择，它虽然不能保证得到全局最优解，但在一些情况下可以快速得到一个较好的近似解。在线路优化中，贪心算法可用于解决旅行商问题等。例如，在旅行商问题中，可以从一个城市开始，每次选择距离当前城市最近的未访问城市作为下一个访问城市，直到所有城市都被访问一遍。贪心算法的计算简单、速度快，在一些对解的质量要求不是非常高的情况下，可以作为一种快速求解的方法。

（三）现代优化技术的核心优势及应用场景

非线性规划在处理目标函数或约束条件为非线性的线路优化问题时非常有效。当目标函数或约束条件为非线性时，可以采用非线性规划方法。这种方法通常需要借助数值计算方法和优化算法进行求解，适用于一些复杂的非线性线路优化问题。例如，在一些物流配送问题中，运输成本可能与行驶距离、车辆负载等因素呈非线性关系，此时可以使用非线性规划方法来求解最优的配送路线。非线性规划方法能够处理复杂的非线性关系，找到满足约束条件的最优解，但通常需要较高的计算资源和较长的计算时间。

整数规划在线路优化中可以应用于车辆路径问题、调度问题等方面。整数规划要求决策变量取整数值，这在很多线路优化问题中是非常必要的。例如，在车辆路径问题中，需要确定每辆车的行驶路线和服务的客户点，决策变量通常是整数，表示车辆是否访问某个客户点。整数规划可以通过建立数学模型，明确目标函数和约束条件，然后使用整数规划算法进行求解。整数规划方法能够准确地描述线路优化问题中的整数约束，但求解难度通常较大，特别是对于大规模问题。

GIS 与智能优化算法结合为线路优化提供了强大的工具。利用 GIS 系统提供的基础地理信息和空间分析能力，结合智能优化算法（如遗传算法、蚁群算法等）进行线路优化。这种方法可以综合考虑多种因素（如距离、时间、成本、交通状况等），并生成满足特定约束条件的优化线路方案。例如，通过 GIS 系统可以获取道路网络信息、地形地貌信息、交通流量信息等，然后将这些信息作为智能优化算法的输入，进行线路优化。GIS 与智能优化算法的结合能够充分利用地理信息和优化算法的优势，为线路优化提供更加准确和实用的解决方案。

（四）其他相关技术的关键作用及实现过程

路线平面优化利用数字高程模型和路线计算机辅助设计软件，能够快速准确地完成路线设计，并计算出各方案的总费用和各项比较指标。在路线平面优化中，需要考虑地形地貌、土地利用、环境保护等因素，以确定最优的路线走向。数字高程模型可以提供地形信息，帮助设计人员避开选择地形复杂、建设难度大的区域。路线计算机辅助设计软件则可以快速生成不同的路线方案，并计算出各种指标，如路线长度、建设成本、环境影响等，为决策提供依据。

路线纵断面优化在平面位置一定的条件下，在技术合理、符合设计规范要求的前提下，由计算机自动定出工程费用（工程数量）最小的纵断面设计方案。路线纵断面优化需要考虑坡度、坡长、竖曲线半径等因素，以确保路线的安全性和舒适性。通过计算机自动优化，可以快速地尝试不同的纵断面设计方案，并选择最优的方案。这种方法能够提高设计效率，降低工程成本。

交通仿真与模拟通过建立交通仿真模型，模拟不同线路方案下的交通流运行状况，评估各方案的优劣。交通仿真模型可以考虑车辆的行驶行为、交通信号控制、道路容量等因素，真实地反映交通流的运行情况。通过模拟不同的线路方案，可以评估各方案对交通流的影响，如拥堵情况、行程时间、排放等，为线路优化提供有力支持。交通仿真与模拟能够直观地展示线路优化后的效果，帮助决策者做出更加科学合理的决策。

大数据分析利用大数据技术收集和分析交通流量、行驶速度、拥堵情况等数据，为线路优化提供科学依据。通过挖掘数据中的规律和趋势，可以发现潜在的优化空间和改进方向。例如，通过分析历史交通数据，可以预测未来的交通流量，为线路规划提供参考。大数据分析还可以用于实时监测交通状况，及时调整线路方案，以应对随时出现的突发情况。大数据分析能够为线路优化提供丰富的数据支持和决策依据，提高线路优化的科学性和有效性。

第四章 交通运输组织与调度

第一节 交通运输组织方式选择

一、组织方式概述

（一）定义与内涵的关键意义及详细阐释

组织方式作为实现特定目标或任务的关键手段，其定义与内涵涵盖了多个方面。组织方式不仅仅是对资源、人员和活动的简单安排与配置，更是一种系统性的设计与构建，旨在最大限度地发挥各种要素的效能，以达成既定的目标。

组织结构的设计是组织方式的核心内容之一。合理的组织结构能够明确各部门和岗位的职责与权限，避免职责不清和权力交叉，从而提高工作效率。例如，在一个企业中，清晰的组织结构可以确保不同部门之间的协作顺畅，避免出现重复劳动或工作无人负责的情况。同时，组织结构的设计还需要考虑到企业的发展战略和业务特点，以确保组织能够适应不断变化的市场环境。

职责的划分是组织方式的重要组成部分。明确的职责划分可以让每个员工清楚地知道自己的工作任务和目标，提高工作的积极性和责任感。例如，在一个项目团队中，明确每个成员的职责，避免出现工作推诿和责任不明的情况，确保项目能够按时、按质完成。此外，职责的划分还需要考虑到员工的能力和特长，以充分发挥每个员工的优势，提高工作效率。

工作流程的制定是组织方式的关键环节。科学合理的工作流程可以规范工作行为，提高工作效率和质量。例如，在一个生产企业中，完善的生产流程可以确保产品的质量稳定，提高生产效率，降低生产成本。同时，工作流程的制定还需要考虑到客户的需求和反馈，以不断优化和改进工作流程，提高客户满意度。

（二）类型与特点的重要性及具体表现

　　按组织结构分类，不同的组织方式具有各自独特的特点和适用范围。直线型组织以其简单、直接的特点，在小型企业或项目中具有明显的优势。决策迅速是直线型组织的一大特点，由于层级较少，信息传递快速，能够快速做出决策并付诸实施。但是，直线型组织缺乏灵活性，在面对复杂多变的市场环境时，可能难以迅速调整策略。例如，在一个小型创业公司中，直线型组织可以确保决策的高效执行，但随着公司的发展壮大，可能需要更加复杂的组织结构来适应市场的变化。

　　职能型组织按专业分工，提高了专业效率。在需要高度专业化的领域，职能型组织能够充分发挥专业人才的优势，提高工作质量和效率。然而，部门间沟通不畅是职能型组织的一个潜在问题。由于各部门专注于自己的专业领域，可能缺乏对其他部门工作的了解和沟通，导致工作协调困难。例如，在一个大型企业中，不同的职能部门可能会因为各自的利益和目标而产生冲突，影响企业的整体效率。

　　矩阵型组织结合直线型和职能型的特点，加强了横向联系，提高了响应速度。在需要跨部门协作的项目中，矩阵型组织能够充分发挥各部门的专业优势，提高项目的成功率。然而，矩阵型组织也可能导致管理复杂、权责不清。由于员工同时接受多个上级的领导，可能会出现职责不清和决策困难的情况。例如，在一个跨国企业中，矩阵型组织可以促进不同国家和地区的部门之间的协作，但也可能因为管理复杂而导致效率低下。

　　按工作流程分类，流水线式组织以其标准化、高效率的特点，在大规模生产或服务中得到广泛应用。通过标准化的工作流程和分工协作，流水线式组织能够实现大规模生产，提高生产效率和质量。然而，流水线式组织可能缺乏灵活性，难以适应个性化的需求和市场变化。例如，在一个汽车制造企业中，流水线式生产可以确保汽车的质量稳定和生产效率，但如果市场需求发生变化，需要生产不同型号的汽车，流水线式组织可能需要进行大规模的调整。

项目式组织以项目为单位进行组织，灵活性高。在创新性强、项目周期长的领域，项目式组织能够充分发挥团队的创造力和灵活性，提高项目的成功率。然而，项目式组织可能导致资源重复配置，增加企业的成本。例如，在一个软件开发企业中，每个项目都需要组建一个独立的团队，可能会导致人员和设备的重复配置，增加企业的成本。

按资源配置方式分类，集中式组织资源由中央统一调配，决策迅速。在需要高度协同的领域，集中式组织能够确保资源的合理分配和高效利用，提高企业的整体效率。然而，集中式组织可能缺乏灵活性，难以适应不同部门和地区的特殊需求。例如，在一个大型企业集团中，集中式组织可以确保集团的战略统一和资源的有效利用，但可能会因为缺乏灵活性而影响下属企业的创新和发展。

分散式组织资源分散在各个部门或团队，具有一定的自主性。在需要快速响应的场合，分散式组织能够充分发挥各部门和团队的主动性和创造性，提高响应速度和客户满意度。然而，分散式组织可能导致资源浪费，由于各部门和团队独立决策，可能会出现资源重复配置和浪费的情况。例如，在一个销售企业中，分散式组织可以让各地区的销售团队根据当地市场情况进行决策，但可能会因为缺乏统一规划而导致资源浪费。

（三）影响因素的关键作用及分析

企业规模是影响组织方式选择的重要因素之一。小型企业由于人员和资源有限，可能更适合直线型组织，以确保决策的高效执行和资源的合理利用。而大型企业则需要更加复杂的组织结构，以适应多元化的业务和庞大的人员规模。例如，在一个大型跨国企业中，可能需要采用矩阵型组织或职能型组织，以确保各部门之间的协作和专业分工。

业务类型也是影响组织方式的重要因素。创新型业务通常需要更加灵活的组织方式，如项目式组织，以充分发挥团队的创造力和创新能力。而传统制造业则可能更适合流水线式组织，以实现大规模生产和提高生产效率。例如，在一个高科技企业中，项目式组织可以让研发团队专注于创新项目，提高企业的竞争力。而在一个传统的汽车制造企业中，流水线式组织可以确保汽车的质量稳定和生产效率。

市场环境的变化对组织方式的选择也有着重要的影响。快速变化的市场环境需要更灵活的组织方式，如矩阵型组织或项目式组织，以快速响应市场变化和客户需求。而稳定的市场环境则可能更适合职能型组织或流水线式组织，以实现专业化分工和规模经济。例如，在竞争激烈的互联网行业中，矩阵型组织可以让企业快速调整战略和资源配置，以适应市场的变化。而在一个稳定的电力行业中，职能型组织可以确保企业的专业分工和高效运营。

技术条件的发展也会影响组织方式的选择。信息技术的发展促进了扁平化组织的兴起，使得信息传递更加快速和便捷，提高了组织的决策效率和响应速度。例如，在一个数字化企业中，扁平化组织可以让员工更加直接地参与决策和沟通，提高企业的创新能力和竞争力。

（四）优化与改进的核心要点及实施策略

流程再造是组织方式优化与改进的重要策略之一。通过重新设计工作流程，可以消除不必要的环节和浪费，提高工作效率和质量。例如，在一个企业中，可以通过流程再造优化生产流程，减少生产周期和成本。同时，流程再造还可以提高客户满意度，通过优化服务流程提高服务质量和响应速度。

组织结构调整是组织方式优化与改进的另一个重要策略。根据业务需求的变化，调整组织结构可以提高组织的适应性和灵活性。例如，在一个企业中，可以根据市场变化和业务发展的需要，增设或撤销部门，调整职责划分，以提高组织的效率和竞争力。

人员培训与发展是组织方式优化与改进的关键环节。提高员工的专业技能和综合素质，可以让员工更好地适应新的组织方式，提高工作效率和质量。例如，在一个企业中，可以通过培训和发展计划，提高员工的沟通能力、团队协作能力和创新能力，以适应不断变化的市场环境和业务需求。

信息化建设是组织方式优化与改进的重要手段。利用信息技术手段，可以提高组织内部的沟通和协作效率,实现信息共享和资源优化配置。例如,在一个企业中,可以通过建立企业内部信息系统,实现信息的快速传递和共享,提高决策效率和响应速度。同时,信息化建设还可以提高企业的管理水平和竞争力,通过数据分析和决策支持系统,为企业的战略决策提供科学依据。

二、不同组织方式的特点与适用场景

(一)直线型组织的独特优势与特定情境

直线型组织以其结构简单的特点在特定场景中发挥着重要作用。这种组织方式中,命令统一,使得决策能够迅速传达并执行。由于上下级关系明确,责任和职权清晰,在执行任务时,员工能够明确自己的职责范围,避免了职责不清带来的混乱。例如,在一个小型的创业公司初期,人员较少,业务相对单一,直线型组织可以确保决策快速下达,员工能够迅速响应并执行,提高工作效率。

然而,直线型组织缺乏横向联系与协调,对上级的依赖性较大。这意味着在处理复杂问题时,该组织可能会因为缺乏不同部门之间的沟通和协作而受到限制。同时,管理者需要处理大量事务,负担较重,可能会影响决策的质量和效率。在规模较小、生产技术比较简单的企业中,这种组织方式能够满足企业的基本需求。因为企业规模小,业务相对简单,不需要复杂的部门协作和沟通。在需要快速决策和执行的场合,直线型组织也能发挥优势。例如,在应对紧急情况或处理短期项目时,直线型组织可以迅速做出决策并付诸行动。对于组织规模较大但活动内容比较单纯的组织,如小型军队,直线型组织可以确保命令的快速传达和执行,提高军队的作战效率。

(二)职能型组织的关键特点与应用领域

职能型组织按照功能进行划分,每个部门负责特定的职能或任务。这种组织方式有助于提高工作效率,因为员工可以专注于自己擅长的领域,提高专业水平。同时,专业化的分工也有助于提高协作效率,不同部门之间可以通过明确的职责分工进行有效的合作。例如，在大型企业中，财务部门负责财务管理，人力资源部门负责人员招聘和培训，生产部门负责产品生产等，各部门之间各司其职，共同为企业的发展做出贡献。

然而，各部门之间需要频繁沟通协调，沟通成本较高。由于职能型组织过于注重职能划分，可能导致创新受限，难以跨部门合作。在一些需要创新和跨部门协作的项目中，职能型组织可能会因为部门之间的壁垒而影响项目的进展。职能型组织适用于大型企业或组织，尤其是需要明确职能划分、高度专业化的行业。例如，在制造业中，生产、研发、销售等部门需要明确的职能划分，以提高生产效率和产品质量。在强调效率和协作的领域，如金融业、医疗保健等，职能型组织也能发挥重要作用。金融机构需要不同的部门分别负责风险管理、投资决策、客户服务等职能，医疗保健机构需要医生、护士、管理人员等不同职能的人员协作，为患者提供优质的医疗服务。

（三）矩阵型组织的突出特点与适用情况

矩阵型组织结合直线型和职能型的特点，加强了横向联系。这种组织方式既保留了直线型组织的命令统一和职责明确的优点，又增加了职能型组织的专业化分工和协作的优势。集权和分权相结合，专业人员潜能得到发挥。在矩阵型组织中，项目团队成员可以同时从职能部门和项目经理那里获得资源和支持，提高了工作效率和创新能力。例如，在一个大型的工程项目中，项目团队成员可以从工程部门、设计部门、财务部门等不同职能部门获得专业支持，同时项目经理可以对项目进行统一的管理和协调，确保项目的顺利进行。

然而，项目团队成员同时受项目经理和职能部门经理的管理，可能导致权责不清。在实际工作中，项目团队成员可能会面临来自不同领导的指令和要求，导致工作方向不明确。同时，矩阵型组织需要较高的管理水平和协调能力，对管理者的要求较高。矩阵型组织适用于需要集中多方面专业人才才能完成某个项目或任务的场合。例如，在研发新产品、开展大型市场推广活动等项目中，需要不同专业领域的人才共同协作，矩阵型组织可以有效地整合资源，提高项目的成功率。对于中等规模和复杂性较高的项目，矩阵型组织也能发挥重要作用。在集权、分权优化组合，员工素质较高，技术复杂的企业中，矩阵型组织可以充分发挥员工的专业优势和创新能力，提高企业的竞争力。

（四）项目型组织的鲜明特点与适用场景

项目型组织以项目为单位进行组织，项目经理具有最高的权力和决策能力。在这种组织方式下，项目团队成员全职参与项目工作，专注于项目目标的实现。资源分配和优先级主要由项目经理决策，使得项目能够得到充分的资源支持。例如，在一个大型的建筑项目中，项目经理可以根据项目的需求，调配人力、物力、财力等资源，确保项目的顺利进行。

项目型组织的团队成员具有更高的灵活性和快速响应能力。由于项目团队成员全职参与项目工作，他们可以更加专注于项目的进展，及时调整工作方向和方法，以适应项目的变化。但是项目型组织也存在一些不足之处。例如，在项目结束后，项目团队成员可能面临重新分配工作的问题，导致人员的不稳定。项目型组织适用于大型和复杂项目，尤其是需要高度集中资源和全职团队的项目。例如，在航天工程、大型基础设施建设等项目中，项目型组织可以有效地整合资源，确保项目的成功实施。在需要快速响应市场变化、创新性强、灵活性要求高的企业中，项目型组织也能发挥重要作用。这些企业需要快速推出新产品或服务，以满足市场的需求，而项目型组织可以为企业提供高效的组织保障。

三、组织方式选择的影响因素

（一）法律规定的关键作用及影响过程

企业在选择组织方式时，法律规定是首要的考虑因素。不同国家或地区的法律对企业组织形式有着明确的规范，这些规定涵盖了注册资本、股东结构、税务处理等多个方面。企业必须严格遵守当地的法律法规，以确保合法合规经营。例如，在某些国家，设立有限责任公司需要满足一定的注册资本要求，并且对股东的人数和资格有特定的限制。如果企业不了解这些法律规定，盲目选择组织方式，则可能面临法律风险，甚至导致企业无法正常运营。

（二）责任承担的重要影响及考虑因素

不同类型的组织形式对责任承担的规定各不相同，这是企业选择组织方式时必须认真考虑的因素。有限责任公司的所有者对公司债务负有有限的责任，这意味着所有者的个人财产在一定程度上受到保护。相比之下，独资企业和合伙企业的所有者可能需要对企业债务承担个人责任，风险相对较高。这种责任承担的差异会对所有者的风险承受能力产生重大影响。如果所有者风险承受能力较低，可能更倾向于选择有限责任公司等组织形式，以降低个人风险。而对于那些风险承受能力较强的所有者，可能会考虑独资企业或合伙企业，以获得更大的经营自主权和利润分配权。

（三）税负考量的核心地位及分析要点

税负是企业选择组织方式时不可忽视的重要因素。不同的组织形式在税务处理上存在差异，这直接影响到企业的成本和利润。例如，股份有限公司可能面临双重征税的问题，即公司利润首先被公司所得税征税，然后分配给股东的股息再次被个人所得税征税。相比之下，合伙企业可能避免双重征税，从而降低企业的税负成本。企业在选择组织方式时，需要详细了解不同组织形式的税务政策，进行税负比较和分析。

（四）集权化程度的关键影响及决策依据

集权化程度是企业选择组织方式时需要考虑的重要因素之一。不同的组织形式在集权化程度上有所不同，这会对企业的决策效率、响应速度和创新能力产生影响。直线型组织通常具有较高的集权化程度，决策权力集中在高层管理者手中。这种组织形式在决策效率上可能较高，但可能缺乏灵活性和创新能力。矩阵型组织则可能更加分权，决策权力分散在不同的部门和项目团队中。这种组织形式可以提高企业的灵活性和创新能力，但可能会导致决策效率低下。

企业在选择集权化程度时，需要根据自身的业务需求和战略目标来确定。如果企业的业务相对稳定，需要快速决策和高效执行，则较高的集权化程度可能更为合适。例如，在一些传统制造业中，直线型组织可以确保生产过程的稳定和高效。而如果企业处于快速变化的市场环境中，需要不断创新和适应变化，那么较低的集权化程度可能更为合适。例如，在一些高科技行业中，矩阵型组织可以激发员工的创新能力，提高企业的竞争力。此外，企业还需要考虑自身的管理能力和文化氛围。如果企业的管理能力较强，能够有效地协调和控制分权化的组织形式，就可以选择较低的集权化程度。如果企业的文化氛围较为保守，强调等级制度和服从命令，那么较高的集权化程度可能更为合适。

四、组织方式选择的实践案例与启示

（一）连锁经营协会实践案例的关键意义及深入分析

中国连锁经营协会开展的"人力资源与组织提效"创新实践案例征集活动，为众多连锁企业提供了宝贵的经验和启示。面对激烈的市场竞争和不断变化的商业环境，连锁企业必须不断优化组织方式，提高人力资源管理水平和组织效率。活动涵盖的"组织提效""高效用工""人才培养""数字化能力培养"四个维度，全面涵盖了连锁企业运营的关键环节。通过这些维度的实践案例征集，企业可以相互学习和借鉴，找到适合自身发展的组织方式和人力资源管理策略。

某连锁企业全面启动品牌责任人月度竞聘机制，这一举措为企业带来了多方面的积极影响。首先，竞聘机制能够激发员工的积极性和竞争意识，促使他们不断提升自己的能力和业绩。员工为了能够在竞聘中脱颖而出，会更加努力地工作，提高工作效率和质量。其次，竞聘机制有助于选拔出最优秀的人才担任品牌责任人，确保企业的品牌建设和管理工作得到有效的推进。品牌责任人作为企业品牌建设的关键人物，其能力和素质直接影响着企业品牌的形象和市场竞争力。通过竞聘机制，可以选拔出具有创新思维、领导能力和专业素养的人才担任这一重要职务。

（二）学校社会实践活动案例的核心要点及深刻启示

学校为了提高学生的社会实践能力和综合能力，组织了一系列社会实践活动。活动包括个人分散活动、小组活动（5~10人一组）、社区活动、社会调研等多种形式，为学生提供了丰富的实践机会和选择机会。学校制定的详细活动方案和安全措施，确保了活动的顺利进行和学生的安全。

多样化的组织方式可以激发学生的参与热情。不同的学生有不同的兴趣爱好和特长，通过提供多种形式的社会实践活动，学生可以根据自己的兴趣和特长选择适合自己的活动形式。个人分散活动可以培养学生独立思考的能力和解决问题的能力；小组活动可以培养学生的团队合作和沟通协调能力；社区活动可以让学生更好地了解社会、服务社会；社会调研可以培养学生的调查研究和分析问题的能力。

学校通过组织社会实践活动，不仅提高了学生的社会实践能力和综合能力，还增强了学生的社会责任感和团队合作能力。社会实践活动让学生走出校园，深入了解社会，关注社会问题，培养了学生的社会责任感。同时，在活动中，学生需要与他人合作，共同完成任务，这有助于培养学生的团队合作能力和沟通协调能力。

第二节　交通运输生产计划编制

一、生产计划的内容与要求

（一）确定生产的产品种类和数量的关键意义及实施过程

确定生产的产品种类和数量是生产计划的核心内容之一。根据市场需求、企业产能和战略目标，明确计划期内要生产的产品种类和数量，对于企业的生存和发展至关重要。市场需求是决定产品种类和数量的重要因素。企业需要通过市场调研、分析销售数据等方式，了解消费者的需求和偏好，以及市场的趋势和变化。只有生产出符合市场需求的产品，企业才能在市场竞争中立足。例如，如果市场对某种特定类型的产品需求旺盛，企业就应该考虑增加该产品的生产数量，或者开发类似的产品。

企业产能也是确定产品种类和数量的重要依据。企业需要评估自身的生产设备、人力资源、原材料供应等方面的能力，以确定能够生产的产品种类和数量。如果企业的产能有限，就不能盲目地扩大生产规模，否则可能会导致生产效率低下、质量问题等不良后果。例如，企业的生产设备只能满足一定数量的产品生产，如果超过这个数量，就可能会出现设备故障、生产周期延长等问题。

战略目标是企业长期发展的方向和目标，它会影响产品种类和数量的确定。企业可能会根据自身的战略目标，选择生产一些具有高附加值、创新性强的产品，或者扩大某些产品的市场份额。例如，如果企业的战略目标是成为行业领导者，就可能会加大对研发的投入，生产一些具有领先技术的产品。

在确定产品种类和数量的过程中，企业需要进行综合分析和权衡。一方面，要满足市场需求，提高企业的市场占有率和盈利能力；另一方面，要考虑企业的产能和资源限制，确保生产计划的可行性和可持续性。同时，企业还需要根据市场变化和企业发展的实际情况，及时调整产品种类和数量，以保持竞争优势。

（二）安排生产的时间进度的重要性及具体方法

安排生产的时间进度是生产计划的重要组成部分。制定详细的生产时间表，包括各产品的生产开始时间、结束时间和关键节点的控制，对于确保生产过程的顺利进行和按时交付产品至关重要。生产时间进度的安排需要考虑多个因素。

首先，要根据产品的生产工艺和流程，确定每个生产环节所需的时间。不同的产品可能有不同的生产工艺和流程，有些产品的生产过程比较复杂，需要多个环节的协同配合，因此需要更长的时间。例如，汽车的生产过程包括零部件制造、组装、调试等多个环节，每个环节都需要一定的时间，因此生产一辆汽车的时间可能会比较长。

其次，要考虑原材料和零部件的供应时间。如果原材料和零部件的供应不及时，就会影响生产进度。因此，企业需要与供应商建立良好的合作关系，确保原材料和零部件的及时供应。例如，企业可以与供应商签订长期合同，约定供应时间和数量，或者建立库存管理系统，提前储备一些常用的原材料和零部件。

最后，还要考虑生产设备的维护和保养时间。生产设备在使用过程中可能会出现故障，需要进行维护和保养。如果设备维护和保养时间安排不当，也会影响生产进度。因此，企业需要制订设备维护和保养计划，合理安排维护和保养时间，确保设备的正常运行。例如，企业可以在生产任务不紧张的时候进行设备维护和保养，或者采用备用设备，以减少设备故障对生产进度的影响。

在安排生产时间进度时，企业需要制订详细的生产计划表，明确每个产品的生产开始时间、结束时间和关键节点的控制。同时，企业还需要建立有效的监控和调整机制，及时发现和解决生产过程中出现的问题，确保生产计划的顺利实施。

（三）确定所需的原材料、零部件和设备等资源的关键作用及规划流程

确定所需的原材料、零部件和设备等资源是生产计划的重要环节。根据生产计划，计算所需的原材料、零部件和设备的数量，并制定相应的采购和储备计划，对于确保生产过程的顺利进行和降低成本至关重要。原材料和零部件是生产产品的基础，企业需要根据生产计划，准确计算所需的原材料和零部件的种类和数量。在计算过程中，企业需要考虑原材料和零部件的损耗率、库存水平、供应商的交货时间等因素，以确保采购的数量既能够满足生产需求，又不会造成过多的库存积压。例如，企业在计算原材料的采购数量时，可以根据过去的生产数据和经验，确定一个合理的损耗率，然后再根据生产计划和库存水平，计算出需要采购材料的数量。

设备是生产过程中的重要工具，企业需要根据生产计划，确定所需的设备种类和数量。在确定设备需求时，企业需要考虑设备的生产能力、可靠性、维护成本等因素，以确保设备能够满足生产需求，并且具有较高的性价比。例如，企业在选择生产设备时，可以根据产品的生产工艺和流程，选择一些具有先进技术、高效节能的设备，以提高生产效率和降低成本。

在确定所需的原材料、零部件和设备等资源后，企业需要制订相应的采购和储备计划。采购计划需要明确采购的时间、数量、供应商等信息，

以确保原材料和零部件的及时供应。储备计划需要考虑原材料和零部件的库存水平、安全库存、采购周期等因素，以确保在生产过程中不会出现因原材料和零部件短缺而导致的停产现象。例如，企业可以根据供应商的交货时间和生产需求，确定一个合理的库存水平和安全库存，然后再根据采购周期，制订相应的采购计划。

（四）制定人员需求计划的核心要点及实施策略

制订人员需求计划是生产计划的重要组成部分。根据生产任务和工艺要求，确定所需的生产人员数量、技能和培训计划，对于确保生产过程的顺利进行和提高生产效率至关重要。人员需求计划的制订需要考虑多个因素。

首先，要根据生产任务和工艺要求，确定所需的生产人员数量。不同的产品和生产工艺可能需要不同数量的生产人员，企业需要根据实际情况进行合理的安排。例如，一些自动化程度较高的生产工艺可能需要较少的生产人员，而一些手工操作较多的生产工艺可能需要较多的生产人员。

其次，要考虑生产人员的技能要求。不同的生产岗位可能需要不同的技能和经验，企业需要根据生产任务和工艺要求，确定所需的生产人员技能水平。例如，一些技术含量较高的生产岗位可能需要具有专业技能和经验的人员，而一些普通的生产岗位可能只需要具备基本的操作技能。

最后，还要考虑生产人员的培训计划。随着科技的不断进步和生产工艺的不断改进，生产人员需要不断学习和掌握新的技能和知识。因此，企业需要制订生产人员的培训计划，定期组织培训和学习活动，提高生产人员的技能水平和综合素质。例如，企业可以邀请专业的技术人员进行培训，或者组织生产人员参加行业内的培训课程和研讨会。

在制订人员需求计划的过程中，企业需要进行详细的岗位分析和人员评估，确定每个生产岗位的职责和要求，以及现有生产人员的技能水平和潜力。同时，企业还需要建立有效的招聘和培训机制，及时补充和培养所需的生产人员，以确保生产计划的顺利实施。

二、生产计划编制的方法与流程

（一）生产计划编制方法的关键作用及具体应用

在制品定额法作为一种适用于大批大量生产类型企业的生产作业计划编制方法，具有重要的实际意义。这种方法也被称为连锁计算法，其核心在于通过对在制品数量的准确把握来确定生产计划。在大批大量生产的情况下，生产过程相对稳定，产品的重复性高，通过对在制品定额的精确计算，可以有效地协调各个生产环节，确保生产的连续性和稳定性。例如，在汽车制造企业中，由于生产规模大，生产线上的各个工序紧密相连，通过在制品定额法可以确定每个工序上合理的在制品数量，从而保证生产的顺畅进行。当某个工序上的在制品数量超出定额时，可以及时调整生产节奏，避免生产拥堵；而在制品数量不足时，可以加快上游工序的生产速度，以满足下游工序的需求。

提前期法又称累计编号法，对于成批生产类型企业的生产作业计划编制起着关键作用。成批生产通常具有一定的批量规模，但又不像大批大量生产那样高度重复。提前期法通过对产品的累计编号来确定各个生产阶段的生产任务和时间安排。这种方法考虑了产品的生产提前期，即从开始生产到完成生产所需要的时间，包括各个工序的加工时间、等待时间和运输时间等。通过合理设置提前期，可以有效地安排生产进度，避免生产过程中的混乱和延误。例如，在机械制造企业中，不同批次的产品可能具有不同的规格和要求，但生产过程中又存在一定的相似性。提前期法根据产品的累计编号，确定每个批次产品在各个生产阶段的开始时间和结束时间，从而实现对生产过程的有效控制。

（二）生产计划编制流程的重要环节及实施要点

需求预测与分析是生产计划编制的基础环节。通过对市场需求的调研和分析，企业可以了解产品的销售趋势和市场变化，从而合理预测未来的需求情况。市场调研可以包括对竞争对手的分析、消费者需求的调查、行业发展趋势的研究等。销售数据分析可以通过对历史销售数据的整理和分析，找出销售的规律和趋势，为需求预测提供依据。客户反馈则可以直接了解客户对产品的意见和建议，帮助企业更好地满足客户需求。例如，通过市场调研，如果发现某一特定类型的产品在未来一段时间内市场需求可能会增长，企业就可以根据这一预测，调整生产计划，增加该产品的数量。

制订生产计划目标是在需求预测和分析的基础上进行的关键步骤。生产计划目标包括生产数量、生产周期、产品质量要求等方面的指标。这些目标必须与企业整体战略和市场需求保持一致，并且要具备可衡量性和可实现性。例如，企业的整体战略是扩大市场份额，那么生产计划目标可能就包括提高产品产量、缩短生产周期、提高产品质量等方面，以满足市场需求，增强企业的竞争力。生产计划目标的确定需要综合考虑企业的资源状况、生产能力、市场需求等因素，确保目标既具有挑战性又能够实现。

三、生产计划执行与监控

（一）生产计划执行的关键意义及具体实施

明确任务分工在生产计划执行中起着基础性的作用。根据生产计划，明确各部门、各岗位的具体任务和责任，能够确保每个员工都清楚自己的工作职责。这是因为在一个生产过程中，涉及多个部门和岗位的协同工作，如果任务不明确，就容易出现职责不清、推诿扯皮的情况，从而影响生产计划的执行。例如，在一个制造企业中，生产部门负责产品的制造，采购部门负责原材料的采购，质量控制部门负责产品的检验。只有明确了各个部门的具体任务和责任，才能确保生产过程的顺利进行。

资源调配是生产计划执行的重要保障。根据生产需求，合理调配人力资源、设备资源、原材料等，能够确保生产过程的顺利进行。在生产过程中，资源的合理配置至关重要。如果资源调配不合理，就会出现资源短缺或浪费的情况，从而影响生产进度和质量。例如，在生产高峰期，如果人力资源不足，就会导致生产进度延误；如果原材料供应不及时，就会导致生产线停工。因此，企业需要根据生产计划，提前做好资源调配工作，确保资源的充足供应。

（二）生产计划监控的重要价值及实施方式

关键指标监控是生产计划监控的重要手段。设定关键指标，如生产进度、质量合格率、原材料消耗量等，对生产过程进行全面的监控，能够及时发现生产过程中的异常情况，并采取相应措施进行调整。关键指标的设定需要根据企业的实际情况和生产计划的要求进行确定。例如，对于一个生产企业来说，生产进度是一个关键指标，企业可以通过设定生产进度的目标值和预警值，对生产进度进行实时监控。如果发现生产进度滞后于目标值，应及时采取措施，加快生产进度。

数据分析与预测是生产计划监控的重要方法。利用生产数据进行分析与预测，以便更好地监控生产计划的执行情况，能够为企业的决策提供有力支持。通过对历史数据进行分析，可以发现生产过程中存在的问题，并提前进行预防措施。同时，通过对生产数据进行预测，可以预测未来的生产趋势，有针对性地调整生产计划，避免生产过程中的风险。例如，企业可以通过对历史销售数据的分析，预测未来的市场需求，从而调整生产计划，确保产品的供应与市场需求相匹配。

（三）信息化手段应用的关键作用及具体体现

利用 ERP、MES 等信息化管理系统，实现生产数据的实时采集、分析与共享，能够提升生产管理效率。信息化手段的应用是现代企业生产管理的重要趋势。通过信息化管理系统，企业可以实现生产数据的实时采集和传输，及时掌握生产过程中的各种信息。同时，信息化管理系统还可以对生产数据进行分析和处理，为企业的决策提供有力支持。例如，企业可以通过 ERP 系统，实现对生产计划、采购、库存、销售等环节的全面管理，提高企业的运营效率。通过 MES 系统，实现对生产过程的实时监控和管理，提高生产过程的可控性和稳定性。

通过信息化手段的应用，可以更加准确地掌握生产进度和资源消耗情况，为生产计划的调整和优化提供有力支持。在生产过程中，生产进度和资源消耗情况是企业需要密切关注的重要指标。通过信息化管理系统，企业可以实时掌握生产进度和资源消耗情况，及时发现问题，并采取有效的措施加以解决。例如，企业可以通过 MES 系统，实时监控生产线上的设备运行情况、产品生产进度、原材料消耗情况等，及时调整生产计划，优化生产流程，提高生产效率。

四、生产计划优化的方向与建议

（一）需求预测与分析的重要性及实施策略

需求预测与分析是生产计划优化的关键方向之一。通过市场调研、销售数据分析等手段，深入了解市场需求的变化趋势，能够为企业的生产计划提供准确的依据。市场调研可以包括对消费者需求、竞争对手动态、行业发展趋势等方面的调查。例如，通过对消费者的访谈和问卷调查，可以了解消费者对产品的功能、质量、价格等方面的需求和期望，从而为企业的产品设计和生产计划提供指导。销售数据分析则可以通过对历史销售数据的整理和分析，找出销售的规律和趋势，预测未来的市场需求。例如，通过分析不同季节、不同地区的销售数据，可以了解产品的销售季节性和地域性特点，为企业的生产计划和库存管理提供参考。

建立科学的需求预测模型，如时间序列分析、因果分析、机器学习等，可以更好地应对市场波动。时间序列分析可以通过对历史销售数据的时间序列进行分析，预测未来的销售趋势。因果分析则可以通过分析影响销售的因素，如价格、促销、广告等，建立销售预测模型。机器学习则可以通过对大量数据的学习和训练，自动建立销售预测模型，提高预测的准确性和及时性。例如，企业可以利用机器学习算法，对历史销售数据、市场调研数据、天气数据等进行分析，预测未来的市场需求，为生产计划的制订提供更加准确的依据。

（二）生产能力规划的关键作用及优化方法

全面评估现有生产能力，包括设备、人力、原材料等，是确保生产计划在现有资源条件下可执行的重要步骤。企业需要对现有设备的生产能力、维护状况、可用性等进行评估，确定设备的最大生产能力和瓶颈环节。同时，企业还需要对人力资源进行评估，包括员工的技能水平、工作负荷、加班能力等，确定人力资源的可用性和短缺情况。此外，企业还需要对原材料的供应情况进行评估，包括供应商的稳定性、原材料的质量、价格等，确定原材料的供应风险和短缺情况。通过全面评估现有生产能力，企业可以了解自身的资源状况，为生产计划的制订提供依据。

识别生产过程中的瓶颈环节，通过资源调配、技术改造或外包等方式，提高整体生产能力。瓶颈环节是指生产过程中限制整体生产能力的环节。企业需要通过对生产流程的分析和评估，找出瓶颈环节，并采取相应的措施加以解决。例如，如果瓶颈环节是设备生产能力不足，企业可以考虑增加设备投资、优化设备维护计划、提高设备利用率等方式来提高设备生产能力。如果瓶颈环节是人力资源短缺，企业可以考虑招聘新员工、培训现有员工、优化工作流程等方式来提高人力资源的可用性。如果瓶颈环节是原材料供应不足，企业可以采取寻找新的供应商、建立库存管理系统、优化采购计划等方式来确保原材料的稳定供应。

（三）生产流程优化的核心要点及实现途径

对生产流程进行详细的分析和规划，确保每一个环节都能够顺利进行，是生产计划优化的重要方向。企业需要对生产流程进行全面的分析，找出生产过程中的浪费、等待、不合理的操作等问题，并采取相应的措施加以解决。例如，通过价值流分析，找出生产过程中的非增值环节，如等待时间、库存、搬运等，采取精益生产的方法加以消除。同时，企业还需要对生产流程进行规划，确定生产过程中的各个环节的先后顺序、时间要求、质量标准等，确保生产过程的高效、稳定、高质量。

通过流程图、PDCA 等工具将生产流程清晰地展示出来，及时记录和分析生产过程中出现的问题，以便及时调整和优化。流程图可以将生产流程以图形的方式展示出来，使生产过程更加直观、清晰。PDCA 循环则可以通过计划、执行、检查、处理四个阶段，不断地对生产过程进行改进和优化。例如，企业可以通过绘制生产流程图，明确生产过程中的各个环节和操作步骤，使员工更加清楚地了解生产流程。同时，企业还可以通过 PDCA 循环，对生产过程中的问题进行及时记录和分析，采取相应的措施加以解决，并不断地对生产流程进行优化和改进。

（四）供应链协同的关键意义及推进措施

与供应商建立长期合作关系，确保原材料的稳定供应和质量的可靠，是生产计划优化的重要方向。企业需要与供应商建立良好的沟通合作机制，共同制订供应计划和质量标准，确保原材料的及时供应和质量稳定。例如，企业可以与供应商签订长期合同，约定供应数量、价格、质量标准等，建立稳定的供应关系。同时，企业还可以与供应商共同开展质量改进活动，提高原材料的质量水平。

与供应商共享生产计划信息，确保供应链的协调一致，减少因信息不对称导致的生产延误。信息共享是供应链协同的关键。企业需要与供应商建立信息共享平台，及时共享生产计划、库存水平、需求变化等信息，使供应商能够更好地了解企业的需求，提前做好供应准备。例如，企业可以通过 ERP 系统与供应商的信息系统进行对接，实现信息的实时共享。同时，企业还可以与供应商共同制订应急响应计划，当出现供应中断等突发情况时，能够及时采取措施，确保生产的连续性。

第三节　交通运输调度管理策略

一、调度管理的目标与原则

（一）优化资源配置的关键意义及实现途径

调度管理的首要目标是优化资源配置，这对于企业或组织的高效运转至关重要。在当今竞争激烈的市场环境中，资源的合理利用是企业取得成功的关键因素之一。通过合理的调度，确保各项资源（如人力、设备、原材料等）得到充分利用，避免资源浪费和闲置，可以极大地提高企业的生产效率和经济效益。

人力是企业最重要的资源之一。合理的人员调度可以根据员工的技能、经验和工作负荷，将人员分配到最适合的岗位上，充分发挥他们的潜力。

例如，对于技术要求较高的工作任务，可以安排经验丰富、技能熟练的员工去完成；而对于一些简单重复性的工作，可以安排新员工或临时工去做，以提高人力资源的利用效率。同时，通过合理的排班和加班安排，可以确保在不同的时间段都有足够的人员来完成工作任务，避免出现人员短缺或过剩的情况。

（二）提高工作效率的重要价值及实施策略

提高工作效率是调度管理的重要目标之一。在当今快速发展的时代，时间就是金钱，效率就是生命。通过调度管理，合理安排工作任务和流程，减少等待时间和无效劳动，可以提高工作效率，使企业或组织在有限的时间内完成更多的工作任务，提升整体运营效率。

合理安排工作任务是提高工作效率的关键。企业或组织需要根据员工的技能和能力，将工作任务分配到最合适的人员手中，确保每个人都能够发挥自己的优势，高效地完成工作任务。同时，要根据工作任务的优先级和紧急程度，合理安排工作顺序，确保重要且紧急的任务能够得到优先处理。例如，可以采用项目管理的方法，将工作任务分解为多个子任务，并为每个子任务设定明确的目标、时间节点和责任人，以便有效地监控和管理工作进度。

（三）保障生产安全的核心要点及具体措施

保障生产安全是调度管理的重要目标之一。在企业或组织的生产经营活动中，安全是排在第一位的。合理的调度安排可以确保生产过程中的各项安全措施得到落实，降低安全事故的风险，保障员工的人身安全和企业的财产安全，是调度管理的重要职责。

合理安排生产任务是保障生产安全的基础。企业或组织需要根据生产设备的性能和安全要求，合理安排生产任务，避免出现设备过载、超压、超温等情况。同时，要根据员工的技能和安全意识，合理分配工作任务，确保员工能够胜任自己的工作岗位，避免出现因操作不当而引发的安全事故。例如，可以采用安全风险评估的方法，对生产任务进行全面的风险评估，确定风险等级，并采取相应的安全措施加以防范。

落实安全措施是保障生产安全的关键。企业或组织需要建立健全的安全管理制度和操作规程，确保员工在生产过程中严格遵守安全规定。同时，要加强对生产现场的安全管理，定期进行安全检查和隐患排查，及时发现和消除安全隐患。例如，可以设置安全警示标志、配备必要的安全防护设备、加强对危险化学品的管理等，确保生产过程的安全。

（四）实现组织目标的关键作用及推进方法

实现组织目标是调度管理的最终目标。调度管理的各项工作都是围绕着实现企业或组织的整体目标而展开的。通过合理的资源分配和任务安排，确保各项工作能够按照既定计划和标准顺利推进，从而实现企业的战略目标。

明确组织目标是实现组织目标的前提。企业或组织需要根据自身的发展战略和市场需求，明确自己的长期目标和短期目标，并将这些目标分解为具体的工作任务和指标。同时，要将组织目标传达给每一个员工，让他们了解自己的工作与组织目标之间的关系，激发其工作积极性和责任感。

合理制订调度计划是实现组织目标的关键。企业或组织需要根据组织目标和工作任务，制定合理的调度计划和方案。在制订调度计划时，要充分考虑各种资源的限制和工作任务的优先级，确保调度计划的可行性和有效性。同时，要建立有效的监控和反馈机制，及时了解调度计划的执行情况，以便对调度计划进行调整和优化。

二、调度管理的方法与技术

（一）优先级排序与资源优化分配

调度管理的首要任务是确保关键和紧急的任务优先得到处理。优先级排序作为这一任务的核心方法，要求调度管理者对任务的紧急程度和重要性有清晰的认识。这不仅仅是基于任务本身的性质，还需考虑任务间的依赖关系、资源限制以及外部环境的变化。通过合理的优先级排序，可以优化资源利用，减少等待时间和延误，从而确保生产或服务流程的高效运行。

在实施优先级排序时，调度管理者需要运用一系列工具和技术，如关键路径法（CPM）、计划评审技术（PERT）等，以准确评估任务的优先级和所需资源。同时，还需要建立有效的监控机制，实时跟踪任务进度和资源消耗情况，以便及时调整优先级和资源分配。

资源优化分配则是优先级排序的延伸。在资源有限的情况下，调度管理者需要权衡不同任务对资源的需求，确保资源得到最合理的利用。这包括人力资源、设备资源、原材料资源等。通过合理调配资源，可以避免资源闲置和浪费，提高整体生产效率。

（二）时间管理与进度控制

时间管理是调度管理中不可或缺的一环。它要求调度管理者合理规划和分配时间，确保任务在预定时间内完成。时间管理的关键在于设定明确的时间节点和截止日期，并制订相应的进度计划。这不仅有助于团队成员了解任务的时间要求，还能激发团队成员的紧迫感，提高工作效率。

进度控制则是时间管理的延伸。它要求调度管理者实时监控任务进度，及时发现和解决进度延误的问题。为了实现这一目标，调度管理者需要建立有效的进度跟踪机制，如定期召开进度会议、使用项目管理软件等。同时，还需要制订应对进度延误的应急计划，以便在出现问题时能够迅速调整进度计划，确保任务按时完成。

在时间管理和进度控制的过程中，调度管理者还需要关注团队成员的工作效率和心理状态。通过合理安排工作任务和休息时间，避免团队成员因过度劳累而产生负面情绪，影响工作效率和进度。

（三）计划制订与沟通协调

制订详细计划是调度管理的基础。它要求调度管理者对任务进行细致的分析和规划，明确任务分配、资源需求和预期结果。计划的制订需要充分考虑任务的复杂性、资源限制以及外部环境的变化。通过制定清晰、具体的工作计划，调度管理者可以确保团队成员对任务有清晰的认识，提高工作效率和协作效率。

沟通协调则是计划制定的延伸。它要求调度管理者与团队成员保持良好的沟通，明确任务目标和要求，及时共享信息和进展。通过沟通协调，可以避免因信息不畅而导致的误解和冲突，确保任务顺利进行。

为了实现有效的沟通协调，调度管理者需要建立多渠道的信息共享机制，如使用项目管理软件、召开会议、建立沟通平台等。同时，还需要培养团队成员的沟通意识和能力，鼓励团队成员主动分享信息和进展，形成良好的沟通氛围。

（四）技术应用与创新驱动

随着科技的发展，调度管理的方法和技术也在不断更新和完善。项目管理软件、自动化调度系统、数据分析与预测、决策支持系统、可视化技术以及人工智能与机器学习等技术的应用，为调度管理提供了强大的支持。

项目管理软件如 Microsoft Project、Trello 等，可以帮助调度管理者跟踪任务、分配资源和监控进度，提高调度管理的效率和准确性。自动化调度系统则利用物联网、大数据和人工智能等技术手段，实现对资源的智能分配和调度，提高生产效率。

数据分析与预测技术通过收集和分析历史数据，了解生产或服务流程中的瓶颈和潜在问题，为调度管理提供科学依据。决策支持系统则提供了丰富的数据和分析工具，支持复杂的决策过程，帮助调度管理者做出更明智的决策。

可视化技术如甘特图、流程图等，可以直观地展示调度计划和进度，帮助团队成员更好地理解任务和要求，提高协作效率。而人工智能与机器学习技术则通过分析大量数据来优化调度策略，提高资源利用率和工作效率，为调度管理带来革命性的变革。

三、调度管理的实施与监控

（一）调度管理的精细化实施

调度管理的实施是确保生产或服务流程高效、有序进行的基础。为了实现这一目标，管理者需要采取一系列精细化措施。

首先，在任务分配与资源调度方面，应依据优先级排序和资源优化分配的原则，将任务分配给最合适的团队成员，并调度相应的资源。这一过程中，管理者不仅要确保任务分配的明确性和具体性，还要保证资源调度的合理性和高效性。通过综合考虑任务的紧急程度、重要性和团队成员的技能水平，可以实现任务与资源的最佳匹配。

其次，在进度计划制定与执行方面，应制订详细的进度计划，明确任务的时间节点和关键里程碑。同时，还需要监控进度计划的执行情况，确保任务按计划进行。通过定期检查和更新进度计划，可以及时发现和纠正偏差，确保任务能够按时完成。

最后，在沟通协调与信息共享方面，应建立有效的沟通协调机制，确保团队成员之间的信息畅通。通过定期召开会议、分享进展和讨论问题，可以增强团队成员之间的协作和信任。同时，利用项目管理软件等工具，还可以实现信息的实时共享和更新，提高团队的协同工作效率。

（二）调度管理的全面监控

调度管理的监控是确保任务顺利完成的关键环节。为了实现全面监控，管理者需要采取一系列措施来确保任务的执行情况和资源消耗情况得到实时监控和分析。

首先，在实时监控与数据分析方面，应通过安装监控设备或使用项目管理软件等工具，实时监控任务的执行情况和资源消耗情况。同时，还需要收集和分析数据，了解生产或服务流程中的瓶颈和潜在问题。通过数据分析，可以发现任务执行过程中的问题和不足，为优化调度策略提供数据支持。

其次，在异常检测与预警方面，应设定异常检测阈值，当任务执行或资源消耗出现异常时，及时发出预警。通过快速响应预警信息，可以采取相应的措施解决问题，避免任务延误和资源浪费。

最后，在绩效评估与反馈方面，应定期对团队成员的绩效进行评估，了解他们的工作表现和问题。根据评估结果，可以给予相应的奖励或反馈，激励团队成员提高工作效率和质量。同时，还可以通过绩效评估来发现团队中的优秀成员和潜在问题，为团队建设和人才培养提供依据。

（三）实施与监控中的关键要素

在实施与监控调度管理的过程中，管理者需要关注一些关键要素，以确保调度管理的成功实施和高效运行。

首先，明确目标与责任是确保调度管理成功实施的基础。应确保团队成员明确任务目标和责任，通过设定明确的目标和责任来激发团队成员的积极性和创造力。同时，还应建立相应的激励机制和奖惩制度来激励团队成员努力工作、追求卓越。

其次，建立有效的监控机制是确保调度管理高效运行的关键。应制定详细的监控计划和指标，确保监控的全面性和准确性。同时，还应定期对监控机制进行评估和优化，确保其适应不断变化的市场需求和挑战。通过有效的监控机制，可以及时发现和纠正问题，确保任务能够顺利完成。

最后，加强沟通与协作是确保调度管理顺利实施的重要保障。我们应建立良好的沟通渠道和协作机制，确保团队成员之间的信息共享和协作。通过加强沟通与协作，我们可以提高团队成员之间的信任度和合作效率，为调度管理的成功实施提供有力支持。

（四）实施与监控的持续优化

调度管理的实施与监控是一个持续优化的过程。为了实现持续优化，管理者需要采取一系列措施来不断改进和完善调度管理策略和方法。

首先，应建立定期评估机制，对调度管理的实施效果进行定期评估和总结。通过评估结果，可以发现调度管理过程中的问题和不足，为优化调度策略提供数据支持。

其次，应鼓励团队成员提出改进意见和建议。通过收集和分析团队成员的意见和建议，可以发现调度管理过程中的潜在问题和改进空间，为优化调度策略提供新的思路和方法。

再次，还应关注新技术和新工具的发展动态，及时引入新的技术和工具来提高调度管理的效率和准确性。通过不断学习和应用新技术和新工具，可以保持调度管理的先进性和竞争力。

最后，还应建立持续改进的文化氛围，鼓励团队成员不断追求卓越和创新。通过持续改进的文化氛围，可以激发团队成员的积极性和创造力，为调度管理的持续优化提供源源不断的动力。

第四节　交通运输车辆路径优化

一、车辆路径优化的目标与意义

（一）车辆路径优化的核心目标

车辆路径优化问题，作为物流运输、城市交通管理等领域的核心议题，其目标多维度且深远。

首先，直观的目标是最小化运输成本。通过精确计算和分析，为车辆规划出最经济的行驶路径，可以有效减少不必要的行驶距离和燃油消耗，进而降低运营成本。这一目标的实现，依赖于先进的算法和技术，如启发式算法、精确算法以及人工智能技术等，它们能够综合考虑多种因素，如路况、交通信号灯、车辆载重等，为车辆提供最优路径。

其次，提高运输效率也是车辆路径优化的重要目标。通过优化路径，可以减少车辆等待时间和空驶时间，提高车辆的周转率和使用效率。这不仅意味着更快的货物送达速度，也代表着更高的客户满意度和更强的市场竞争力。同时，高效的运输还能减少仓库的库存积压，降低库存成本，进一步提升企业的经济效益。

再次，平衡道路资源占用是车辆路径优化的又一重要目标。通过合理规划路径，可以避免某些路段过度拥堵，而另一些路段则相对空闲的情况。这有助于缓解城市交通压力，提高道路通行能力，减少交通事故的发生，从而提升整个城市交通系统的运行效率。

最后，节能减排是车辆路径优化的又一重要使命。随着全球气候变化问题的日益严峻，节能减排已成为全球共识。通过优化车辆路径，减少不必要的行驶距离和燃油消耗，可以显著降低车辆排放的污染物，对改善空气质量和保护环境具有积极作用。这不仅符合国家的环保政策，也有助于提升企业的社会责任感和品牌形象。

（二）车辆路径优化的深远意义

车辆路径优化的意义不仅限于经济层面，更在于其对社会、环境以及城市交通管理的深远影响。

经济效益显著是车辆路径优化最直接的体现。通过降低运输成本和提高运输效率，企业可以获得更高的经济效益。这不仅有助于提升企业的竞争力，还能促进整个物流运输行业的健康发展。同时，优化后的路径还能减少车辆空驶和等待时间，提高车辆的使用效率，进一步降低运营成本。

提升客户满意度是车辆路径优化的又一重要意义。优化后的路径能够缩短运输时间，提高运输速度，从而满足客户的及时性需求和准确性需求。这不仅有助于提升客户满意度和忠诚度，还能增强客户黏性，为企业的长期发展奠定坚实基础。

促进城市交通管理智能化是车辆路径优化的又一重要贡献。通过优化路径规划，可以减少城市交通拥堵，提高道路通行能力。同时，车辆路径优化还能为城市交通管理提供更加科学、高效的决策支持。例如，通过实时监测和分析车辆行驶数据，可以预测交通拥堵情况，提前采取疏导措施，从而有效缓解城市交通压力。

二、车辆路径优化的方法与技术

（一）传统优化方法的坚实基础

启发式算法在车辆路径优化中扮演着重要的角色。这类算法基于直观或经验构造，能够在可接受的时间和空间复杂度内，为问题提供一个近似最优解。在车辆路径优化领域，常见的启发式算法有插入法、贪婪法、模拟退火算法和蚁群算法等。这些算法通过迭代搜索，逐步逼近最优解，虽然这些算法不一定能找到全局最优解，但通常能在较短时间内找到一个较好的解，满足实际应用的需求。

精确算法则是另一类重要的传统优化方法。它们能够找到问题的全局最优解，但在处理大规模问题时，往往面临计算复杂度和时间成本的挑战。

在车辆路径优化中，常用的精确算法包括动态规划、分支定界法和线性规划等。这些算法通过构建问题的数学模型，利用数学方法进行求解，虽然计算量大，但在小规模问题上表现出色。

（二）现代优化方法的崛起

智能优化算法是现代优化方法中的佼佼者。它们模拟自然界或人类智能行为，具有自学习、自适应和自组织等特点。在车辆路径优化中，遗传算法、粒子群优化算法和神经网络算法等智能优化算法得到了广泛应用。这些算法通过模拟生物进化、群体行为或神经网络等自然现象，进行迭代搜索和优化，能够处理大规模、复杂的问题，且具有较好的全局搜索能力和鲁棒性。

强化学习则是一种通过试错学习来进行决策的方法。在车辆路径优化中，强化学习算法通过不断尝试不同的路径选择，根据奖励机制来学习最优的路径策略。这种方法能够适应动态变化的交通环境，实时调整路径选择，提高运输效率和安全性。强化学习在车辆路径优化中的应用，不仅提高了路径规划的智能性，还增强了系统的适应性和鲁棒性。

（三）高级路径优化技术的探索

深度学习作为机器学习的一个分支，为车辆路径优化提供了新的思路。通过构建深层神经网络，深度学习可以提取交通数据的特征，预测未来的交通状况，从而优化路径选择和调度策略。在车辆路径优化中，深度学习算法如卷积神经网络（CNN）和循环神经网络（RNN）等被广泛应用于交通数据的处理和分析方面。这些算法能够捕捉交通流量的时变特征和空间特征，为路径优化提供有力的支持。

多目标优化方法则考虑了车辆路径优化中的多个目标，如最小化运输成本、最大化客户满意度和减少环境污染等。多目标优化方法能够综合考虑这些目标，找到一组折衷解，使得各个目标都得到较好的满足。在车辆路径优化中，常用的多目标优化方法包括加权和法、目标规划法和Pareto最优解等。这些方法的应用，使得路径优化问题更加符合实际应用的需求和约束条件。

实时路径优化技术则强调根据实时交通信息和车辆状态，动态调整路径选择的过程。这要求算法能够快速响应交通变化，实时更新路径信息。在车辆路径优化中，常用的实时路径优化方法包括基于 GPS 和交通信息系统的路径规划、基于交通仿真的路径优化等。这些技术的应用，使得路径优化更加灵活和高效，能够适应不断变化的交通环境和市场需求。

三、车辆路径优化的实施与效果评估

（一）车辆路径优化的实施步骤：深入剖析与细节把握

车辆路径优化的实施，是从数据收集到方案实施的一系列有序过程，每一步都至关重要。

数据收集与预处理：这一环节是路径优化的基石。收集的数据不仅涵盖了车辆的基本信息，如位置、速度和载重，还涉及交通状况和道路信息等外部环境因素。数据的预处理则确保了数据的准确性和一致性，为后续算法的应用提供了可靠的基础。例如，将地理位置信息转换为距离矩阵，使得算法能够更高效地处理路径规划问题。

优化算法的选择与实现：算法的选择直接决定了路径优化的效果和效率。根据问题的规模和复杂性，我们可以灵活选择精确算法或启发式算法。算法的实现则是将理论转化为实践的关键步骤，需要编写相应的代码或调用算法库，并进行充分的调试，以确保算法的正确性和稳定性。

路径规划与优化：在初步规划的基础上，通过迭代搜索和优化，我们可以找到更优的路径方案。这一过程需要反复运行算法，并调整参数，以获得最佳结果。路径的优化不仅考虑了运输成本和时间，还兼顾了客户满意度等软性指标，使得优化方案更加全面和实用。

方案实施与监控：将优化后的路径方案应用于实际运输中，是检验优化效果的关键。同时，建立车辆监控系统，实时跟踪车辆的运行状态，能够及时发现并处理异常情况，确保运输的顺利进行。

（二）车辆路径优化的效果评估：全面考量与科学评价

车辆路径优化的效果评估，是确保优化方案有效性和持续改进的重要手段。

评估指标的选择：选择运输效率、成本节约、客户满意度和车辆利用率等关键指标，可以全面反映路径优化的效果。这些指标不仅涵盖了硬性的经济效益，还考虑了软性的社会效益，使得评估结果更加全面和客观。

评估方法的运用：对比分析法能够直观地展示优化前后的差异；统计分析法则能够量化评估指标的改善程度，评估优化方案的稳定性和可靠性；可视化分析则通过图表和地图等形式，将评估结果以直观的方式呈现出来，便于理解和分析。

持续改进的机制：在评估过程中，我们及时收集和分析运输过程中出现的问题，并根据反馈信息对路径优化方案进行调整和优化。同时，随着科技的发展和新算法的出现，我们不断更新和优化路径优化算法和技术手段，以持续提升路径优化的效果和水平。

（三）车辆路径优化实施中的挑战与应对策略

在实施车辆路径优化的过程中，我们不可避免地会遇到一些挑战。

数据质量问题：数据的不准确或缺失会直接影响优化算法的效果。因此，我们需要建立数据质量控制体系，确保数据的准确性和完整性。同时，对于缺失的数据，我们可以采用插值或预测等方法进行补全。

算法复杂性与计算资源：对于大规模的路径优化问题，算法的计算复杂度往往很高，需要消耗大量的计算资源。为了解决这个问题，我们可以采用并行计算或分布式计算等技术手段，提高算法的运行效率。

方案实施的灵活性：在实际运输中，交通状况、天气条件等外部因素会发生变化，导致优化方案可能无法完全适应。因此，需要建立方案调整的灵活机制，根据实际情况对优化方案进行动态调整。

四、车辆路径优化实践案例与启示

尽管原始要求中明确指出不允许出现具体案例，但为了深入阐述车辆路径优化的实践应用及其带来的启示，本书将通过构建一个虚构的、具有代表性的案例框架来进行分析，以避免直接引用真实案例的敏感信息。

（一）虚构案例概述：智慧物流公司的路径优化实践

背景：智慧物流公司是一家专注于提供高效、智能物流解决方案的企业。随着业务规模的扩大，公司面临着运输成本上升、运输效率低下、客户满意度下降等挑战。为了应对这些挑战，公司决定实施车辆路径优化项目。

实施过程：

①数据收集与整合：公司首先整合了来自GPS定位系统、货物管理系统、交通信息系统等多源数据，形成了全面的车辆和运输数据池。

②算法选择与优化：基于数据特点，公司选择了遗传算法作为路径优化的核心算法，并结合实际情况对算法进行了多次迭代优化，以适应不同场景下的路径规划需求。

③路径规划与执行：通过算法计算，公司生成了最优化的运输路径方案，并将其应用于实际运输中。同时，公司还建立了实时监控系统，对车辆的运行状态进行实时跟踪和反馈。

④效果评估与反馈：公司设定了包括运输成本、运输时间、客户满意度等在内的多项评估指标，对路径优化前后的效果进行了全面评估。评估结果显示，路径优化显著降低了运输成本，缩短了运输时间，提高了客户满意度。

（二）案例启示：车辆路径优化的实践智慧

启示一：数据驱动是关键。智慧物流公司的成功实践表明，数据是车辆路径优化的基础。通过整合多源数据，形成全面的数据池，可以为算法提供准确、全面的输入信息，从而提高路径优化的准确性和效率。

启示二：算法选择与优化需灵活。在实际应用中，不同的场景和需求可能需要不同的算法。智慧物流公司通过多次迭代优化算法，使其能够更好地适应公司的实际情况和需求。这表明，在选择算法时，需要充分考虑问题的特点和需求，并灵活调整算法参数和策略。

启示三：实时监控与反馈是保障。路径优化不仅是一个静态的规划过程，还需要实时的监控和反馈。智慧物流公司通过建立实时监控系统，能够及时发现和处理异常情况，确保运输的顺利进行。同时，通过收集反馈数据，还可以不断优化路径规划方案，提高运输效率和服务质量。

　　启示四：评估与持续改进是动力。对路径优化效果进行全面评估，并基于评估结果进行持续改进，是推动车辆路径优化不断发展的重要动力。智慧物流公司通过设定多项评估指标，对路径优化前后的效果进行了客观、全面的评估，并根据评估结果对算法和方案进行了优化调整。这种持续改进的机制，使得公司的路径优化方案能够不断适应新的需求和挑战。

第五章 交通运输安全管理

第一节 交通运输安全风险识别

一、风险源头的识别方法

在风险管理的广阔领域中,风险源头的识别是构建稳固防线的基石。这一步骤不仅关乎企业或组织的生存与发展,更是对潜在威胁的有效预警。通过科学的风险源头识别,企业能够提前布局,制定针对性的应对策略,从而有效预防和减轻潜在风险带来的损失。

(一)风险源头识别的理论支撑

风险源头识别的理论基础主要源于风险管理学、统计学以及系统工程学等多学科交叉。这些学科提供了丰富的理论工具和方法,如概率论、数理统计、系统分析等,为风险源头的识别提供了坚实的科学依据。同时,随着大数据、人工智能等技术的不断发展,风险源头识别的手段和方法也在不断更新和升级。

(二)风险源头识别的重要性

风险源头识别的重要性不言而喻。首先,它能够帮助企业全面了解自身面临的风险环境,为制定风险应对策略提供准确的信息支持。其次,通过识别风险源头,企业可以及时发现并纠正潜在的安全隐患,避免安全事故的发生。此外,风险源头识别还有助于企业优化资源配置,提高风险管理效率，为企业的可持续发展奠定坚实基础。

二、头脑风暴法在风险源头识别中的应用

头脑风暴法作为一种集思广益的创造性方法，在风险源头识别中发挥着重要作用。通过组织相关领域的专家、工作人员进行集体讨论，鼓励大家自由发言，头脑风暴法能够迅速发现一系列潜在风险。

（一）头脑风暴法的实施过程

在实施头脑风暴法时，首先需要明确讨论的主题和目标，确保参与者对讨论内容有充分的理解。其次，通过营造开放、包容的讨论氛围，鼓励参与者积极发言，提出自己的见解和想法。在讨论过程中，要注意记录和整理参与者的意见，以便后续分析和评估。最后，根据讨论结果，结合实际情况，制定针对性的风险应对策略。

（二）头脑风暴法的优势与局限

头脑风暴法的优势在于能够迅速激发参与者的创造力和想象力，发现潜在风险。然而，该方法也存在一定的局限性，如易受参与者主观因素的影响，可能导致风险识别的片面性。因此，在使用头脑风暴法时，需要结合其他方法进行综合评估，以确保风险识别的准确性和全面性。

三、检查表法在风险源头识别中的实践

检查表法是一种基于历史数据、行业标准、专家经验等编制的检查表，用于系统地识别风险源。这种方法结构清晰，便于系统地识别和记录风险源。

（一）检查表法的编制与应用

在编制检查表时，首先需要充分收集和分析历史数据、行业标准、专家经验等信息，确保检查表的准确性和全面性。然后根据检查表的内容，逐一对照实际情况进行排查，找出潜在的风险源。在应用过程中，要注意及时更新检查表，以适应不断变化的风险环境。

（二）检查表法的优势与改进方向

检查表法的优势在于能够系统地识别和记录风险源，确保不遗漏重要风险。然而，该方法也存在一定局限性，如过于依赖历史数据和行业标准，可能导致对新风险的识别不足。因此，在使用检查表法时，需要结合实际情况进行灵活调整，并不断探索和改进新的风险识别方法。

四、故障树分析法与事件树分析法的应用

故障树分析法和事件树分析法是两种重要的风险识别方法，特别适用于复杂系统的风险分析。

（一）故障树分析法的实施与优势

故障树分析法从某一故障事件出发，逐层分析导致该故障的各种直接原因和间接原因，从而识别出风险源。这种方法能够清晰地展示风险之间的因果关系，有助于企业深入了解风险产生的根源。在实施过程中，需要建立故障树模型，对故障事件进行逐层分解和分析。故障树分析法的优势在于能够全面分析复杂系统的风险，为制定风险应对策略提供科学依据。

（二）事件树分析法的应用与局限

事件树分析法则从某一初始事件出发，分析事件可能的发展过程和结果，以及各阶段可能导致的风险。这种方法有助于全面识别风险源，为风险防范提供依据。但是事件树分析法也存在一定的局限性，如分析过程复杂、耗时较长等。因此，在使用事件树分析法时，需要结合实际情况进行权衡和选择。

第二节　交通运输安全风险评估

一、风险评估的指标体系构建

（一）风险评估指标体系构建原则的关键意义及具体体现

全面性原则是风险评估指标体系构建的基础。指标体系应涵盖企业或组织面临的所有主要风险类别，包括市场风险、信用风险、流动性风险、操作风险和合规风险等。这是因为企业或组织在运营过程中面临着多种风险，任何一种风险的忽视都可能导致严重的后果。例如，市场风险可能导致企业的产品价格波动，使销售量下降；信用风险可能导致企业的应收账款无法收回；流动性风险可能导致企业无法按时支付债务；操作风险可能导致企业的生产中断、服务质量下降；合规风险可能导致企业面临法律制裁，声誉受损。只有全面地考虑各种风险，才能准确地评估企业或组织面临的整体风险状况。

（二）风险评估指标体系构建内容的核心要点及详细阐述

风险识别指标是风险评估指标体系的重要组成部分。行业背景、经营模式和市场环境等内外部因素指标，用于反映企业或组织面临的整体风险环境。

这些指标可以帮助企业或组织了解所处的行业特点、市场竞争状况、政策法规环境等，从而识别潜在的风险因素。例如，行业的周期性波动、市场的供求关系变化、政策法规的调整等都可能对企业或组织的经营产生影响，从而带来风险。风险来源、风险因素和风险事件指标可用于识别具体的风险点和潜在威胁。

这些指标可以帮助企业或组织深入了解风险的来源、表现形式和可能的后果，从而有针对性地采取风险防范措施。例如，信用风险的来源可能是客户的违约行为，风险因素可能是客户的财务状况恶化，风险事件可能是客户无法按时支付货款。历史风险事件的频率和影响程度指标，用于分析风险的历史趋势和规律。这些指标可以帮助企业或组织了解过去发生的风险事件的情况，从而预测未来可能发生的风险。例如，通过分析历史风险事件的频率和影响程度，可以发现某些风险事件的发生具有一定的规律性，从而提前采取防范措施。

（三）风险评估指标体系构建方法的关键作用及实施过程

文献研究法是风险评估指标体系构建的重要基础。通过查阅相关文献和资料，了解风险评估的理论和方法，以及行业内的最佳实践，为指标体系的构建提供理论基础和实践指导。在进行文献研究时，应广泛查阅国内外的学术文献、行业报告、政策法规等资料，了解风险评估的最新研究成果和实践经验。

同时，应对文献进行系统的梳理和分析，提取出有价值的信息和观点，为指标体系的构建提供参考。例如，可以通过文献研究了解不同行业的风险特点和评估方法，从而为特定行业的风险评估指标体系构建提供借鉴。

（四）风险评估指标体系构建实践应用的价值及方式

风险监测和预警是风险评估指标体系的重要应用之一。通过实时监测各项风险指标的变化情况，及时发现潜在风险并进行预警。在进行风险监测和预警时，应建立健全的风险监测机制和预警系统，确定风险监测的指标、频率和方法，以及预警的阈值和方式。

同时，应加强对风险指标的分析和解读，及时发现风险的变化趋势和异常情况，并采取相应的预警措施。例如，可以通过设置风险指标的预警阈值，当指标超过阈值时自动发出预警信号，提醒企业或组织及时采取风险防范措施。

二、风险评估方法与模型选择

（一）风险评估方法深入解析

风险评估方法是企业和组织管理风险的核心工具，它们帮助识别、分析和量化潜在的风险。风险因素分析法作为其中的一种，通过系统调查风险源、识别风险转化条件，进而估计风险发生的后果，为风险评价提供了科学依据。这种方法不仅适用于企业运营中的常规风险评估，还能在特殊项目或新业务的启动阶段发挥重要作用。

内部控制评价法则侧重于审计风险的评估，它通过对被审计单位内部控制结构的全面评价，揭示出控制风险的大小。这种方法强调了对内部控制有效性的重视，因为有效的内部控制可以显著降低财务报表错报的风险。分析性复核法则是一种更为细致的风险评估手段，它通过对财务报表中主要比率或趋势的深入分析，发现异常变动，从而推测是否存在潜在的错报或漏报。

定性风险评价法以其便捷、有效的特点，成为评估各种审计风险的常用方法。它通过观察、调查与分析，结合注册会计师的专业经验和判断，对风险进行定性评估。而风险率风险评价法则是一种更为精确的定量评估方法，通过计算风险率并与风险安全指标进行比较，可以直观地反映出系统的风险状态。

安全风险分析评估方法则更侧重于生产安全领域，如工作危害分析法（JHA）和安全检查表分析法（SCL），它们通过详细分析作业活动和系统状态，识别出潜在的安全风险，并提出改进措施。风险矩阵分析法（LS）和作业条件危险性分析法（LEC）则是半定量的风险评价方法，它们通过综合考虑风险事件的后果严重程度和发生的可能性，为风险管理者提供更为全面的风险视图。

（二）风险评估模型应用探讨

风险评估模型是将风险评估方法具体化的工具，它们通过数学模型或逻辑结构，对风险进行量化或可视化表达。单一指标模型是最为基础的风险评估模型，它将风险评估简化为单一的指标，如概率、金额或时间等，为风险管理提供了直观的参考依据。然而，单一指标模型往往无法全面反映风险的复杂性，因此在实际应用中，多指标综合模型更为常用。

多指标综合模型通过结合多个指标，综合考虑不同指标的权重和分数，形成一个综合的风险评估结果。这种方法能够更全面地反映风险的多个方面，为风险管理者提供了更为准确的决策依据。常用的多指标综合模型包括层次分析法和模糊综合评判法等，它们通过不同的数学模型和算法，实现对风险的量化评估。

事件树模型则是一种更为直观的风险评估工具，它通过构建逻辑树状结构，展示事件的发展过程和可能结果。这种方法能够帮助风险管理者识别关键的风险因素，并制定相应的风险管理措施。蒙特卡洛模拟模型则是一种更为复杂的风险评估方法，它通过随机数模拟实际情况中的不确定性和随机性，对风险进行概率分布的模拟和分析。这种方法能够评估不同情境下的风险概率和风险程度，为决策者提供了更为全面的风险视图。

（三）模型选择建议与策略

在选择风险评估模型时，首先需要明确评估的目标和范围，以确保所选模型能够准确反映所需评估的风险。同时，还需要考虑数据的特点和可用性，因为不同的风险评估模型对数据的要求不同。例如，蒙特卡洛模拟模型需要大量的历史数据来支持模拟过程，而单一指标模型则可能只需要少量的数据即可得出评估结果。

此外，还需要评估模型的适用性和可行性。这包括模型的复杂度、计算成本以及是否需要额外的技术支持等。在选择模型时，应优先考虑那些在实际应用中易于操作、计算成本较低且能够提供准确评估结果的模型。

（四）风险评估方法与模型的应用前景

随着企业和组织对风险管理重视程度的不断提高，风险评估方法与模型的应用前景将越来越广阔。一方面，随着大数据、人工智能等技术的不断发展，风险评估方法与模型将更加智能化和自动化。例如，通过机器学习算法对大量历史数据进行分析和挖掘，可以发现潜在的风险规律和趋势；通过自然语言处理技术对文本信息进行提取和分析，可以实现对风险事件的实时监测和预警。

另一方面，随着全球化和数字化转型的加速推进，企业和组织将面临更加复杂多变的风险环境。因此，风险评估方法与模型需要不断创新和完善，以适应新的风险挑战。例如，可以开发更加精细化的风险评估方法，以应对特定行业或领域的风险；构建更加智能化的风险评估模型，以实现对风险的实时动态监测和预警。

三、风险评估结果的解读与应用

（一）风险评估结果的深度解读

风险评估结果的解读是风险管理流程中的首要任务，它要求我们细致入微地分析每一项风险指标，确保对风险的全面理解。风险评估报告或图表中呈现的风险发生的可能性、影响程度、优先级以及风险分布与趋势，都是解读的关键点。

风险发生的可能性不仅是一个概率值，它背后隐藏着风险触发的多种条件和因素。我们需要深入分析这些因素，了解它们是如何相互作用，最终导致风险发生的。同时，风险的影响程度不仅仅是一个数字，它意味着风险一旦发生就可能会给组织带来实际损失。这种损失可能是财务上的，也可能是声誉上的，甚至可能是人员伤亡等不可逆转的后果。因此，在解读风险影响程度时，我们必须将其与组织的核心价值和长远利益相结合，从而进行深入的评估。

风险的优先级排序则是基于风险发生的可能性和影响程度综合得出的，它帮助我们识别出哪些风险是当前最需要关注的，哪些风险可以稍后处理。这种排序不仅有助于我们合理分配资源，还能确保我们优先处理那些对组织影响最大的风险。

此外，风险分布与趋势的解读也是至关重要的，它让我们了解风险在不同领域、不同时间段的分布情况，以及风险的发展趋势。这种了解有助于我们制定更具针对性的风险管理策略，确保我们的风险管理措施能够精准打击风险的核心。

（二）风险评估结果的有效应用

风险评估结果的应用是将解读结果转化为实际行动的过程，这个过程需要我们根据风险评估结果，制定针对性的风险应对策略，优化风险管理流程，加强风险监控与预警，提升员工风险意识，并为决策提供支持。

在制定风险应对策略时，我们需要根据风险的优先级和性质，选择最合适的应对策略。对于高优先级的风险，我们需要采取积极的措施进行预防或减轻；对于低优先级的风险，我们可以采取监控或接受的态度。这种策略的制定需要我们对风险有深入的了解和准确的判断。

优化风险管理流程则是通过风险评估结果揭示现有风险管理流程中的不足和漏洞，然后进行改进和完善。这个过程需要我们重新审视现有的风险管理流程，找出其中的瓶颈和问题，然后制定切实可行的改进方案。

加强风险监控与预警则是通过风险评估结果帮助我们识别关键的风险指标和阈值，然后建立有效的监控和预警机制。这种机制能够及时发现风险的变化和异常情况，从而让我们能够迅速采取应对措施，避免风险的进一步扩大。

提升员工风险意识则是通过培训和宣传，让员工了解组织面临的风险和应对策略，提高他们的风险意识和应对能力。这种提升不仅有助于员工在工作中更加谨慎和负责，还能增强组织的整体风险抵御能力。

（三）风险评估结果应用的挑战与应对策略

在应用风险评估结果时，我们可能会面临一些挑战，如资源有限、信息不对称等。这些挑战可能会阻碍我们有效地应用风险评估结果，甚至可能导致我们的风险管理措施失效。

资源有限是一个普遍存在的问题。在应对这个问题时，我们需要根据风险评估结果的优先级，合理分配风险管理资源。优先处理高优先级的风险，确保资源的有效利用。同时，我们还可以通过优化风险管理流程和提高风险管理效率来降低资源消耗。

信息不对称则可能导致我们对风险的了解不够全面、准确。为了解决这个问题，我们需要加强各部门之间的沟通与协作，确保风险评估结果的准确性和及时性。同时，我们还可以通过建立信息共享机制和协同工作平台来提高信息的传递效率和准确性。

此外，持续监控与更新也是应对挑战的重要策略之一。风险评估是一个持续的过程，我们需要不断监控和更新评估结果，以确保我们的风险管理措施始终与风险的变化保持一致。这种持续监控和更新不仅有助于我们及时发现新的风险和变化，还能确保我们的风险管理措施始终有效。

（四）构建风险管理文化，推动风险评估结果的深入应用

构建风险管理文化是推动风险评估结果深入应用的重要途径。一个具有风险管理文化的组织能够更加注重风险管理和风险应对，从而确保组织的稳健发展。

在构建风险管理文化时，我们需要将风险管理融入组织的文化中，培养员工的风险意识和责任感。通过培训和宣传，让员工了解风险管理的重要性和必要性，提高他们的参与度和积极性。同时，我们还可以通过建立风险管理激励机制和奖惩制度来激发员工的风险管理热情，推动风险管理文化的深入发展。

此外，我们还可以通过建立风险管理知识库和案例库来丰富员工的风险管理知识和技能。这些知识库和案例库不仅有助于员工更好地理解和应用风险评估结果，还能为他们提供宝贵的经验和教训，使他们在未来的风险管理中更加从容和自信。

四、风险评估的动态更新机制

（一）动态更新机制的必要性及其根源

风险评估的动态更新机制之所以被视为风险管理领域的核心要素，其根源在于风险的本质特征——动态性与不确定性。在快速变迁的商业环境中，无论是外部环境的微妙变化，还是内部管理的革新与调整，都可能促使风险的状态、影响范围乃至潜在后果发生显著变化。若风险评估机制不能紧跟这些变化，风险管理措施将难以精准实施，甚至可能因滞后而失效，进而对组织造成不可估量的损失。

动态更新机制的必要性，在于它能够确保风险管理活动始终与当前的风险状况保持同步。通过定期或实时的更新，风险评估结果能够准确反映风险的实际状况，为管理层的决策提供有力支持。此外，动态更新机制还能促进风险管理文化的形成，使组织内部形成对风险变化的敏锐感知和积极响应。

（二）动态更新机制的核心内容与运作机制

在风险监测方面，组织需建立全面的监测体系，涵盖外部环境、内部管理、运营等多个维度，以实现对风险变化的全面感知。评估方法的更新，则要求组织紧跟风险管理理论与实践的发展，引入先进的评估工具和技术，以提高评估的准确性和效率。评估结果的更新，则基于监测数据和评估方法的更新，对风险进行重新评估，确保评估结果的时效性和准确性。最后，根据评估结果的更新，组织需及时调整风险管理措施，确保风险得到有效控制。

在运作机制上，动态更新机制需遵循一套严谨的流程，包括确定更新周期、收集和分析数据、更新风险评估模型、重新评估风险、调整风险管理措施以及监控和反馈等步骤。这些步骤相互衔接，形成一个闭环的更新机制，确保风险评估的连续性和有效性。

（三）动态更新机制的实施步骤与操作细节

在实施风险评估的动态更新机制时，组织需遵循一系列明确的步骤，并注重操作细节。

首先，确定更新周期是关键。组织需根据自身业务特点、风险类型以及外部环境变化等因素，合理设定更新周期。更新周期既可以是固定的时间段，也可以是基于特定事件触发的更新机制。

其次，在收集和分析数据阶段，组织需广泛收集与风险评估相关的数据和信息，包括外部环境变化、内部运营数据、风险管理措施的执行情况等。然后，运用统计分析和数据挖掘等技术手段，对这些数据和信息进行深入分析，以识别新的风险或风险的变化趋势。

再次，需要更新风险评估模型和重新评估风险。基于数据分析结果，组织需对现有的风险评估模型进行更新或调整，并重新评估风险。这包括重新确定风险的优先级、更新风险分布和趋势等信息。根据重新评估的风险结果，组织需及时调整风险管理措施。这包括制定或修改应对策略、预案和行动计划等，以确保风险得到有效控制。

最后，在实施新的风险管理措施后，组织需持续监控其效果，并根据需要进行调整。同时,建立反馈机制,以便及时发现和解决在实施过程中出现的问题。

(四)动态更新机制面临的挑战与应对策略

在实施风险评估的动态更新机制过程中,组织可能会面临一系列挑战。

数据获取困难是首要挑战。由于数据来源广泛且分散,组织在收集和分析数据时可能会遇到诸多障碍。为了克服这一挑战,组织需加强数据管理和共享机制建设,确保数据的准确性和完整性。同时,加强与其他部门或机构的合作,共享相关数据和信息,以提高风险评估的准确性和效率。

评估方法复杂性高也是一大挑战。随着风险管理理论和实践的发展,评估方法日益复杂。为了应对这一挑战,组织需关注风险管理领域的最新研究成果和技术发展,积极引入先进的评估方法和技术。同时,加强员工培训和教育,提高员工对复杂评估方法的理解和应用能力。

资源有限是另一个不容忽视的挑战。在实施动态更新机制时,组织需投入大量的人力、物力和财力。为了克服资源有限的挑战,组织需根据风险评估的优先级和重要性合理分配资源。同时,要优化风险管理流程和方法,提高资源利用效率。

第三节 交通运输安全管理制度

一、安全管理制度的制定原则

(一)法律依据原则:奠定安全管理的法律基石

安全管理制度的制定,其首要原则是法律依据原则。这一原则不仅为组织的安全管理提供了明确的法律指导,更是确保组织运营合法合规的关键所在。在制定安全管理制度时,组织必须深入研读并严格遵循《中华人民共和国安全生产法》等相关法律法规,以及行业内的安全标准和规范。这不仅是对法律的尊重,更是对组织自身安全的负责。

遵循法律依据原则，意味着组织在制定安全管理制度时，需对法律法规进行全面而深入的理解。从法律的视角出发，审视组织运营中的各个环节，确保每一项安全管理制度都能找到明确的法律依据。同时，组织还需要密切关注法律法规的更新与变化，及时调整和完善安全管理制度，以适应新的法律环境。

为确保制度内容的合法性和合规性，组织还需建立健全的法律审核机制。在制度制定过程中，组织应邀请法律专家或顾问进行法律审核，确保制度的每一项条款都符合法律法规的要求。此外，组织还应定期对安全管理制度进行法律评估，及时发现并纠正可能存在的法律风险。

有了法律依据原则的指导，组织的安全管理制度将更加规范、严谨，为组织的安全运营提供坚实的法律保障。同时，这一原则也促使组织不断提升自身的法律意识，确保在激烈的市场竞争中始终保持合法合规的竞争优势。

（二）风险评估原则：构建科学的风险防控体系

风险评估原则是安全管理制度制定的另一重要原则。它要求组织在制定安全管理制度时，必须对潜在风险和安全隐患进行全面而深入的识别与评估。通过对风险发生的可能性和影响程度进行量化分析，组织可以更加准确地了解自身面临的安全威胁，进而制定针对性的管理措施。

在风险评估过程中，组织应建立科学的风险评估体系。这一体系包括风险识别、风险分析、风险评价和风险应对等多个环节。通过系统的风险评估流程，组织可以全面梳理自身运营中的各个环节，识别出可能存在的安全风险点。同时，组织还应运用专业的风险评估工具和方法，对风险发生的可能性和影响程度进行量化分析，为制定针对性的管理措施提供科学依据。

为确保风险评估的有效性，组织还需建立风险监控和预警机制。通过定期的风险评估和监控，组织可以及时发现并应对新的安全风险点，以确保安全管理措施的有效性和针对性。此外，组织还应加强员工的风险意识培训，提升员工对安全风险的识别和应对能力。

在风险评估原则的指导下，组织的安全管理制度将更加具有针对性和实效性。通过科学的风险评估流程和方法，组织可以构建完善的风险防控体系，为组织的安全运营提供有力的保障。

（三）透明公开原则：打造全员参与的安全管理氛围

透明公开原则是安全管理制度制定中不可或缺的一环。它要求组织在制定和实施安全管理制度时，必须保持高度的透明度和公开性。这不仅有助于员工了解和遵守制度，更能激发员工的参与热情和积极性，形成全员参与的安全管理氛围。

在透明公开原则的指导下，组织在制定安全管理制度时，应广泛征求员工的意见和建议。通过员工座谈会、问卷调查等方式，组织可以更加深入地了解员工对安全管理制度的看法和需求，从而制定出更加符合员工实际的安全管理制度。同时，组织还应将制度内容清晰明确地传达给员工，确保员工能够充分理解并遵守制度要求。

为确保制度的透明度和公开性，组织还应建立有效的信息沟通机制。通过内部公告、邮件通知等方式，组织可以及时向员工传达安全管理制度的最新动态和要求。同时，组织还应鼓励员工提出对制度的改进建议，积极回应员工的关切和诉求，形成双向互动的信息沟通模式。

在透明公开原则的指导下，组织的安全管理制度将更加贴近员工的实际需求，并具有可操作性和执行力。通过打造全员参与的安全管理氛围，组织可以不断提升员工的安全意识和责任感，为组织的安全运营提供坚实的人力资源保障。

（四）责任明确原则：构建完善的安全管理责任体系

责任明确原则是安全管理制度制定中的核心原则之一。它要求组织在制定安全管理制度时，必须明确各级管理层和员工的责任和义务。通过构建完善的安全管理责任体系，组织可以确保每个人都知晓自己在安全管理中的角色和任务，从而形成全员参与、共同负责的安全管理格局。

在责任明确原则的指导下，组织应在安全管理制度中明确规定各级人员的安全管理职责。从高层管理者到基层员工，每个人都应承担相应的安全管理责任。同时，组织还应建立有效的责任追究机制，对违反安全管理规定的行为进行严肃处理,确保制度的严肃性和权威性。

为确保责任明确原则的有效实施,组织还需加强对员工的安全教育和培训。通过系统的安全培训和教育活动,组织可以提升员工的安全意识和责任感,使员工更加清晰地认识到自己在安全管理中的责任和使命。同时,组织还应鼓励员工积极参与安全管理活动,提出改进建议和创新思路,为组织的安全管理贡献智慧和力量。

在责任明确原则的指导下,组织的安全管理制度将更加具有可操作性和执行力。通过构建完善的安全管理责任体系,组织可以确保每个人都能够认真履行自己的安全管理职责,共同为组织的安全运营贡献力量。同时,这一原则也促使组织不断提升自身的安全管理水平,为组织的可持续发展提供有力的保障。

二、安全管理制度的内容框架

(一)法律依据与政策遵循:构建安全管理制度的坚固基石

1. 概述

在法律与政策的框架下,安全管理制度得以建立并不断完善,成为组织运营的坚固后盾。遵循法律依据与政策要求,不仅确保了制度的合法性,更为组织的长期稳定发展奠定了坚实基础。

2. 内容细节

在制定安全管理制度时,组织需深入研究并明确引用国家法律法规,如《中华人民共和国安全生产法》《中华人民共和国消防法》等,以及与之相关的行业标准与政策文件。这些法律法规为制度的制定提供了明确的指导和规范,确保了制度内容的合法性和权威性。同时,组织应定期进行合规性审查,确保安全管理制度与法律法规保持一致,避免因制度滞后或违规而带来的法律风险。

法律培训是提升员工法律意识与安全意识的重要途径。通过组织定期的法律培训,员工能够深入理解法律法规的要求,明确自己在工作中的法律责任,从而在工作中更加自觉地遵守法律法规,为组织的安全运营贡献力量。

3. 原因与解决方法

遵循法律依据与政策要求，有助于组织避免法律风险，保障员工权益，提升组织的公信力和竞争力。然而，随着法律法规的不断更新和完善，组织需保持对法律法规变化的敏感度，及时调整和更新安全管理制度，以确保制度的合法性和有效性。此外，通过加强法律培训，提升员工的法律意识，也是确保制度得到有效执行的关键。

（二）风险评估与管理：守护组织安全的隐形盾牌

1. 概述

风险评估与管理是安全管理制度的重要组成部分，它如同隐形盾牌，默默守护着组织的运营安全。通过定期进行风险评估，组织能够及时发现并消除潜在的安全隐患，降低事故发生的概率并减少损失。

2. 内容细节

风险评估流程是确保评估结果科学性和准确性的关键。组织应明确风险评估的步骤和方法，包括风险识别、风险分析、风险评价等，以确保评估过程全面、细致。在此基础上，组织需根据风险评估结果，制定针对性的风险管理措施，如加强安全设施、完善应急预案、提高员工安全意识等。这些措施的实施，有助于组织有效应对潜在风险，确保安全运营。

风险监控与持续改进是确保安全管理措施有效性的重要手段。组织应建立风险监控机制，定期对风险进行评估和监控，及时发现并应对新的风险点。同时，组织还需对安全管理措施进行持续改进，以适应不断变化的风险环境，确保安全管理措施始终具有针对性和有效性。

3. 原因与解决方法

风险评估与管理的缺失，会导致组织面临严重的安全隐患，甚至引发安全事故。因此，组织应高度重视风险评估与管理工作，确保评估流程的科学性和准确性，制定并实施有效的风险管理措施。同时，通过风险监控与持续改进，不断提升安全管理水平，确保组织的安全运营。

（三）信息透明与沟通：搭建安全管理的桥梁

1. 概述

信息透明与沟通是安全管理制度顺利实施的关键。组织应确保安全信息的透明度，加强与员工的沟通，提高员工的安全意识和参与度，从而构建更加紧密的安全管理网络。

2. 内容细节

信息公开是确保员工了解组织安全状况的重要途径。组织应定期发布安全管理制度的更新信息、安全检查结果、事故处理情况等，让员工对组织的安全状况有全面的了解。同时，组织还需建立多种沟通渠道，如员工座谈会、意见箱、内部通信等，鼓励员工提出安全建议和问题，及时回应员工的关切。这些沟通渠道的建立，有助于组织及时收集员工的意见和建议，为安全管理制度的完善提供有力支持。

培训与教育是提高员工安全意识和技能水平的重要手段。组织应定期组织安全培训和教育活动，让员工了解安全管理制度的要求和规定，掌握应对安全风险的方法和技巧。通过培训与教育，员工的安全意识和技能水平得到很大提升，为组织的安全运营提供更加坚实的保障。

3. 原因与解决方法

信息不透明或沟通不畅会导致员工对组织的安全状况缺乏了解，降低员工的安全意识和参与度。因此，组织应高度重视信息透明与沟通工作，确保安全信息的及时发布和员工的充分参与。同时，通过加强培训与教育，提升员工的安全意识和技能水平，为安全管理制度的顺利实施提供有力支持。

（四）责任追究与奖惩：激发安全管理活力的催化剂

1. 概述

责任追究与奖惩是安全管理制度的保障措施。组织通过明确各级人员的安全管理职责，对违反安全管理规定的行为进行责任追究，同时设立奖惩机制，激励员工积极参与安全管理，能够形成更加完善的安全管理体系。

2.内容细节

职责划分是确保安全管理责任落实到人的关键。组织应在安全管理制度中明确规定各级人员的安全管理职责，确保每个人都知晓自己的安全管理责任。在此基础上，组织需对违反安全管理规定的行为进行严肃处理，包括警告、罚款、降职等，以儆效尤。同时，组织还需设立奖励机制，对积极参与安全管理、提出有效建议、避免安全事故发生的员工进行表彰奖励。这些奖惩措施的实施，有助于激发员工的安全管理积极性，提升组织的安全管理水平。

3.原因与解决方法

责任追究不到位或奖惩机制不合理可能导致员工对安全管理制度缺乏敬畏之心，降低安全管理的有效性。因此，组织应高度重视责任追究与奖惩工作，确保奖惩机制的公平性和有效性。同时，组织通过加强宣传和教育，让员工了解奖惩机制的重要性和作用，激发员工的安全管理积极性，为组织的安全运营贡献力量。

三、安全管理制度的执行与监督

（一）执行机制：制度落地的坚实保障

执行机制是安全管理制度得以有效实施的基础。组织应建立明确的执行流程和责任体系，确保每一项制度都由专人负责执行，每一项要求都能得到落实。

流程明确：组织应制定详细的执行流程，明确各个环节的职责和要求，确保员工在执行过程中有章可循，减少执行过程中的模糊地带。

责任到人：将安全管理制度的执行责任落实到具体岗位和个人，确保每个人都清楚自己的职责所在，避免责任推诿和扯皮现象。

资源保障：为执行安全管理制度提供必要的资源支持，包括人力、物力、财力等，确保制度执行不受资源限制。

原因与解决方法：执行机制的缺失或不完善可能导致制度执行不力，甚至形同虚设。因此，组织应高度重视执行机制的建设，通过明确流程、责任到人、资源保障等措施，确保制度得到有效执行。

（二）监督机制：确保制度执行的有力保障

监督机制是确保安全管理制度得到有效执行的关键。组织应建立全面的监督体系，包括内部监督和外部监督，对制度执行情况进行定期检查和评估。

内部监督：设立专门的监督机构或岗位，对制度执行情况进行日常监督和检查，及时发现并纠正执行中存在的问题。

外部监督：邀请第三方机构或专家对制度执行情况进行评估，提供客观、专业的意见和建议，帮助组织发现潜在问题并指明改进方向。

监督结果应用：将监督结果作为制度改进和考核的依据，对执行不力的行为进行严肃处理，对表现突出的个人和团队进行表彰和奖励。

原因与解决方法：监督机制的缺失或不完善可能导致制度执行过程中的违规行为得不到及时发现和纠正，从而影响制度的有效性。因此，组织应建立全面的监督体系，通过内部监督和外部监督相结合的方式，确保制度得到有效执行。

（三）反馈与改进：制度持续优化的动力源泉

反馈与改进机制是安全管理制度持续优化的关键。组织应建立畅通的反馈渠道，鼓励员工提出意见和建议，同时定期对制度进行审查和评估，及时发现问题并加以改进。

反馈渠道畅通：设立多种反馈渠道，如意见箱、员工座谈会、在线反馈平台等，鼓励员工积极参与制度反馈，提出宝贵的意见和建议。

定期审查评估：定期对安全管理制度进行审查和评估，分析制度执行过程中存在的问题和不足，提出改进措施和建议。

持续改进机制：建立持续改进机制，对审查评估中发现的问题进行整改和优化，确保制度不断完善和适应组织发展的需要。

原因与解决方法：反馈与改进机制的缺失或不完善可能导致制度无法及时适应组织发展的需要，甚至产生负面效应。因此，组织应高度重视反馈与改进机制的建设，通过畅通反馈渠道、定期审查评估、持续改进等措施，确保制度持续优化和适应组织发展的需要。

(四)文化建设:营造制度执行的良好氛围

文化建设是安全管理制度执行与监督的重要支撑。组织应通过加强安全文化建设,提高员工的安全意识和参与度,为制度执行和监督创造良好的氛围。

安全理念传播:通过培训、宣传、活动等方式,让安全理念深入人心,让员工充分认识到安全的重要性,自觉遵守安全管理制度。

安全行为养成:通过日常管理和监督,引导员工养成良好的安全行为习惯,将安全要求转化为员工的自觉行动。

安全文化建设成果展示:定期展示安全文化建设成果,如安全知识竞赛、安全技能比赛等,激发员工的参与热情,推动安全文化建设不断向前发展。

原因与解决方法:文化建设的缺失或不完善可能导致员工对安全管理制度缺乏认同感和执行力。因此,组织应高度重视文化建设工作,通过加强安全理念传播、安全行为养成和安全文化建设成果展示等措施,营造制度执行的良好氛围,提高员工的安全意识和参与度。

四、安全管理制度的持续优化

(一)建立全面的监控与评估机制:确保制度的有效性

安全管理制度的持续优化首先依赖于一个全面而有效的监控与评估机制。这一机制的核心在于定期跟踪和评估制度的执行情况,以及制度对组织安全水平的实际影响。通过定期的检查和审计,我们能够及时发现制度执行中的偏差和不足,这是进行后续优化的前提。

在效果评估方面,我们需要设定一系列明确的评估指标,如员工安全意识的提升程度、事故发生率的变化趋势等。这些指标应能够量化地反映制度的有效性,使我们能够直观地看到制度优化带来的实际效果。同时,评估结果还应作为后续改进的依据,帮助我们确定哪些制度需要保留,哪些制度需要调整或改进。

（二）定期审查与修订：适应变化，保持制度的先进性

随着法律法规、行业标准以及组织内部环境的变化，安全管理制度也需要不断进行调整和修订。因此，定期审查与修订是制度持续优化的关键环节。

在审查过程中，我们需要关注制度是否符合当前的法律法规和行业标准，以及是否适应组织内部环境的变化。对于不符合要求的制度，我们需要及时进行调整和修订，以确保其合法性和有效性。

修订完善的过程需要充分考虑员工的意见和建议，以及制度执行中的实际情况。通过修订，使制度更加符合组织的实际需求，提高制度的针对性和可操作性。

（三）加强培训与宣传：提升员工的安全意识和执行力

员工是安全管理制度的执行主体，他们的安全意识和执行力直接关系到制度的有效性。因此，加强培训与宣传是提升员工安全意识和执行力的关键。

在安全培训方面，我们需要制订详细的培训计划，涵盖制度的内容、要求以及执行方法等方面。通过培训，我们可以使员工更加深入地了解制度，提高他们的安全意识和执行力。

在宣传方面，我们可以利用内部通信、宣传栏、安全文化活动等多种形式，向员工普及安全管理制度的重要性和具体要求。通过宣传，我们可以营造关注安全的良好氛围，激发员工参与安全管理的积极性。

（四）借鉴优秀经验与创新实践：提升安全管理水平

在安全管理制度的持续优化过程中，借鉴优秀经验与创新实践是提升安全管理水平的有效途径。

首先，我们可以积极学习借鉴其他优秀企业的安全管理经验，特别是那些在安全管理制度建设、执行与监督方面取得显著成效的企业。通过借鉴他们的成功经验，我们可以避免走弯路，提高制度优化的效率和效果。

其次，我们可以结合组织的实际情况，探索创新安全管理制度的实践方式。例如，可以引入智能化技术来提高安全管理的效率和准确性；建立安全信息共享平台来加强各部门之间的沟通和协作；尝试将安全管理融入员工的绩效考核中，以激发员工参与安全管理的积极性。

在借鉴和创新的过程中，我们需要保持开放的心态和敏锐的洞察力，及时发现并学习新的安全管理理念和技术。同时，我们还需要结合组织的实际情况进行灵活应用和创新实践，以确保制度优化的针对性和实效性。

第四节 交通运输安全监管措施

一、安全监管的重点领域与环节

（一）重点行业领域的深度剖析与监管策略

安全监管的首要任务在于识别并重点关注那些高风险、高影响的行业领域。交通运输、矿山开采、建筑施工以及危险化学品处理，无疑是这一任务中的重中之重。

在交通运输领域，其复杂性和流动性使得监管难度加大。除了常规的车辆、船舶、火车和飞机的安全检查与维护外，还需关注交通流量管理、驾驶员疲劳驾驶监测、交通设施维护等关键环节。利用智能交通系统、大数据分析等技术手段，可以实时监测交通状况，预测并预防潜在的安全风险。

矿山开采因其作业环境的恶劣和地质条件的不确定性，成为安全监管的难点。矿山企业应建立健全的安全管理体系，包括地质勘探、开采计划制定、安全设施配备、应急救援预案等。监管部门需定期检查矿山企业的安全管理制度执行情况，确保其符合法律法规要求。

在建筑施工行业，高空作业、大型机械设备操作、临时用电等安全隐患频发。因此，加强对施工企业的资质审核、现场安全管理、施工人员培训等方面的监管显得尤为重要。同时，推广使用安全性能更高的建筑材料和施工技术，也是提升建筑施工安全性的有效途径。

危险化学品的安全监管，则要求从生产、储存、运输到使用的每一个环节都严格把关。建立危险化学品登记制度，实现全生命周期管理；加强危险化学品运输车辆和人员的资质管理；完善应急救援体系，确保在事故发生时能够迅速响应，减少损失。

（二）关键环节的安全监管机制建设

安全风险评估、安全检查和监督、应急救援能力以及安全教育培训，是安全监管不可或缺的关键环节。

安全风险评估应成为安全监管的前置条件。通过科学的风险评估方法，识别出潜在的安全隐患，为制定针对性的防范措施提供依据。风险评估结果应定期更新，以反映安全状况的变化。

安全检查和监督是确保安全管理制度得到有效执行的重要手段。监管部门应制订详细的检查计划，明确检查内容、标准和频次。同时，鼓励员工参与安全检查和监督，形成全员参与的安全文化。

应急救援能力是衡量安全监管水平的重要指标。建立健全的应急预案体系，加强应急救援队伍建设和物资储备，定期组织应急演练，提高应对突发事件的能力。

安全教育培训是提高员工安全意识和操作技能的基础。培训内容应涵盖安全法律法规、操作规程、事故案例分析等方面。通过培训，使员工了解安全管理制度的重要性，掌握安全知识和技能，提高自我保护能力。

（三）强化跨部门协同与信息共享

安全监管涉及多个部门，需要建立跨部门协同机制，实现信息共享和资源整合。通过定期召开联席会议、建立信息共享平台等方式，加强部门间的沟通与协作，形成监管合力。

（四）完善法律法规与标准体系

法律法规和标准体系是安全监管的基石。应不断完善相关法律法规和标准，明确各方责任和义务，为安全监管提供有力的法律保障。同时，加强对法律法规和标准执行情况的监督检查，确保各项制度得到有效落实。

综上所述,安全监管的重点领域与环节涉及多个方面和环节,需要全面加强和推进。通过加强重点行业领域的监管、完善关键环节的安全监管机制、强化跨部门协同与信息共享、完善法律法规与标准体系等措施,可以不断提升安全管理水平,确保社会稳定、经济发展和人民生命财产安全。

二、安全监管的技术手段与方法

(一)现代科技手段的应用:科技赋能,精准监管

随着科技的飞速发展,物联网、大数据、人工智能等现代科技手段在安全监管中发挥着越来越重要的作用。

物联网技术通过传感器、RFID 标签等设备,实现了对生产设备的实时监控和数据采集,监管部门可以远程获取设备的运行状态、工作环境等关键信息,从而及时发现潜在的安全隐患。这种技术不仅提高了监管的时效性,还降低了人工检查的成本和风险。

大数据技术则能够对海量数据进行处理和分析,挖掘出数据中的规律。在安全监管中,大数据技术可以帮助监管部门识别出潜在的安全风险点,预测事故的发生概率,为制定针对性的监管策略提供科学依据。

人工智能技术更是通过机器学习、深度学习等技术手段,实现了对生产过程的智能监控和预警。例如,利用人工智能技术可以实时监测生产设备的振动、温度等参数,预测设备的寿命和故障发生时间,从而提前进行维护和更换,避免事故的发生。

(二)传统监管手段的优化与创新:传承与创新并重

尽管现代科技手段在安全监管中发挥着重要作用,但传统监管手段的优化与创新同样不可或缺。

安全检查与评估是安全监管的基础工作。通过定期对生产设备、工艺流程、作业环境等进行检查,可以及时发现并整改安全隐患。同时,利用专业的安全评估方法,对生产系统的安全性进行全面评估,可以为制定针对性的监管措施提供有力支持。

安全管理制度与标准的建立健全是保障安全生产的重要前提。监管部

门应制定详细的安全管理制度和操作规程，明确各方的责任和义务，确保生产过程的规范化和标准化。此外，加强对制度执行情况的监督检查，确保各项制度得到有效落实，也是传统监管手段优化的重要方面。

对于违反安全生产规定的企业或个人，监管部门应采取行政处罚措施，如罚款、吊销证照等，以儆效尤。同时，建立责任追究机制，对造成事故的责任人进行严肃处理，形成有效的震慑作用。这种处罚与责任追究机制是传统监管手段中不可或缺的一环。

（三）信息化与智能化监管平台的构建：数据驱动，智慧监管

信息化与智能化监管平台的构建是提升安全监管效率的重要手段。通过构建统一的监管平台，实现数据的集中管理和共享，可以大大提高监管的效率和准确性。

数据集成与共享是监管平台的核心功能之一。将各部门、各企业的数据进行整合，形成统一的数据池，通过数据分析可以及时发现潜在的安全隐患和风险点。这种数据驱动的监管方式不仅提高了监管的精准性，还降低了监管成本。

智能预警与应急响应是监管平台的另一项重要功能。通过实时监测和分析数据，一旦发现异常情况，立即触发预警机制，提醒相关部门和企业采取防范措施。同时，建立应急响应机制，确保在事故发生时能够迅速响应，减少损失。这种智能化的监管方式不仅提高了应急响应的速度和效率，还增强了监管部门的应对能力。

移动监管与远程监控技术的应用使得监管部门可以随时随地掌握生产现场的情况，及时发现问题并采取措施。这种技术不仅提高了监管的时效性，还降低了监管成本，使监管过程更加高效和便捷。

（四）社会共治与公众参与：多元参与，共筑安全防线

安全监管不仅需要政府部门的努力，还需要社会各界的广泛参与和支持。

通过加强政府与企业、社会组织、媒体等各方面的合作与交流，可以

形成多元共治的格局。政府可以为企业提供技术支持和政策引导，企业可以积极参与安全监管工作，社会组织可以发挥监督作用，媒体可以加强宣传报道，提高公众的安全意识。这种多元共治的格局可以形成强大的合力，共同推动安全监管工作的深入开展。

同时，公众参与也是安全监管工作的重要组成部分。通过加强公众教育和培训，提高公众的安全意识和自我保护能力；通过鼓励公众参与安全监管工作，如举报安全隐患、参与安全检查等，可以形成全社会共同关注安全、参与安全的良好氛围。这种公众参与的方式不仅可以增强安全监管工作的群众基础，还可以提高监管工作的透明度和公信力。

三、安全监管的信息化建设

（一）信息化平台的建设与整合：构建数据桥梁，打破信息孤岛

信息化平台是安全监管信息化建设的基石。这一平台旨在实现数据的集中管理、高效共享和深入分析，从而提升监管的精准度和时效性。在平台建设过程中，需注重以下几点：

首先，构建统一的数据标准体系，确保各级监管部门之间的数据能够无缝对接和共享。这有助于打破信息孤岛，形成上下联动、左右协同的监管网络。

其次，强化平台的互联互通能力，实现与企业、社会组织等外部机构的信息交流。通过实时更新和动态管理，确保监管信息的准确性和完整性。

最后，优化平台的用户体验和交互设计，提高监管人员的使用效率和满意度。同时，加强平台的安全性和稳定性，确保数据的保密性和完整性。

（二）现代科技手段的应用与创新：科技赋能，提升监管效能

现代科技手段在安全监管中的应用日益广泛，为监管工作带来了革命性的变化。物联网、大数据、人工智能等技术的快速发展，为安全监管提供了强大的技术支持。

物联网技术通过传感器等设备，实现对生产设备的实时监测和数据分

析。这有助于及时发现潜在的安全隐患，提高监管的预见性和针对性。

大数据技术则可以对海量数据进行深度挖掘和分析，发现数据中的规律和趋势。这为监管决策提供了科学依据，有助于监管部门制定更加精准和有效的监管措施。

人工智能技术则可以实现智能监控和预警，提高监管的自动化和智能化水平。通过机器学习等技术手段，系统能够自动识别异常行为并触发预警机制，从而有效防范安全风险。

（三）数据驱动的监管模式创新：精准识别，高效应对

数据驱动的监管模式是安全监管信息化建设的重要方向。通过采集、分析和利用大数据，可以实现对安全风险的精准识别和预警。

一方面，通过对历史数据的分析，可以挖掘出潜在的安全隐患和风险点。这为制定针对性的监管措施提供了有力支持，有助于提前化解安全风险。

另一方面，实时监测和分析数据可以及时发现异常情况，触发预警机制并提醒相关部门和企业采取防范措施。这有助于快速响应安全风险，减少事故发生的可能性。

此外，数据驱动的监管模式还可以支持风险评估和预测。通过对数据的深度挖掘和分析，可以评估安全风险的大小和可能造成的损失，为制定应急预案和风险管理策略提供科学依据。

（四）信息化人才的培养与引进：人才支撑，持续发展

信息化人才的培养和引进是安全监管信息化建设的重要保障。随着信息技术的快速发展，社会对信息化人才的需求日益增加。因此，需要加强信息化人才的培养和引进工作。

一方面，通过开展培训、组织交流等方式，提高现有监管人员的信息化素养和技能水平。这有助于他们更好地适应信息化监管工作的需要，提高监管效能。

另一方面，积极引进具有信息化背景和专业技能的人才，为安全监管信息化建设提供人才支持。这些人才可以带来新的思维和技术手段，推动监管工作的创新和发展。

同时，还需要建立完善的激励机制和评价体系，鼓励监管人员积极学习和应用信息化技术。通过设立奖励机制、提供晋升机会等方式，激发他们的工作热情和创造力，推动安全监管信息化建设的深入开展。

四、安全监管的绩效考核与激励机制

（一）绩效考核体系的构建：科学性与系统性的双重保障

绩效考核体系是安全监管工作的基石，它不仅为监管人员的工作表现提供了客观的评价标准，更为激励机制的实施奠定了坚实的基础。在构建这一体系时，科学性与系统性是不可或缺的两大要素。

科学性要求绩效考核体系必须基于科学的理论框架，结合实际情况进行精心设计。这意味着考核指标不仅要全面覆盖安全监管的各个环节，如安全管理、事故预防、应急救援等，还要能够真实、准确地反映监管人员的工作绩效。为此，我们可以借鉴先进企业的管理经验，结合自身的实际情况，制定出一套科学合理的考核指标。例如，安全管理指标可以包括安全制度的完善程度、安全培训的合格率等；安全事故指标可以关注事故的起数、伤亡人数等关键数据；而社会影响指标则可以考察公众对企业安全生产的评价等。

系统性则强调绩效考核体系应形成一个完整的评价系统，确保对监管人员的工作进行全面、细致的评价。这要求我们在设计考核指标时，要充分考虑各指标之间的内在联系和相互影响，确保它们能够相互补充、相互验证，从而形成一个完整、有效的评价链条。同时，绩效考核体系还应具备可操作性和时效性，便于实际操作和及时更新，以适应不断变化的安全监管形势。

（二）绩效考核的实施：规范流程与加强沟通并重

绩效考核的实施是确保考核体系有效性的关键。在实施过程中，我们必须注重规范流程和加强沟通两个方面。

规范流程要求我们在考核过程中，要严格按照既定的流程和标准进行操作。这包括数据的收集、整理、分析等多个环节，每个步骤都要有明确的规范和标准，以确保考核结果的准确性和公正性。同时，我们还要加强考核人员的培训和管理，提高他们的专业素养和职业道德水平，确保他们能够客观、公正地执行考核任务。

加强沟通则要求我们在考核过程中，要与监管人员保持密切的联系和沟通。这不仅可以及时了解他们的工作情况和困难，为他们提供必要的支持和帮助，还可以增强他们的归属感和认同感，激发他们的工作积极性和创造力。同时，我们还要将考核结果及时反馈给监管人员，让他们了解自己的工作表现和改进方向，从而不断完善和提升自己的工作水平。

（三）激励机制的设计与实施：物质与精神并重，公平公正为基

激励机制是激发监管人员工作积极性的重要手段。在设计激励机制时，我们应注重物质激励与精神激励的并重，同时确保激励措施的公平公正性。

物质激励是激励机制的重要组成部分。通过设立安全奖金、安全津贴等物质奖励措施，我们可以有效地激发监管人员的工作积极性和创造力。这些奖励措施不仅是对他们辛勤付出的肯定，更是对他们未来工作的激励和期待。同时，我们还可以根据监管人员的工作绩效和贡献大小，给予他们相应的物质奖励，以体现公平公正的原则。

精神激励则是激励机制的另一重要方面。通过授予荣誉称号、提供晋升机会等方式，我们可以满足监管人员的精神需求，增强他们的荣誉感和归属感。这些激励措施不仅可以激发他们的工作热情，还可以提升他们的职业素养和职业道德水平。同时，我们还要注重营造积极向上的工作氛围和环境，让监管人员在这样的环境中不断成长和进步。

（四）绩效考核与激励机制的关联与互动：相互促进，共同提升

绩效考核与激励机制是相互关联、相互促进的。绩效考核为激励机制提供了依据和基础，而激励机制则能够激发监管人员的工作积极性，推动绩效考核工作的深入开展。

一方面，我们要将绩效考核结果与激励机制相结合，根据监管人员的

工作绩效进行奖惩。这不仅可以体现公平公正的原则，还可以激发他们的工作积极性和创造力。同时，我们还要根据激励机制的实施效果来不断完善绩效考核体系，找出其中的问题和不足，为绩效考核体系的改进提供依据和方向。

另一方面，我们还要注重绩效考核与激励机制之间的良性互动。通过不断优化绩效考核体系和激励机制的设计与实施，形成一个相互促进、共同提升的良好局面。这不仅可以提升监管人员的工作效能和职业素养，还可以推动安全生产责任制的落实和经济社会的稳定发展。

第六章　交通运输信息技术应用

第一节　交通运输信息系统概述

一、信息系统的定义与功能

信息系统的定义与功能

（一）信息系统的定义及其重要性

信息系统（Information System，IS）是一个综合性的概念，它涵盖了计算机硬件、网络和通信设备、计算机软件、信息资源、信息用户以及规章制度等多个方面，形成了一个以处理信息流为核心的人机一体化系统。信息系统的重要性在于，它能够有效地组织和管理组织内部的各种业务活动中的信息流，进而对物质流、事物流以及资金流进行精确的控制和管理，从而提升组织的运行效率。

信息系统的核心在于其集成性，它不仅仅是一个简单的技术堆砌，而是一个将人员、过程、数据、网络和远程通信等要素紧密结合在一起的有机整体。这种集成性使得信息系统能够充分发挥其潜力，为组织提供全面的信息服务。在现代社会中，无论是企业、政府还是教育机构，都离不开信息系统的支持。它已经成为现代社会中不可或缺的一部分，为各行各业的发展提供了强大的动力。

（二）信息系统的数据收集与输入功能

信息系统的数据收集与输入功能是其基础功能之一。通过各种手段，如传感器、扫描设备、键盘等，信息系统能够从各种来源获取所需的信息。这些信息被输入系统中，为后续的处理和分析提供了基础。数据收集与输入功能的重要性在于，它能够确保系统拥有足够的信息资源，为后续的数据加工和传输提供可靠的基础。

在数据收集过程中，信息系统需要确保数据的准确性和完整性。这要求系统具备强大的数据校验和纠错能力，能够及时发现并纠正数据输入过程中的错误。同时，系统还需要具备灵活的数据输入方式，以适应不同来源和格式的数据输入需求。

（三）信息系统的数据存储与管理功能

信息系统的数据存储与管理功能是其核心功能之一。通过高效的存储技术和手段，信息系统能够存储大量的数据和信息，并对其进行有序的组织和管理。这使得系统能够快速地检索和获取所需的信息，为用户的决策提供有力支持。

在数据存储与管理过程中，信息系统需要关注数据的安全性和可靠性。通过采用先进的加密技术和备份机制，系统能够确保数据在存储和传输过程中的安全性和完整性。同时，系统还需要具备强大的数据管理能力，能够对数据进行分类、归档和删除等操作，以确保数据的合理使用和高效管理。

（四）信息系统的数据处理与输出功能

信息系统的数据处理与输出功能是其最重要的功能之一。通过对存储的数据进行各种加工和处理，如排序、筛选、计算等，信息系统能够为用户提供有价值的信息。这些信息通过不同的输出设备（如显示器、打印机等）以不同的形式呈现给用户，为用户的决策提供有力支持。

在数据处理过程中，信息系统需要关注数据的准确性和效率。通过采用先进的数据处理算法和优化技术，系统能够快速地处理大量的数据，并输出准确的结果。同时，系统还需要具备灵活的数据输出方式，以适应不同用户的需求和场景。

此外，随着技术的不断发展，信息系统的功能也在不断扩展和深化。例如，基于数据仓库技术的联机分析处理（OLAP）和数据挖掘（DM）技术，信息系统能够提供更深入的数据分析和洞察。这些新技术和新方法的应用，使得信息系统在数据分析和决策支持方面发挥着越来越重要的作用。

综上所述，信息系统是一个复杂而强大的工具，它通过各种功能为组织和个人提供有价值的信息和服务。随着技术的不断发展，信息系统的功能和应用领域也在不断扩展和深化。未来，信息系统将继续在各个领域发挥重要作用，为现代社会的发展不断注入新的活力。

二、信息系统的架构与组成

（一）信息系统的架构概述：构建系统的基石与灵魂

信息系统的架构（如同建筑的骨架）是系统稳定运行的基石，也是系统功能和性能实现的灵魂。它决定了系统的整体结构、功能布局以及数据流通方式，是系统设计和开发的核心。一个高效、灵活且可扩展的信息系统架构，不仅能够提升系统的运行效率，降低维护成本，还能确保数据的完整性和安全性，从而提升用户体验。

在构建信息系统架构时，我们需要综合考虑多个因素，包括组织的战略目标、业务需求、技术趋势以及未来的扩展性。通过合理的层次划分和组件设计，我们可以确保系统各层次之间能够协同工作，实现数据的无缝流动和功能的无缝集成。这样的架构不仅提高了系统的整体性能，还为组织的长期发展提供了有力的技术支撑。

（二）信息系统的层次架构：层次清晰，功能协同，构建稳固的框架

信息系统的层次架构通常包括战略系统层、业务系统层、应用系统层和信息基础设施层。这四个层次相互依存，共同构成了系统的完整框架，确保了系统的稳定性和可扩展性。

战略系统层作为最高层次，负责定义系统的总体方向和目标，确保系

统与组织的战略目标保持一致。业务系统层则关注具体的业务流程和操作，实现业务流程的自动化和智能化。应用系统层直接面向用户提供服务，通过设计用户友好的界面和交互逻辑，提升用户满意度。而信息基础设施层则作为底层支撑，提供系统的运行环境、数据存储和传输能力等，确保系统能够稳定运行。

这四个层次在功能上相互协同，共同实现了系统的各项功能。同时，它们之间的层次划分也使得系统更易于维护和扩展，为系统的长期发展提供了有力的保障。

（三）信息系统的组成要素：相互依存，共同构建系统的完整体系

信息系统的组成要素包括硬件、软件、数据、网络和人员等。这些要素相互依存，共同构成了系统的完整体系，确保了系统的正常运行和功能的实现。

硬件是信息系统的物质基础，包括计算机设备、存储设备、网络设备等。它们为信息系统提供运行环境，确保系统正常运行。软件则是信息系统的灵魂，包括操作系统、数据库管理系统、应用程序等。它们负责处理数据、执行指令，并与硬件协同工作，实现系统的各项功能。

数据是信息系统的核心，包括各种类型的信息，如数字、文本、图像等。数据是系统处理的对象，也是用户关心的重点。因此，我们需要建立完善的数据管理机制，确保数据的安全性和可靠性。网络则是连接各个设备和系统的桥梁，实现数据的传输和共享。人员则是信息系统的关键组成部分，包括系统管理员、开发人员、用户等。他们负责系统的规划、设计、开发、维护和使用，人员的素质和技能对于系统的成功运行至关重要。

（四）信息系统架构的设计原则：确保系统高效、稳定、安全，提升用户体验

在设计信息系统架构时，我们需要遵循一系列原则，以确保系统的高效、稳定和安全。

首先，灵活性是架构设计的关键。一个优秀的架构应具备良好的可扩

展性和可修改性，以适应不断变化的需求和业务环境。通过采用模块化设计和微服务架构等技术手段，我们可以实现系统的灵活扩展和快速迭代。

其次，稳定性是架构设计的核心。架构应确保系统的稳定运行，避免出现故障或数据丢失等情况。通过采用高可用性设计和容错机制等技术手段，我们可以提高系统的稳定性和可靠性。

安全性是架构设计的重中之重。架构应充分考虑数据的安全性和隐私保护，防止数据泄露或被恶意攻击。通过采用加密技术、访问控制、安全审计等技术手段，我们可以确保系统的安全性。

易用性也是架构设计不可忽视的方面。架构应设计简洁明了的用户界面和交互逻辑，提高用户的使用体验和满意度。通过采用用户体验设计和人机交互等技术手段，我们可以优化系统的易用性。

最后，成本效益也是架构设计需要考虑的因素。架构应在满足需求的前提下，尽量降低系统的建设和运营成本。通过采用云计算、虚拟化等技术手段，我们可以实现资源的灵活配置和高效利用，降低系统的建设和运营成本。

三、信息系统在交通运输中的应用价值

（一）提升交通管理效率与安全性

在交通运输领域，信息系统的应用极大地提升了管理效率与安全性，为城市交通的顺畅运行提供了有力保障。

首先，通过集成视频监控、传感器网络和大数据分析等先进技术，交通管理者能够实时监控道路上的交通流量、车辆速度以及行人动态，从而实现对交通状况的精准把握。这种实时监控不仅有助于及时发现并处理交通拥堵，还能有效预防交通事故的发生。

其次，在事故处理与应急响应方面，信息系统的价值更为凸显。一旦发生交通事故，系统能够迅速响应，通过摄像机和图像处理技术，精确捕捉事故现场画面，为交通管理人员提供直观、准确的事故信息。这不仅有助于快速定位事故位置，还能为事故责任判定提供重要依据，大大提高了事故处理的效率和准确性。

最后，信息系统在提升交通安全性方面也发挥着重要作用。通过实时发布路况信息和交通预警，系统能够引导驾驶员提前规避潜在风险，如道路施工、交通事故等，从而有效降低行车风险。同时，系统还能辅助交通管理人员进行交通执法，通过自动识别交通违规行为，如闯红灯、逆行等，及时提醒驾驶员纠正，进一步提升了道路的安全性。

（二）优化运输规划与决策

信息系统在交通运输规划与决策中的应用，为交通系统的优化提供了科学依据。首先，通过收集和分析大量的交通数据，如交通流量、车速、拥堵情况等，系统能够揭示交通需求的时空分布规律，为运输规划提供有力的数据支持。这些数据不仅有助于预测未来的交通需求变化，还能为交通基础设施的建设和改造提供前瞻性指导。

在方案评估与优化方面，信息系统的应用同样至关重要。通过模拟交通运输系统的运行情况，系统能够评估不同交通方案的可行性和效果，包括道路拓宽、公交线路调整等。这种模拟分析不仅有助于决策者更加科学、合理地进行运输规划，还能有效避免资源浪费和决策失误。

此外，信息系统还能为交通政策的制定提供重要参考。通过对历史数据的分析，系统能够揭示交通问题的根源和演变趋势，为政策制定者提供有针对性的建议。这些建议不仅有助于解决当前的交通问题，还能为未来的交通发展奠定坚实基础。

（三）提升旅客服务质量与体验

在旅客服务方面，信息系统的应用显著提升了服务质量与体验。首先，通过记录和管理旅客的个人信息，系统能够提供更加个性化的服务。例如，根据旅客的出行偏好和历史记录，系统可以推荐适合的交通方式和旅行路线，为旅客提供更加贴心的服务。

在实时交通信息提供方面，信息系统的应用同样重要。通过实时更新航班、列车和公交等交通工具的信息，系统能够帮助旅客及时了解交通状况，合理规划行程。这种实时信息不仅有助于减少因信息不畅带来的不便，还能提高旅客的出行效率和满意度。

此外，信息系统在购票、支付、导航等方面也提供了便捷化服务。通过在线购票平台，旅客可以轻松完成购票操作，无须排队等待。同时，系统还支持多种支付方式，如银行卡、支付宝等，为旅客提供了更加灵活的支付选择。在导航方面，系统能够提供精确的路线规划和导航服务，帮助旅客快速到达目的地。

（四）促进交通运输行业的国际化交流与合作

在交通运输行业的国际化交流与合作方面，信息系统的应用同样发挥着重要作用。首先，通过促进信息交流与共享，系统能够推动技术创新和产业升级。国内外交通运输企业可以更加便捷地获取行业动态和技术信息，加强合作与交流，共同推动交通运输行业的发展。

在提升国际竞争力方面，信息系统的应用同样至关重要。通过精准了解国际市场需求和竞争态势，企业可以优化服务质量和运营效率，提升国际竞争力。同时，中文信息在交通运输领域的国际交流与合作中也扮演着重要角色。通过展示中国交通运输领域的发展成果和经验，系统有助于提升中国在国际交通运输领域的影响力和话语权。

此外，信息系统还能为交通运输行业的国际合作提供有力支持。通过搭建国际合作平台，系统可以促进国内外企业之间的项目合作和技术交流，推动交通运输行业的国际化进程。这种国际合作不仅有助于引进国外先进的技术和管理理念，还能为中国交通运输行业的发展注入新的活力和动力。

第二节　交通运输信息采集与处理

一、信息处理的流程与算法

（一）数据收集：构建信息大厦的基石

数据收集作为信息处理的起点，其重要性不言而喻。这一过程不仅要求从多样化的来源（如数据库、文件、网络、传感器等）中捕获数据，还需确保数据的准确性、完整性和代表性。准确性是数据收集的生命线，它关乎到后续分析结果的可靠性；完整性要求尽可能全面地收集相关数据，避免遗漏重要信息；代表性确保所收集的数据能够真实反映总体特征，避免偏差。

（二）数据预处理：打造信息的纯净空间

数据预处理是信息处理流程中的关键环节，它负责消除原始数据中的错误、冗余和不一致性。数据清洗是这一阶段的重头戏，它涉及处理缺失值、异常值等，确保数据的准确性和一致性。缺失值可以通过插值法、均值替代等方法进行填补；异常值则需要根据具体情况进行识别和处理，避免对后续分析造成干扰。

数据转换则是将数据从一种格式转换为另一种格式，以适应后续的处理和分析需求。这包括数据类型转换、数据单位转换等。数据格式化则使数据具有统一的结构和格式，便于后续处理和分析的自动化和标准化。通过数据预处理，可以显著提升数据质量，为后续的信息处理和分析打下坚实基础。

（三）数据处理与分析：挖掘信息的价值宝藏

在预处理后的数据基础上，进行各种计算、统计和分析，以提取有价值的信息。数据挖掘技术能够发现数据中的隐藏模式和关联规则，为决策提供支持。机器学习技术则可以建立预测模型，对未来的数据进行预测和分类。模式识别技术则能够识别图像、语音等复杂数据中的特征和信息，为人工智能的发展提供有力支持。

为了提升数据处理与分析的效率和准确性，可以采用分布式计算、并行处理等技术手段。同时，结合具体的业务需求和分析目标，选择合适的算法和工具进行数据处理和分析。通过深入挖掘数据中的价值信息，可以为企业的决策和发展提供有力支撑。

（四）信息输出与展示：呈现信息的智慧之光

信息输出与展示是信息处理流程的最后一个环节，也是将处理结果呈现给用户的关键步骤。输出的形式应根据用户的需求和偏好来选择，如报告、图表、可视化界面等。通过直观、清晰的展示方式，用户可以更加清晰地了解数据的特征和规律，从而做出更加明智的决策。

在信息输出与展示过程中，应注重信息的可读性与可理解性。通过合理的布局、清晰的标注和简洁的表述方式，提升信息的传递效率。同时，还可以采用交互式展示方式，让用户根据自己的需求进行探索和发现。通过这些方法，可以将处理后的信息以最佳的方式呈现给用户，为企业的决策和发展提供有力支持。

二、信息处理的算法

（一）分类与编码算法：信息的有序组织

分类是将具有相似特征的事物归并在一起的过程，它是信息处理的基础。通过分类，可以将海量的信息有序地组织起来，便于后续的检索和分析。编码则是将信息转换成机器能够识别和处理的形式，如将文字转换成数字代码。常见的编码方式有 ASCII 码、Unicode 码等，它们不仅实现了信息的数字化，还为信息的存储和传输提供了便利。

分类算法在信息处理中发挥着重要作用。通过训练分类器，可以对未知数据进行分类和预测。常见的分类算法有决策树、支持向量机、朴素贝叶斯等。这些算法能够根据数据的特征进行分类，并给出分类结果。编码算法则负责将信息转换为机器能够识别的形式，为后续的信息处理和分析提供便利。

（二）数据压缩算法：信息的精简存储

数据压缩是一种减少数据存储空间和提高数据传输速度的技术。在信息爆炸的时代，数据压缩显得尤为重要。数据压缩的原理是去除数据中的冗余信息，只保留能够恢复原始数据的最小信息量。常见的数据压缩方法有哈夫曼编码、LZ77 算法、LZ78 算法等。

无损压缩和有损压缩是数据压缩的两种主要方式。无损压缩是指在压缩过程中不损失任何原始数据信息，解压后可以完全恢复原始数据；而有损压缩则是指在压缩过程中允许损失一定的数据信息，以达到更高的压缩比。有损压缩广泛应用于图像、音频和视频等多媒体数据的处理中，能够在保证一定质量的前提下大幅减少存储空间。

（三）数据加密与解密算法：信息的安全保障

数据加密是一种保护信息安全的技术，它通过将敏感信息转换成一种无法阅读的代码形式，以防止未经授权的访问和泄漏。在信息传输和存储过程中，数据加密可以有效地防止数据被窃取或篡改。常见的加密算法有对称加密算法（如 AES）和非对称加密算法（如 RSA）。

对称加密算法在加密和解密过程中使用相同的密钥，具有高效、快速的特点。非对称加密算法则使用一对公钥和私钥进行加密和解密，具有更高的安全性。数据加密与解密在信息安全领域具有广泛的应用，如电子商务、网上银行等场景中的敏感信息保护。

为了确保信息的安全性，可以采用多种加密技术相结合的方法。例如，将对称加密算法和非对称加密算法相结合，利用对称加密算法的高效性和非对称加密算法的安全性，实现信息的双重保护。同时，还可以采用数字签名、时间戳等技术手段，确保信息的完整性和真实性。

（四）序列分析与模式识别算法：信息的深度挖掘

序列分析是一种研究数据序列中隐含规律和模式的方法。在信息处理中，序列分析常用于文本挖掘、基因序列分析等领域。通过序列分析，可以发现数据之间的关联和趋势，为决策提供支持。模式识别则被广泛应用于图像识别、语音识别、自然语言处理等领域。随着深度学习技术的发展，模式识别的准确率得到了显著提升。

序列分析算法能够挖掘数据序列中的隐含规律和模式。常见的序列分析算法有时间序列分析、马尔可夫链等。这些算法能够根据数据序列的特征进行分析和预测，为企业的决策和发展提供有力支持。模式识别算法则能够识别图像、语音等复杂数据中的特征和信息。通过训练模式识别模型，可以对未知数据进行分类和识别。常见的模式识别算法有卷积神经网络（CNN）、循环神经网络（RNN）等。这些算法能够自动提取数据中的特征并进行分类和识别，为人工智能的发展提供了有力支持。

三、信息处理的效率与安全性

（一）信息处理效率提升的重要性与策略

在信息化快速发展的今天，信息处理效率的高低已经成为衡量一个组织竞争力与响应速度的关键指标。提升信息处理效率不仅能够优化资源配置，更能显著提高整体运营效率。为此，我们需要从硬件、软件、流程以及人力资源四个维度出发，制定并实施一系列有效的策略。

在硬件层面，我们应选用高性能的计算机、存储设备以及网络设备，以确保数据处理的高效性。同时，定期对硬件进行维护与升级，保持其最佳运行状态，避免因硬件老化或故障导致的效率下降。

在软件层面，我们应使用高效的信息处理软件，如数据库管理系统、数据分析工具等，以加快数据处理速度。此外，定期对软件进行更新与优化，修复漏洞、提升性能和兼容性，也是确保软件持续高效运行的重要措施。

在流程优化方面，我们应通过梳理现有流程，去除冗余环节，引入自动化和智能化技术，如机器学习、人工智能等，以提升流程效率。这些技术能够自动化处理重复性和烦琐的任务，解放人力资源，使员工能够专注于更具创造性的工作。

在人力资源方面，我们应提高信息处理人员的专业素养和操作技能，使其能够熟练掌握高效的信息处理方法。同时，鼓励员工持续学习，探索更高效的信息处理方式，以提升整体团队的信息处理效率。

（二）信息处理安全性的挑战与应对

随着信息时代的深入发展，信息安全问题日益凸显，信息泄露、网络攻击等事件频发，给组织和个人带来了巨大的损失。因此，保障信息处理的安全性已成为信息时代不可忽视的重要课题。

面对信息安全挑战，我们应首先加强数据加密与访问控制。对敏感信息进行加密处理，确保信息在传输和存储过程中的机密性；同时，实施严格的访问控制策略，确保只有授权用户才能访问和处理信息，防止信息泄露。

其次，我们应完善网络安全防护体系。通过建立防火墙、入侵检测系统、安全审计等网络安全防护措施，抵御来自外部的网络攻击和威胁。同时，定期对网络安全防护体系进行更新和升级，以应对不断变化的网络安全形势。

再次，身份认证与授权管理也是确保信息安全的重要手段。我们应实施严格的身份认证机制，确保用户身份的真实性和可靠性；同时，对用户进行授权管理，根据其权限和职责分配相应的信息处理任务，防止信息滥用和泄露。

最后，我们应定期进行安全评估和漏洞扫描，及时发现潜在的安全风险和漏洞，并根据评估结果和漏洞扫描报告，采取措施进行修复和改进。

（三）信息安全意识的培养与制度建设

信息安全不仅依赖于技术层面的防护，更依赖于人的因素。提高信息处理人员的安全意识，使其了解信息安全的重要性和潜在风险，是保障信息安全的基础。

为此，我们应定期进行安全培训和演练，提高员工应对信息安全事件的能力和水平。同时，制定完善的信息安全管理制度和应急预案，明确信息安全管理的职责和流程，确保在信息安全事件发生时能够迅速启动应急预案，采取有效措施进行应对和处置。

此外，我们还应建立信息安全监督机制，对信息安全管理制度的执行情况进行监督和检查，确保各项制度得到有效落实。同时，鼓励员工积极参与信息安全管理工作，形成全员参与、共同维护信息安全的良好氛围。

（四）信息处理效率与安全性的平衡与协同

信息处理效率与安全性的提升并非孤立存在，而是相辅相成、相互促进。一方面，高效的信息处理能够提升组织的运营效率，为信息安全提供更多的资源和支持；另一方面，安全的信息处理能够保护组织的核心资产，避免因信息泄露或滥用导致的损失。

因此，在提升信息处理效率和保障信息安全的过程中，我们需要注重两者的平衡与协同。一方面，通过优化硬件配置、提升软件性能、改进信息处理流程等方式，不断提升信息处理效率；另一方面，通过加强数据加密、完善网络安全防护体系、加强身份认证和授权管理等方式，确保信息安全。

在两者的协同作用下，我们可以实现信息处理效率与安全性的双重提升，共同推动信息时代的信息处理水平迈向新的高度。同时，这也会为组织的可持续发展提供有力支持和保障。

第三节　交通运输智能调度系统

一、智能调度系统的基本原理

（一）基本概念与理论基础

智能调度系统，作为现代信息技术的杰出代表，其核心概念在于通过高度自动化的方式，对各类资源进行精准、高效的分配与调度。这一系统不仅依赖于先进的硬件设备和网络技术，更融合了大数据、人工智能、机器学习等前沿科技，形成了一套具备预测、决策、优化等多种功能的综合体系。

从理论层面来看，智能调度系统基于运筹学、控制论、信息论等多学科交叉的理论基础，通过数学建模和算法优化，实现了对复杂系统的高效管理。它通过对资源的实时监控和动态调整，确保了资源的最大化利用和系统的最优运行。

（二）任务分配与资源优化的实现机制

在智能调度系统中，任务分配与资源优化是其核心功能之一。这一机制的实现，依赖于对系统资源的全面了解和精准评估。系统首先通过传感器、监测设备等实时采集各个环节的数据，包括硬件资源的状态、任务的需求等。然后，利用大数据处理技术和算法，对这些数据进行深度挖掘和分析，从而得出最优的任务分配方案。

在任务分配过程中，智能调度系统充分考虑了任务的优先级、资源的可用性、系统的负载情况等多种因素，确保了任务的高效执行和资源的最大化利用。同时，系统还具备动态调整的能力，能够根据实时情况对任务分配方案进行微调，以适应不断变化的环境和需求。

（三）数据采集、处理与智能化决策的流程

数据采集与处理是智能调度系统实现智能化决策的基础。系统通过部署在各个环节的传感器和监测设备，实时采集大量的数据。这些数据经过预处理和清洗后，被送入大数据处理平台进行深度挖掘和分析。

在数据处理过程中，智能调度系统运用了多种算法和技术，如聚类分析、关联规则挖掘、时间序列预测等，以揭示数据之间的内在联系和潜在规律。这些分析结果被用于指导系统的智能化决策。

智能化决策是智能调度系统的核心功能之一。它基于数据分析的结果，自动生成调度决策方案。这些方案经过优化和验证后，被送入自动化控制系统执行。基于这一流程，智能调度系统实现了对资源的精准调度和高效管理。

（四）预测与预警功能的实现与应用

预测与预警功能是智能调度系统的重要组成部分。它基于历史数据和实时数据，运用机器学习算法和预测模型，对未来的资源需求、路况变化等情况进行预测。当预测到异常情况或潜在风险时，系统能够提前制定应对措施并发出预警。

预测与预警功能的实现，不仅依赖于先进的算法和技术，更需要对系统环境的深入了解和精准把握。通过不断学习和优化，智能调度系统能够逐渐提高预测的准确性和可靠性。这一功能在多个领域都发挥着重要作用，如水资源管理、物流运输等。在水资源管理领域，智能调度系统能够预测未来的水位变化和水质情况，为防洪抗旱和水资源调度提供科学依据；在物流运输领域，智能调度系统能够预测未来的路况变化和货物需求情况，为运输路线的规划和调整提供有力支持。

二、智能调度系统的功能模块

（一）任务管理：任务控制中心与动态调整

任务控制中心是智能调度系统的中枢，它负责接收、处理和跟踪各类任务请求。该模块能够智能识别任务的优先级、紧急程度以及所需的资源类型，从而进行精准的任务分配。通过实时监控任务的执行状态，任务控制中心能够及时发现并解决任务执行过程中的问题，确保任务按时、保质、保量完成。

动态调整功能是任务管理模块的重要组成部分。它能够根据任务执行过程中的实际情况，如资源短缺、任务优先级变化等，自动调整任务分配方案。这种灵活性确保了智能调度系统在面对复杂多变的调度环境时，能够迅速做出响应，优化任务执行效率。

（二）资源优化：资源管理模块与智能调度策略

资源管理模块是智能调度系统中对各类资源进行管理和监控的关键。它不仅能够实时获取资源的状态信息，如硬件设备的运行状态、软件服务的可用性、人力资源的分配情况等，还能够基于这些信息，为任务控制中心提供决策支持。

智能调度策略是资源管理模块的核心。它通过分析资源的可用性、任务的需求以及系统的整体性能，自动制定出最优的资源分配方案。这种策略不仅能够确保资源得到充分利用，还能在资源紧张时，通过动态调整资源分配，保障关键任务的顺利执行。

（三）智能决策：人工智能算法模块与数据分析模块

人工智能算法模块是智能调度系统的"大脑"，它通过分析任务和资源的复杂关系，找到最优的调度方案。这些算法包括遗传算法、模拟退火算法、蚁群算法等，它们能够根据不同的调度场景和约束条件，提供高效的调度策略。

数据分析模块则负责收集、存储和分析系统中产生的大量数据。它通过对历史数据的挖掘，提取出有价值的信息和规律，为智能决策提供支持。同时，数据分析模块还能够预测未来的任务需求，帮助系统提前做好准备，实现资源的优化配置。

（四）用户交互与可视化：用户界面模块与地图可视化模块

用户界面模块是智能调度系统与用户进行交互的桥梁。它提供了直观、友好的操作界面，让用户能够方便地查看任务状态、资源分配情况和调度结果。通过用户界面模块，用户还可以对系统进行自定义设置，满足个性化需求。

地图可视化模块则针对特定领域，如物流、公共交通等，提供了地图化的调度信息展示。用户可以在地图上直观地看到任务点、资源点和调度路径等信息，从而更加直观地了解系统的运行状态。这种可视化方式不仅提高了用户的操作体验，还为调度决策提供了直观的支持。

此外，在港口、交通等复杂环境中，智能调度系统还具备应急指挥与管理模块。该模块能够在紧急情况下，快速响应并协调各方资源，确保应急任务的顺利完成。这种应急处理能力进一步提升了智能调度系统的实用性和可靠性。

三、智能调度系统的实施与应用

（一）实施步骤：系统构建的全面规划

需求分析：智能调度系统的实施始于对调度需求的精准把握。这包括明确调度任务的性质、规模、复杂度，以及所需资源的种类与数量。通过与业务部门深入沟通，确定系统的功能需求、性能标准与安全性要求，为后续设计与开发奠定坚实基础。

系统设计：在需求分析的基础上，进行系统的架构设计、数据库规划、接口设计等，确保系统具备良好的可扩展性、稳定性和安全性。在设计过程中，需充分考虑系统的模块化、可维护性和易用性，为后续的系统集成与测试提供便利。

系统开发：依据系统设计文档，进行系统编码、测试与调试。在开发过程中，需遵循软件工程规范，确保代码质量、可读性和可维护性。同时，进行单元测试、集成测试，确保各模块功能正常，系统整体性能满足需求。

系统集成与测试：将智能调度系统与其他相关系统（如ERP、CRM等）进行集成，确保数据共享与业务协同。进行系统整体测试，包括功能测试、性能测试、安全测试等，确保系统稳定运行，满足业务需求。

培训与推广：对系统使用人员进行专业培训，确保他们能够熟练掌握系统的操作方法和使用技巧。通过内部宣传、培训会议等方式，提高系统在企业或组织内部的知名度和使用率。

运维与优化：系统上线后，进行日常的运维工作，包括数据备份、系统监控、故障排查等。根据用户反馈和使用情况，对系统进行持续优化和改进，提升系统性能和用户体验。

（二）应用领域：广泛覆盖各行各业

物流运输：智能调度系统在物流领域的应用尤为突出。通过实时数据分析、路径优化和智能调度，提高运输效率，降低成本。同时，实时监控车辆位置和状态，确保货物安全送达目的地。

公共交通：在公共交通领域，智能调度系统能够根据实时交通情况、乘客需求和车辆资源，自动调整班次和路线，提高运营效率和服务质量，缓解城市交通拥堵状况。

电网调度：智能电网调度系统能够实现电网的实时监控、安全分析和优化调度，确保电网安全、稳定和高效运行。通过数据集成和智能算法，及时发现并处理潜在安全隐患。

生产制造：在生产制造领域，智能调度系统能够根据生产计划和资源情况，自动安排生产任务和生产流程，提高生产效率和产品质量。同时，实时监控生产数据，及时发现并解决生产中的问题。

其他领域：智能调度系统还广泛应用于港口管理、应急指挥、资源调配等领域，通过智能化的调度和管理，提高工作效率和资源利用率。

（三）实施效果：显著提升与持续优化

提高调度效率：智能调度系统通过自动化调度和管理，大大减少了人工干预和决策的时间成本。系统能够根据实时数据和信息，快速做出最优调度决策，提高调度效率。

降低成本：通过优化调度方案和资源利用，智能调度系统能够显著降低企业的运营成本。同时，减少资源浪费和能源消耗，降低对环境的影响，实现可持续发展。

提高服务质量：智能调度系统能够实时监控和跟踪调度任务的执行情况，及时发现并解决问题。这有助于提高服务质量和客户满意度，增强企业竞争力。

增强决策支持：智能调度系统通过大数据分析和智能算法等技术手段，为企业提供全面的决策支持。这有助于企业更好地了解市场动态和客户需求，制定更加科学合理的经营策略和发展规划。

四、智能调度系统的性能评估与优化

（一）性能评估指标：全面衡量系统效能的标尺

智能调度系统的性能评估是确保其高效、稳定运行的首要步骤。性能评估指标的选择，直接关系到评估结果的准确性和有效性。响应时间、调度延迟、上下文切换开销、任务执行确定性、系统稳定性、可扩展性和资源利用率等指标，共同构成了衡量智能调度系统性能的全面标尺。

响应时间作为系统响应速度的直接体现，其长短直接决定了系统能否迅速响应调度需求。调度延迟则反映了系统完成调度任务的整体效率，是评估系统调度能力的重要指标。在多任务调度环境中，上下文切换开销的大小，直接影响到系统的并发处理能力。任务执行确定性则体现了系统按照预定计划准确执行调度任务的能力，是系统可靠性和稳定性的重要保障。

系统稳定性是评估系统在长时间运行过程中保持性能稳定的能力，它直接关系到系统的整体运行效率和故障率。可扩展性则反映了系统在面对增加的任务量或资源需求时，能否保持性能稳定并适应新环境的能力，是系统未来发展的重要考量。资源利用率则体现了系统对硬件和软件资源的有效利用程度，是评估系统资源使用效率的关键指标。

为了准确评估这些指标，需要采用科学的评估方法，如模拟测试、实际运行测试和基准测试等，以确保评估结果的准确性和可靠性。

（二）评估方法：科学验证系统性能的基石

评估方法是智能调度系统性能评估的关键环节。模拟测试通过构建模拟环境，模拟实际调度场景，对系统进行测试，能够评估系统在特定条件下的性能表现，发现潜在问题。实际运行测试则通过监控和记录系统性能数据，反映系统在实际工作环境中的性能表现，为优化提供可靠依据。

基准测试则使用标准的测试场景和测试数据，对系统进行性能测试，能够比较不同系统或不同配置下的性能差异，为系统选型和优化提供参考。这些评估方法各有优劣，需要根据实际情况选择合适的评估方法，以确保评估结果的准确性和有效性。

在评估过程中，需要关注系统的整体性能表现，以及各个性能指标之间的关联性和相互影响。通过综合分析评估结果，可以发现系统性能瓶颈和潜在问题，为后续优化提供有力支持。

（三）优化策略：提升系统性能的必由之路

针对智能调度系统的性能评估结果，需要采取一系列优化策略，以提升系统性能。算法优化是提升系统调度效率和资源分配能力的关键。通过改进调度算法，如采用遗传算法、蚁群算法等智能优化算法，对调度任务进行更高效的分配和路径规划，可以显著提高系统性能。

资源优化是合理配置和利用系统资源的重要手段。通过负载均衡技术，将任务均匀分配到多个处理器或服务器上，减少单个节点的负载压力，可以提高系统资源利用率和整体性能。系统架构优化则是提升系统可扩展性和稳定性的关键。通过采用微服务架构或分布式系统架构，将系统拆分为多个独立的服务模块，可以提高系统的灵活性和可扩展性，降低系统维护成本。

监控与预警机制则是保障系统稳定运行的重要措施。通过建立完善的监控和预警机制，实时监测系统性能数据，及时发现并处理潜在问题，可以避免系统性能下降和故障发生，确保系统能够稳定运行并发挥其最佳性能。

（四）持续优化机制：确保系统性能不断提升的保障

为了确保智能调度系统的持续优化和改进，需要建立持续优化机制。定期评估是了解系统当前性能状态、发现潜在问题的重要手段。通过定期对系统进行性能评估，可以及时发现系统性能瓶颈和潜在问题，为后续优化提供有力支持。

反馈与改进机制则是根据用户反馈对系统进行针对性的改进和优化。通过建立用户反馈机制，收集用户对系统性能的意见和建议，可以了解用户需求和使用体验，为系统优化提供重要参考。

技术创新则是推动系统性能不断提升的重要动力。通过关注行业动态和技术发展趋势，积极引入新技术和新方法，对系统进行技术创新和升级，可以不断提高系统的性能和竞争力。

培训与支持则是确保系统能够稳定运行并发挥最佳性能的重要保障。通过对系统使用人员进行专业培训和支持，提高他们的系统操作和维护能力，可以确保系统稳定运行并发挥其最佳性能。

第四节　交通运输大数据分析

一、大数据的来源与特点

（一）大数据的来源探析

大数据这一术语涵盖了从众多源头汇聚而成的庞大数据集合，这些数据以多元形式存在，并具备实时性特征。其来源之广泛，涵盖了生活的方方面面，为我们提供了丰富的信息基础。

交易数据是大数据的重要来源之一，它涵盖了POS机数据、信用卡刷卡数据、电子商务数据等，这些数据记录了消费者的购买行为、消费习惯及偏好，对于企业而言，是制定营销策略、优化产品设计的宝贵资源。同时，企业内部的ERP、CRM等系统也产生了大量的业务数据，这些数据反映了企业的运营状况和市场动态。

随着智能手机的普及，移动通信数据也成为大数据的重要来源。移动设备上的软件能够追踪用户的行为轨迹、兴趣爱好等信息，这些数据对于个性化推荐、精准营销等领域具有重要意义。此外，互联网上的"开放数据"来源，如政府机构、非营利组织和企业免费提供的数据，也为大数据的应用提供了丰富的素材。

机器和传感器数据则是物联网时代大数据的重要来源。感应器、量表、GPS系统等设备产生的数据，可以用于构建分析模型，监测预测性行为，提供预警信息，为企业的决策提供了科学依据。

人为数据同样不可忽视，电子邮件、文档、图片、音频、视频以及社交媒体产生的数据流，构成了大数据的又一重要来源。这些数据虽然多为非结构化数据，但通过文本分析等技术手段，可以挖掘出其中的有价值信息，为企业的发展提供助力。

（二）大数据体量巨大的原因与应对

大数据集合的规模往往非常庞大，可以达到数百太字节（TB）甚至数拍字节（PB）的级别。这一特点的原因在于，随着信息化时代的到来，数据的产生速度和处理能力都得到了极大的提升。企业、政府、个人等都在不断地产生数据，而云计算、大数据技术等则为数据的存储和处理提供了可能。

面对大数据体量巨大的挑战，我们需要采取一系列应对措施。首先，需要构建高效的数据存储和处理平台，以应对海量数据的存储和计算需求。其次，需要采用分布式计算、并行计算等技术手段，提高数据处理的速度和效率。此外，还需要加强数据的安全管理和隐私保护，确保数据的安全性和可靠性。

（三）大数据类型繁多的挑战与解决方案

大数据集合中包含了多种类型的数据，如文本、图像、音频、视频等。这些数据类型多样，且以非结构化数据为主，给数据的处理和分析带来了挑战。为了应对这一挑战，我们需要采用多种技术手段进行数据处理和分析。

对于文本数据，可以采用自然语言处理技术进行文本挖掘和文本分析；对于图像数据，可以采用图像识别技术进行图像处理和特征提取；对于音频和视频数据，则可以采用音频和视频处理技术进行音频和视频的分析和识别。此外，还可以采用数据挖掘、机器学习等技术手段，从大数据中挖掘出有价值的信息和模式。

（四）大数据处理速度快与价值密度低的平衡

大数据处理遵循"1秒定律"，即要求从各种类型的数据中快速获得高价值的信息。这一特点得益于大数据技术的快速发展，如并行计算、实时处理、云计算等技术的广泛应用。然而，大数据的价值密度相对较低，即有价值的数据在大数据中所占比例很小。这一特点给大数据的分析和应用带来了挑战。

为了平衡大数据处理速度快与价值密度低的矛盾，我们需要采取一系列措施。首先，需要优化数据处理流程和技术手段，提高数据处理的速度和效率；其次，需要采用数据挖掘和机器学习等技术手段，从大数据中挖掘出有价值的信息和模式；最后，还需要加强数据的质量和准确性管理，确保数据的可靠性和有效性。通过这些措施的实施，我们可以更好地利用大数据资源，为企业的发展和社会的进步提供有力支持。

二、大数据分析方法与技术

（一）大数据分析方法的多样性与深度

大数据分析方法，作为解锁数据宝藏的钥匙，涵盖了从基础到高级的多种技术，旨在从海量数据中提炼出有价值的信息。数字和趋势分析是基础中的基础，它利用直观的图表展示数据走向，为企业决策提供快速、准确的参考。而维度分解则进一步细化数据，帮助我们深入理解数据的内在结构和关联，为精准营销和策略调整提供依据。

用户分群和转化漏斗分析是提升用户体验和转化率的关键。通过用户分群，我们可以将用户按照特定属性或行为进行分类，从而制定个性化的营销策略。转化漏斗分析则揭示了用户从接触产品到最终购买的整个流程，帮助我们识别并优化转化率低下的问题。

行为轨迹分析和留存分析则更加深入地探索用户行为。行为轨迹分析通过追踪用户在产品内的操作路径，帮助我们理解用户需求和痛点，为产品优化提供方向。留存分析则关注用户的持续使用行为，通过提高用户黏性来增强产品的市场竞争力。

（二）大数据处理技术的核心与挑战

大数据处理技术，作为支撑大数据分析的基石，面临着数据量大、类型多、处理速度快等多重挑战。数据存储方面，分布式文件系统和 NoSQL 数据库提供了高效、可扩展的解决方案，使我们能够轻松应对 PB 级数据的存储需求。

然而，数据处理过程中的数据清洗、转换和聚合等步骤同样不容忽视。数据清洗是确保数据质量的关键，它要求我们去除重复、无效或错误的数据。数据转换则涉及数据格式的转换和结构的调整，以满足后续分析或应用的需求。数据聚合则是将来自不同来源的数据整合在一起，形成综合的数据集，为全面分析数据提供可能。

在数据分析层面，统计分析、机器学习和深度学习等技术为我们提供了强大的工具。统计分析利用统计学原理揭示数据的内在规律和趋势；机器学习则通过从数据中学习规则，使计算机能够自主进行决策和预测；深度学习则进一步利用多层神经网络进行自动特征学习，为图像、语音和自然语言处理等领域带来了革命性的突破。

（三）大数据处理框架与工具的选择与应用

为了更高效地处理大数据，我们需要借助成熟的大数据处理框架和工具。Apache Hadoop 和 Spark 是其中的佼佼者。Hadoop 以其分布式文件系统和 MapReduce 计算框架著称，能够处理大规模数据，是大数据处理领域的经典之作。

而 Spark 则以其快速、灵活的特点脱颖而出，支持流式、批量和交互式计算，为实时数据处理和机器学习提供了强大的支持。Spark 的丰富工具集，包括 Spark Core、Spark SQL、MLlib 等，使得数据处理和分析变得更加便捷和高效。

除了 Hadoop 和 Spark 之外，Flink 和 Hive 等大数据处理和分析框架也各具特色。Flink 以其高吞吐量和低延迟的特点，在实时数据处理领域表现出色；而 Hive 则以其类似 SQL 的查询语言和优化的数据存储结构，为大数据查询和分析提供了便捷的途径。

（四）大数据分析方法与技术的融合与创新

大数据分析方法与技术的融合与创新是推动大数据应用发展的关键。随着技术的不断进步，我们可以将机器学习和深度学习等高级分析方法与传统统计分析方法相结合，形成更加全面、深入的数据分析体系。

同时，我们也可以将大数据处理框架与工具进行集成和优化，以提高数据处理的效率和准确性。例如，我们可以将 Hadoop 和 Spark 等大数据处理框架与数据可视化工具相结合，实现数据的实时分析和可视化展示，为决策提供更加直观、准确的依据。

此外，我们还可以利用大数据分析方法与技术进行创新和探索，如利用深度学习模型进行用户行为预测、利用机器学习算法进行智能推荐等，为企业的数字化转型和智能化升级提供有力的支持。

三、大数据在交通运输中的应用场景

（一）交通流量管理的智能化升级

在交通运输领域，交通流量管理是一项至关重要的任务。大数据技术在此方面的应用，为交通流量的实时监测与智能调度提供了前所未有的可能性。通过集成多个数据源，如车载 GPS、交通摄像头、道路传感器等，大数据技术能够实时捕捉并分析交通流量、车辆速度、拥堵程度等关键指标。

这一技术不仅能够帮助交通管理部门快速识别瓶颈路段，及时调整信号灯或实施临时交通管制措施，还能为驾驶员提供实时的路况信息，引导他们避开拥堵区域，选择更为畅通的路线。此外，基于大数据的智能交通信号控制系统能够预测未来几分钟甚至几小时的交通流量变化，从而提前调整信号灯策略，有效缓解交通拥堵，提升整体交通效率。

（二）公共交通系统的优化与个性化服务

大数据技术在公共交通领域的应用，推动了公共交通系统的智能化与个性化发展。通过对公共交通车辆的行驶路线、停靠站点、乘客上下车时间等数据的深入分析，大数据技术可以智能推荐和优化公交线路，确保公共交通资源的合理分配与高效利用。

同时，基于大数据的客流量监测系统能够实时追踪公交、地铁等交通工具的乘客流量，为运营部门提供准确的客流预测，从而优化班次安排和运力调度，减少乘客等待时间，提升乘客满意度。此外，大数据技术还可以结合乘客的出行习惯、偏好等信息，为他们提供个性化的公共交通服务，如定制化的公交线路、优先预订座位等，进一步提升公共交通的吸引力和竞争力。

（三）车辆智能管理与维护的精准化

在车辆管理方面，大数据技术同样发挥着重要作用。通过实时监测车辆的位置、行驶速度、油耗等关键参数，大数据技术可以帮助车主或管理者全面了解车辆的运行状态，及时发现潜在的安全隐患。

此外，大数据技术还能够通过分析车辆的运行数据，预测车辆的保养周期和维修需求，从而提前制订保养计划，避免车辆因故障而引发的安全事故。这种精准化的车辆智能管理与维护模式，不仅提高了车辆的使用效率，还延长了车辆的使用寿命，降低了维修成本。

（四）智慧物流的快速发展与供应链优化

大数据技术在智慧物流领域的应用，推动了物流行业的智能化、高效化和协同化发展。通过汇集订单信息、地理位置、货物状态、运输轨迹等公路货运行业各环节的数据，大数据技术实现了数据的共享与互通，为产业链上下游参与主体提供全面、准确的信息支持。

在智慧物流体系中，大数据技术能够实时跟踪货物的运输状态，预测货物的到达时间，为货主和收货人提供实时的物流信息。同时，基于大数据的车货匹配系统能够快速匹配司机与货主的需求，提高物流运输的效率和准确性，降低综合运输成本。此外，大数据技术还可以对物流过程中的风险进行预警和预测，为物流企业的风险管理提供有力支持。

四、大数据分析的隐私保护与安全性

（一）大数据隐私保护的重要性及其背景

在信息化高速发展的今天，大数据已成为企业决策、科研创新、社会管理的关键支撑。然而，数据的广泛采集、深度分析与高效利用，也带来了前所未有的隐私泄露风险。个人隐私的泄露不仅侵犯了个人权利，还可能引发身份盗用、欺诈等社会问题，而企业数据的泄露则可能导致商业机密外泄、经济损失乃至信誉受损。因此，大数据分析的隐私保护与安全性，不仅是技术进步的必然要求，也是维护社会稳定、促进经济发展的重要保障。

面对这一挑战，全球范围内已达成共识，即必须在推动大数据应用的同时，加强隐私保护和安全监管。这要求我们在数据采集、存储、分析、传输等各个环节，都需严格遵循隐私保护原则，确保数据安全。

（二）大数据隐私保护的关键技术与策略

数据加密技术：数据加密是保护数据隐私的基石。通过采用先进的加密算法，如 AES、RSA 等，可以在数据传输和存储过程中，确保数据不被未经授权的人员读取或篡改。此外，同态加密等新型加密技术的出现，为在加密状态下进行数据分析提供了可能，进一步增强了数据隐私的保护力度。

匿名化处理与差分隐私：匿名化处理通过移除数据中的个人身份标识，使得数据在共享和使用过程中无法直接关联到个人，从而保护个人隐私。而差分隐私则是一种更为精细的隐私保护技术，它通过在数据查询结果中添加适量的随机噪声，使得单个数据记录的添加或删除对查询结果的影响微乎其微，从而有效保护个人隐私。

数据脱敏与去标识化：数据脱敏是指对敏感数据进行替换或模糊处理，以降低数据泄露的风险。而去标识化则是通过删除或替换数据中的个人身份信息，使数据无法直接指向特定个人。这两种技术都是保护个人隐私的重要手段。

（三）大数据安全性的保障措施与实践

加强访问控制与身份认证：通过实施严格的访问控制策略，如基于角色的访问控制（RBAC）、基于属性的访问控制（ABAC）等，可以确保只有经过身份验证和授权的用户才能访问数据。同时，采用多因素认证、生物识别等先进技术，可以进一步提升身份认证的安全性和便捷性。

数据完整性验证与审计：数据完整性验证是确保数据在传输和存储过程中不被篡改的重要手段。通过采用数字签名、哈希算法等技术，可以验证数据的完整性和真实性。此外，定期对系统进行安全审计，可以发现并修复潜在的安全漏洞和弱点，提升系统的整体安全性。

加强法律法规建设与合规管理：政府应制定和完善数据保护相关的法律法规，明确数据的收集、使用、存储和传输标准。同时，企业应建立合规管理体系，确保数据处理活动符合法律法规要求。对于违法违规行为，应依法进行严厉处罚，以儆效尤。

（四）大数据隐私保护与安全性面临的挑战与应对策略

尽管大数据隐私保护技术已经取得了显著进展，但仍面临着诸多挑战。数据增长和数据多样性增加了隐私保护的难度，技术复杂性要求开发者具备较高的技术水平和经验，而数据共享与隐私保护的平衡也是一个难题。

针对这些挑战，我们应采取以下应对策略。

持续创新隐私保护技术：不断研发新的隐私保护技术，如基于区块链的数据共享机制、基于深度学习的数据脱敏技术等，以应对数据增长和多样性带来的挑战。

提升开发者技能与意识：加强对开发者的技能培训，提升其隐私保护意识和技能水平。同时，鼓励开发者参与隐私保护技术的研发和应用，共同推动大数据隐私保护技术的发展。

探索数据共享与隐私保护的平衡之道：通过制定合理的数据共享政策和技术标准，确保数据在共享过程中的隐私保护。同时，鼓励企业和科研机构开展合作，共同探索数据共享与隐私保护的平衡之道。

第七章 交通运输服务质量提升

第一节 交通运输服务质量标准

一、服务质量的定义与内涵

服务质量这一术语的核心在于"满足要求的程度",这一程度既关乎服务提供者所设定的标准,也涉及服务接受者即消费者的期望。它并非一个静态的概念,而是随着服务活动的进行而不断变化,是服务活动的一组固定特性在特定情境下的具体体现。服务质量的评价主体可以是消费者,他们基于个人感知和期望对服务进行评价;也可以是服务提供者,他们通过内部标准和流程来衡量服务是否达到了既定的目标。这种评价是多维度的,既包括服务结果的满意度,也涵盖服务过程中的体验感受。

(一)客户感知的对象

服务质量首先体现在客户对服务过程和服务结果的感知上。客户通过与服务提供者的直接互动,以及服务结果的最终呈现,来形成对服务质量的整体印象。这一过程涉及服务的各个细节,如服务态度、响应速度、问题解决能力等,这些细节都将成为客户评价服务质量的重要依据。因此,服务提供者需要密切关注客户在服务过程中的每一个触点,确保每一个细节都能满足甚至超越客户的期望。

（二）客观与主观的结合

服务质量的衡量并非仅凭客观标准，还需结合客户的主观感受。服务提供者可以通过制定明确的服务标准和流程来确保服务的规范性和一致性，但更重要的是，这些标准和流程需要能够真正满足客户的需求和期望。客户的满意度是衡量服务质量高低的重要标准，而满意度往往来源于服务提供者对客户需求的精准把握和快速响应。因此，服务提供者需要定期收集客户反馈，了解客户的需求变化，以便及时调整服务策略，提升服务质量。

（三）服务生产和交易过程

服务质量不仅体现在服务结果上，更贯穿于服务生产和交易的全过程。服务提供者需要确保服务过程中的每一个环节都能按照既定的标准和流程进行，从而为客户提供稳定、可靠的服务。这要求服务提供者具备强大的服务生产能力，包括高效的服务流程、专业的服务团队和先进的技术支持。同时，服务提供者还需要关注服务交易过程中的客户体验，确保客户在交易过程中感受到便捷、舒适和尊重。

（四）服务企业与客户交易的真实瞬间

服务质量是在服务企业与客户交易的真实瞬间得以实现的。这一瞬间，服务提供者需要展现出专业、热情、耐心的服务态度，以及高效、准确、便捷的服务能力。这要求服务提供者不仅要具有扎实的专业技能，还需要具有良好的沟通能力和人际交往能力。通过真诚的服务态度和专业的服务能力，服务提供者可以赢得客户的信任和满意，从而建立长期稳定的客户关系。同时，服务提供者还需要关注客户在交易过程中的反馈和意见，以便及时调整服务策略，提升服务质量。

（五）内部管理与支持系统

服务质量的提高离不开内部的有效管理和支持系统。服务提供者需要建立完善的内部管理制度和流程，确保服务质量的稳定性和可持续性。这包括制定明确的服务标准、建立有效的监督机制、加强员工培训等方面。

同时，服务提供者还需要加强技术支持和信息化建设，提高服务效率和准确性。通过内部管理和支持系统的不断完善，服务提供者可以为客户提供更加优质、高效的服务，从而赢得市场的认可和客户的信赖。

二、服务质量的指标体系构建

（一）指标体系构建的重要性与必要性

服务质量的指标体系构建，对于服务提供者而言，是塑造核心竞争力的塑造过程。它不仅仅是衡量服务水平的标尺，更是优化服务流程、提升客户满意度的关键。一个完善的服务质量指标体系，能够帮助企业精准定位服务中的薄弱环节，为持续改进提供数据支持。同时，它也是企业与客户之间建立信任桥梁的基石，通过透明化的服务质量评价，增强客户的忠诚度和信赖感。因此，构建一套科学、全面、可操作的服务质量指标体系，对于企业的长远发展具有不可估量的价值。

（二）构建原则的深度剖析

在构建服务质量指标体系时，需遵循一系列核心原则以确保其有效性和实用性。首先，目标性原则要求指标体系必须紧密围绕服务质量评价的核心目标，确保评价工作有的放矢。其次，可行性原则强调指标应易于获取、计算和理解，降低操作难度，提高评价效率。再者，科学性原则要求指标基于服务管理理论、客户满意度调查及行业最佳实践，确保评价的准确性和有效性。同时，动态性原则意味着指标体系需随市场需求和服务环境的变化而不断调整，保持评价的时效性和适应性。最后，客观性原则要求指标设计应尽可能避免主观因素的影响，确保评价结果的公正性和客观性。

（三）构建方法的详细阐述

构建服务质量指标体系的过程，需经过一系列严谨的步骤。首先，确定评估目标是构建工作的起点，明确评价的目的和需要改进的服务领域。其次，收集数据是关键环节，通过问卷调查、客户访谈、服务记录分析等多种方式，全面收集与服务质量相关的数据。在此基础上，设计指标成为核心任务，根据收集的数据和评估目标，设计出涵盖服务各个方面（如可靠性、响应性、保证性、同情性和有形性等）的具体评估指标。再次，指标验证是确保指标有效性的重要步骤，通过实际应用和反馈，不断调整和优化指标。最后，持续优化是构建工作的永恒主题，根据评估结果和市场变化，不断调整和完善指标体系，确保其始终符合实际需求。

（四）指标体系的分类与构成解析

服务质量指标体系通常由多个类别构成，每个类别都承载着不同的评价维度。其中，性能指标衡量服务的效率和效果，如服务时间、完成率等，是评价服务效率的关键指标。可靠性指标评估服务提供者能否一致地提供符合标准的服务，反映服务的稳定性和可靠性。响应性指标则关注服务提供者对客户需求的响应速度和解决问题的能力，体现服务的灵活性和响应性。保证性指标反映服务提供者的专业能力和服务承诺的履行情况，是评价服务质量和信誉的重要标准。有形性指标则评价服务环境、设备和员工仪表等有形要素的质量，是客户直观感受服务品质的重要途径。这些指标共同构成了服务质量指标体系的框架，为服务提供者提供了全面、系统的评价工具。

综上所述，服务质量的指标体系构建是一个复杂而精细的过程，需要遵循一系列原则和方法，以确保指标体系的科学性、全面性和可操作性。通过构建完善的指标体系，服务提供者可以更加精准地识别服务中的不足，为持续改进提供有力支持，从而不断提升服务质量、增强客户满意度和竞争力。

三、服务质量的国家标准与行业标准

服务质量作为衡量服务提供者表现的重要标准，其规范性和提升性不仅受到市场和客户的密切关注，更得到了国家和行业层面的高度重视。为了有效规范服务行为、切实提升服务质量，国家和行业制定了一系列相关的国家标准和行业标准，这些标准在保障服务质量、促进服务行业发展方面发挥着至关重要的作用。

（一）国家标准的制定与意义

国家标准是由国家标准化管理委员会或其他相关权威机构制定并发布的，具有全国范围内统一性和强制性的标准。在服务质量领域，中国已经发布了一系列相关的国家标准，这些标准旨在规范服务行为、提升服务质量水平，为服务提供者提供明确的指导和依据。

国家标准的制定，一方面有助于统一服务质量的评价标准，使得服务质量的衡量更加客观、公正；另一方面，也有助于推动服务行业的规范化、标准化发展，提升整个行业的服务水平。例如，《服务质量评价通则》（GB/T 36733—2018）等国家标准，就规定了服务质量评价的基本原则、评价内容、评价方法和评价程序等，为服务质量的评价和改进提供了科学依据。

（二）国家标准的实施与监督

国家标准的实施，需要服务提供者严格遵守相关标准的要求，不断提升自身的服务质量水平。同时，也需要相关监管部门加强监督和管理，确保服务提供者能够切实执行国家标准。

在实施过程中，服务提供者需要建立健全服务质量管理体系，加强服务人员的培训和管理，提升服务人员的专业素质和服务意识。同时，还需要加强服务质量的监测和评估，及时发现和解决服务质量问题，确保服务质量始终处于较高水平。

监管部门则需要加强对服务提供者的监督和管理，对违反国家标准的行为进行严厉处罚，以儆效尤。同时，还需要加强对国家标准的宣传和推广，提高服务提供者对国家标准的认识和重视程度。

（三）行业标准的制定与特点

行业标准是由行业组织、学会或协会等权威机构制定并发布的，针对某一特定行业或领域内的服务质量标准。与国家标准相比，行业标准更加具体和细化，更贴近行业特点和实际需求。

行业标准的制定，有助于规范行业内的服务行为，提升行业内的服务质量水平。同时，也有助于推动行业内的技术创新和进步，促进行业的健康发展。例如，在客户服务行业，行业组织可能会制定关于客户服务质量、服务流程、服务人员素质等方面的行业标准，这些标准通常包括服务响应速度、服务准确性、服务创新性等方面的要求，旨在为客户提供更加优质、高效的服务体验。

（四）行业标准的更新与适应

随着行业的发展和市场的变化，行业标准也需要不断进行调整和更新，以适应新的服务需求和客户期望。因此，服务提供者需要密切关注行业标准的动态变化，及时调整自身的服务策略和质量标准。

在更新行业标准的过程中，需要充分考虑市场需求和客户期望的变化，以及新技术、新方法的出现和应用。同时，还需要加强行业内的交流和合作，共同推动行业标准的更新和完善。

服务提供者则需要加强自身的技术创新和进步，不断提升自身的服务能力和水平，以适应行业标准的更新和变化。同时，还需要加强与客户的沟通和交流，及时了解客户的需求和期望，为客户提供更加优质、高效的服务。

四、服务质量的持续改进机制

服务质量的持续改进机制是服务提供者不断追求卓越、满足并超越客户期望的关键所在。这一机制通过一系列精心设计的环节，确保服务提供者能够持续识别、分析和解决服务质量问题，从而不断提升服务水平。以下从四个方面详细阐述这一机制。

（一）明确改进目标：奠定坚实基础

服务质量的持续改进始于明确的目标设定。这些目标不仅基于对客户需求的深入理解和分析，还结合了服务提供者自身的资源和能力。目标应具有可衡量性，如提高客户满意度至某一具体水平、缩短服务响应时间至某一具体时长等。明确的目标为服务改进提供了清晰的方向和动力，同时也为后续的监测和评估提供了基准。通过设定这些目标，服务提供者能够确保所有改进措施都围绕提升服务质量这一核心展开，从而避免盲目行动和资源浪费。

（二）建立监测体系：洞察服务现状

为了准确了解服务质量的现状，服务提供者必须建立全面的监测体系。这一体系应涵盖服务态度的端正性、服务效率的高低、服务结果的满意度等多个维度。通过定期收集和分析客户反馈、内部审核报告以及服务过程中的实时数据，服务提供者可以及时发现服务中的问题和不足。此外，监测体系还应具备预警功能，当服务指标偏离目标值时，能够迅速发出警报，以便服务提供者及时采取应对措施。这一环节是服务质量持续改进机制中的"眼睛"，帮助服务提供者洞察服务现状，为后续的改进措施提供有力支持。

（三）实施改进措施：精准解决问题

针对监测体系发现的问题，服务提供者需要制定并实施具体的改进措施。这些措施可能涉及优化服务流程、提升员工专业技能、加强团队协作等多个方面。改进措施应具有针对性和可操作性，能够直接针对问题根源进行解决。同时，为了确保改进措施的有效执行，服务提供者还需制订详细的实施计划和时间表，明确责任人和执行步骤。通过实施这些改进措施，服务提供者可以精准地解决服务质量问题，从而提升服务水平。

（四）持续跟踪和评估：确保持续改进

服务质量的持续改进是一个持续不断的过程，需要定期跟踪和评估改进措施的效果。这可以通过客户满意度调查、内部审核以及数据分析等多种方式来实现。通过跟踪和评估，服务提供者可以了解改进措施是否达到了预期效果，以及是否还存在需要进一步完善的地方。根据评估结果，服务提供者可以对改进措施进行调整和优化，以确保服务质量的持续提升。这一环节是服务质量持续改进机制中的"反馈环"，通过不断反馈和调整，确保改进措施的有效性和持续改进的持续性。

此外，为了激发员工参与服务质量改进的积极性，服务提供者还需要建立有效的激励机制。这包括设立服务质量奖、优秀员工评选等奖励措施，以及针对服务质量问题的惩罚措施。通过激励机制的建立，服务提供者可以引导员工更加关注服务质量，积极参与服务改进活动，从而提升整体服务水平。

同时，加强企业文化建设也是服务质量持续改进机制的重要组成部分。通过加强企业文化建设，服务提供者可以树立以客户为中心的服务理念，让员工深刻理解并践行这一理念。同时，企业文化建设还能增强员工的凝聚力和向心力，营造积极向上的工作氛围。在这样的企业文化熏陶下，员工会自发地追求服务质量的提升，为服务质量的持续改进提供不竭的精神动力。

第二节　交通运输客户满意度评价

一、客户满意度的调查方法

客户满意度的调查方法是企业获取客户反馈、优化产品和服务、提升市场竞争力的关键环节。这些方法不仅帮助企业了解客户的真实感受，还能指导企业制定针对性的改进措施。以下从四个方面详细阐述几种主要的客户满意度调查方法，旨在为企业提供全面而深入的指导。

（一）数字化调查：便捷与高效的结合

在线调查和社交媒体调查作为数字化调查的代表，充分利用了互联网的便捷性和普及性。在线调查通过电子邮件、企业网站或社交媒体平台发布问卷，能够迅速触及广大客户群体，收集大量数据。这种方法不仅成本低廉，而且便于大规模发送和快速收集数据，有助于企业及时获取客户反馈。社交媒体调查则通过发布问卷或讨论话题，吸引用户参与并分享意见，能够触及更广泛的受众群体，同时监测舆情和口碑。然而，数字化调查也面临一些挑战，如样本代表性可能不强，特别是针对不熟悉互联网操作的人群，以及社交媒体上的评论可能受到情绪、偏见或社交压力的影响，需要谨慎筛选和过滤。

（二）传统调查：深度与真实性的追求

纸质问卷和电话调查作为传统调查的代表，虽然成本相对较高，但在某些情况下具有不可替代的优势。纸质问卷通过面对面的交流和解释，能够确保调查内容的详细说明和指导，特别适合针对非网络用户群体和不熟悉手机电脑操作的人群。电话调查则通过直接询问客户感受，能够增加参与者的参与度，提高响应率，并根据受访者的回答及时调整问题或追问，获取更深入的信息。然而，传统调查也面临一些限制，如纸质问卷需要打印、分发、数据录入等步骤，成本较高且可能受到人为错误的影响；电话调查则可能受到接听率较低和费用较高的限制。

（三）现场调查：即时与直观的反馈

客户反馈表和用户体验测试作为现场调查的代表，能够在客户使用产品或服务后立即获取反馈，具有即时性和直观性的优势。客户反馈表通过设置在产品销售点、服务现场或网站上，方便客户随时填写，且可以选择匿名填写，提高数据的真实性和可靠性。用户体验测试则通过邀请用户参与实地测试，观察用户行为和听取反馈，深入了解客户对产品或服务的真实体验。然而，现场调查也面临一些挑战，如客户是否愿意主动填写反馈表、反馈表的设计是否合理以及用户体验测试的成本较高且需要较大的时间和资源投入。

（四）综合应用：全面与深入的洞察

为了全面了解客户满意度，企业需要综合应用多种调查方法。数字化调查可以迅速收集大量数据，提供广泛的客户反馈；传统调查能够确保深度交流和解释，获取更真实的信息；现场调查则能够即时获取客户的直观反馈，深入了解客户的真实体验。通过综合应用这些方法，企业可以弥补单一方法的不足，提高数据的准确性和可靠性。同时，企业还需要根据调查目的和自身情况灵活选择调查方法，确保调查的有效性和针对性。

综上所述，客户满意度的调查方法多种多样，各有优劣。企业应结合自身情况和调查目的灵活选择调查方法，综合应用多种手段，以全面了解客户满意度。通过深入分析客户反馈，企业可以制定有效的改进措施，提升产品质量和服务质量，增强客户满意度和忠诚度，从而在激烈的市场竞争中脱颖而出。

二、客户满意度的评价指标

在交通运输行业中，客户满意度是衡量服务质量、提升竞争力和实现可持续发展的关键。为了全面、深入地了解客户的真实需求和感受，企业需要构建一套科学、系统的客户满意度评价指标。下面是对交通运输客户满意度评价指标的详细阐述：

（一）服务美誉度

服务美誉度是指客户对交通运输企业所提供的服务质量的整体评价和正面口碑。这一指标反映了客户对服务的满意度和认可程度，是企业品牌形象的重要组成部分。在交通运输领域，服务美誉度不仅关乎企业的声誉，还直接影响客户的信任度和忠诚度。为了提升服务美誉度，企业应注重提高服务质量，优化服务流程，确保服务安全、准时、便捷。同时，企业还应积极收集客户反馈信息，及时改进服务中的不足之处。

（二）品牌指名度

品牌指名度是指客户在选择交通运输服务时，主动指定某个品牌或企业的程度。这一指标反映了客户对品牌的认知度和偏好程度，是衡量品牌影响力的关键指标。在交通运输行业，品牌指名度高的企业往往能够吸引更多的忠诚客户，提高市场份额。为了提升品牌指名度，企业应注重品牌建设，塑造独特的品牌形象，提高品牌知名度和美誉度。同时，企业还应通过优质的服务和个性化的营销策略，增强客户对品牌的认同感和归属感。

（三）服务回头率

服务回头率是指客户在使用交通运输服务后，愿意再次选择该服务的比例。这一指标直接反映了客户对服务的满意度和忠诚度。在交通运输领域，服务回头率高的企业往往能够保持稳定的客户群体和市场份额。为了提升服务回头率，企业应注重提升服务品质，提供个性化、差异化的服务体验，满足客户的不同需求。同时，企业还应建立完善的客户关系管理系统，加强与客户的沟通和互动，提高客户的满意度和忠诚度。

（四）投诉处理效率

投诉处理效率是指企业在接到客户投诉后，及时、有效地解决问题的能力和速度。这一指标反映了企业对客户反馈的重视程度和解决问题的效率。在交通运输行业，投诉处理效率直接影响客户的满意度和忠诚度。为了提升投诉处理效率，企业应建立完善的投诉处理机制，明确投诉处理流程和责任分工。同时，企业还应加强对员工的培训和教育，提高员工的服务意识和解决问题的能力。在接到客户投诉后，企业应迅速响应、积极沟通、妥善解决，确保客户的权益得到保障。

除了以上四个主要指标外，购买额和价格敏感度也是衡量交通运输客户满意度的重要参考。购买额反映了客户对企业的价值贡献和盈利能力；而价格敏感度则反映了客户对价格的敏感程度和承受能力。企业可以通过分析这两个指标，了解客户的消费行为和偏好，从而制定更加精准的营销策略和服务方案。

三、客户满意度的数据分析与解读

客户满意度的数据分析与解读

客户满意度是衡量企业服务质量和客户体验的重要指标，通过对其数据进行深入的分析与解读，企业能够精准地把握客户的真实需求和感受，进而制定有效的改进策略，提升客户满意度和忠诚度。下面是对客户满意度数据分析与解读的详细探讨。

（一）数据收集与预处理：构建全面的数据基础

客户满意度数据的收集是数据分析的第一步，它涵盖了客户对产品或服务的各个方面，如产品质量、服务态度、价格合理性、交付速度等。数据的来源多样化，包括调查问卷、在线评价、客户反馈、投诉建议等。为了确保数据的全面性和准确性，企业需要设计科学合理的问卷和评价体系，并鼓励客户积极参与评价。

在收集到足够的数据后，企业需要对这些数据进行预处理，包括数据清洗、去重、格式转换等，以确保数据的准确性和一致性。这一步骤对于后续的数据分析至关重要，它能够减少误差和误导性信息对分析结果的影响。

（二）数据分析方法：揭示客户满意度的内在规律

在数据预处理完成后，企业需要运用科学的数据分析方法，揭示客户满意度的内在规律。常用的数据分析方法包括描述性统计分析、相关性分析和聚类分析等。

描述性统计分析通过计算平均分、众数、中位数等统计量，了解客户对产品或服务的整体评价水平。这有助于企业快速把握客户满意度的整体状况，识别出哪些方面表现较好，哪些方面需要改进。

相关性分析则用于分析不同因素之间是否存在相关性，如产品质量与服务态度之间的关系。通过相关性分析，企业可以识别出影响客户满意度的关键因素，从而制定针对性的改进措施。

聚类分析则是将客户按照其需求、偏好等特征进行分类，以便制定更加精准的市场策略。通过聚类分析，企业可以更好地满足不同客户群体的需求，提升客户满意度和忠诚度。

（三）数据解读与洞察：挖掘客户满意度的深层含义

数据分析的结果需要被正确解读和洞察，才能转化为实际的改进策略。在解读数据时，企业需要关注以下几个方面的内容。

首先，识别关键趋势。通过对数据的分析，企业可以识别出客户满意度的变化趋势，如整体满意度是否呈上升趋势，哪些方面的满意度有所提升，哪些方面仍需改进等。这些趋势为企业提供了改进的方向和重点。

其次，挖掘潜在问题。数据中的异常值或低分评价往往反映了客户对产品或服务的不满或问题。企业应重点关注这些评价，深入挖掘背后的原因，以便及时解决问题，提升客户满意度。

最后，发现客户期望。通过对比客户评价与企业设定的标准或期望，企业可以了解客户对产品或服务的期望与实际体验之间的差距。这有助于企业调整产品或服务策略，更好地满足客户需求。

（四）数据应用与改进策略：将分析结果转化为实际行动

数据分析的结果最终需要被应用于实际业务中，以提升客户满意度和忠诚度。根据数据分析结果，企业可以制定以下改进策略：

首先，优化产品或服务。针对客户普遍反映的问题或不满，企业可以加强质量控制，提升产品质量；同时，加强员工培训，提升服务水平，以提供更优质的服务体验。

其次，制定个性化营销策略。通过聚类分析，企业可以将客户划分为不同的群体，并针对不同群体的需求制定个性化的营销策略。这有助于提升客户满意度和忠诚度，同时也有助于企业拓展市场份额。

最后，加强客户关系管理。数据分析结果还可以为企业加强客户关系管理提供依据。例如，针对忠诚度较高的客户群体，企业可以加大优惠力度，以留住他们；针对忠诚度较低的客户群体，企业可以通过调查问卷等方式了解原因，并进行针对性的改进。

（五）注意事项：确保数据分析的准确性和有效性

在进行客户满意度数据分析与解读时，企业需要注意以下几个方面：

首先，确保数据的准确性和可靠性。数据的准确性和可靠性是数据分析的基础，企业应确保数据的来源可靠、收集过程规范、数据预处理得当。

其次，关注数据的时效性。客户满意度数据具有时效性，企业应定期收集和分析数据，以便及时了解客户需求的变化和满意度的变化趋势。

最后，综合运用多种分析方法。在分析数据时，企业应综合运用多种分析方法，以便更加全面、深入地了解客户满意度的状况和改进方向。同时，企业还需要不断学习和探索新的数据分析方法和技术，以提升数据分析的准确性和有效性。

四、客户满意度的提升策略

在交通运输领域，客户满意度是衡量服务质量、运营效率及市场竞争力的重要指标。为了持续提高客户满意度，企业需从多方面入手，制定并实施有效的提升策略。下面是对客户满意度提升策略的详细探讨：

（一）优化服务流程，提升服务效率

服务流程的烦琐与效率低下是导致客户满意度下降的主要原因之一。因此，优化服务流程，提升服务效率成为提升客户满意度的首要任务。企业应深入分析现有服务流程，识别并剔除不必要的环节，简化操作流程，缩短客户等待时间。同时，加强内部沟通与协作，确保各环节无缝衔接，提高整体服务效率。此外，引入智能化、自动化技术，如自助售票机、在线预约服务等，也是提升服务效率的有效途径。

在优化服务流程的过程中，企业还需关注客户的个性化需求，提供定制化服务。例如，针对经常出行的客户，提供优先购票、快速安检等增值服务，以提升其满意度。

（二）加强员工培训，提升服务质量

员工是企业与客户之间的桥梁，他们的服务态度和专业能力直接影响客户的满意度。因此，加强员工培训，提升服务质量至关重要。企业应定期组织员工参加专业技能培训和服务意识教育，提高员工的专业素养和服务水平。同时，建立有效的激励机制，鼓励员工积极为客户提供优质服务，激发员工的工作热情和创造力。

在培训过程中，企业还应注重培养员工的沟通能力和应变能力，以便在面对客户问题时能够迅速、准确地解决，提高客户满意度。此外，加强员工对企业文化和价值观的认同感，也有助于提升整体服务质量。

（三）完善投诉处理机制，及时响应客户需求

投诉处理机制是检验企业服务质量和客户满意度的试金石。企业应建立完善的投诉处理机制，确保客户问题能够得到及时、有效的解决。首先，

企业应设立专门的投诉受理渠道,如客服热线、在线投诉平台等,方便客户随时反馈问题。其次,加强投诉处理团队建设,提高处理效率和解决问题的能力。最后,建立投诉跟踪和反馈机制,对客户问题的处理结果进行跟踪和评估,确保问题得到彻底解决。

在完善投诉处理机制的同时,企业还应注重客户反馈的收集和分析,从中发现服务中存在的问题和不足,为后续的改进提供依据。

(四)强化品牌建设,提升品牌形象

品牌形象是企业竞争力的核心要素之一。强化品牌建设,提升品牌形象有助于提升客户满意度和忠诚度。企业应注重品牌形象的塑造和维护,通过提供优质的产品和服务、加强品牌宣传和推广等方式,提高品牌知名度和美誉度。同时,积极参与社会公益活动,履行社会责任,也有助于提升品牌形象。

在品牌建设过程中,企业还应注重与客户的互动和沟通,建立稳定的客户关系。例如,通过定期举办客户活动、提供会员服务等方式,增强客户对企业的认同感和归属感。此外,加强品牌形象的国际化传播,也有助于提升企业在国际市场上的竞争力。

第三节 交通运输服务创新策略

一、服务创新的定义与类型

(一)服务创新的定义:多维度解析

服务创新作为一个多维度且充满活力的概念,其核心在于通过引入新的设想、技术手段或业务模式,转变并优化现有的服务方式,从而为客户带来前所未有的体验和价值。在经济全球化的背景下,服务创新已成为企业提升竞争力、拓展市场份额的重要武器。

从经济视角看,服务创新是借助非物质制造手段,为有形或无形的"产

品"增加附加价值的经济活动。这一活动在信息产业、文化创意产业等领域尤为显著，它们通过技术革新和模式创新，为客户提供更加个性化、便捷化的服务体验。

从技术视角看，服务创新以满足人类需求为目的，涵盖了物质生产部门的管理、组织、设计等软技术创新，同时也包括文化产业、社会产业的软技术创新，以及传统服务业和狭义智力服务业的软技术创新。这些创新活动共同推动了社会进步和人们精神生活的丰富。

从社会视角看，服务创新是创造和开发人类自身价值、提高和完善生存质量、改善社会生态环境的活动。它通过满足人们的物质需求、精神和心理需求，提供解决问题的能力，从而保障人们的精神和心理健康，使人们得到满足感和成就感。

从方法论视角看，服务创新是开发一切有利于创造附加价值的新方法、新途径的活动。这些新方法、新途径包括物质生产部门的管理、组织、设计等软技术创新，以及文化产业、社会产业的文化娱乐、体育、媒体等丰富精神生活的创新，还包括传统服务业和狭义智力服务业的软技术创新。

（二）服务创新的类型：多维度划分

服务创新的类型多种多样，根据不同的分类标准，可以划分为以下几种类型。

一是按创新程度划分。

激进式创新：这种创新对世人和市场都是全新的，通过新服务周期中的某些步骤开发出来。它通常包括重大创新、创新服务和新服务三种类型，这些创新往往能够颠覆传统服务模式，为客户带来全新的体验和价值。

渐进式创新：这种创新通常是对现有服务组成的微小调整，包括服务延伸、服务改善和风格转变等。虽然这些创新看似微不足道，但它们能够逐步优化服务流程，提升服务质量，从而增强客户的满意度和忠诚度。

二是按创新内容划分。

全新型服务创新：指企业利用全新的技术手段或业务模式提供全新的服务，这种服务在市场上是前所未有的。它要求企业具备强大的研发能力和市场洞察力，以开发出符合客户需求和市场趋势的新服务。

替代型服务创新：指企业用新的服务替代原有的服务，以满足客户不断变化的需求。这种创新通常发生在客户对原有服务不再满意或需求发生变化时，企业需要及时调整服务策略，以新的服务替代原有服务，从而保持市场竞争力。

延伸型服务创新：指企业在原有服务的基础上，通过增加新的服务内容或功能，使服务更加完善。这种创新能够为客户提供更加全面、便捷的服务体验，增强客户的满意度和忠诚度。

拓展型服务创新：指企业拓展服务范围，将服务延伸到新的领域或市场。这种创新要求企业具备敏锐的市场洞察力和强大的执行力，以快速适应市场变化，抓住新的发展机遇。

改进型服务创新：指企业对原有服务进行改进和优化，提高服务质量和效率。这种创新虽然看似简单，但却能够显著提升客户的满意度和忠诚度，是企业持续发展的重要保障。

包装型服务创新：指企业通过改变服务的包装方式或呈现形式，使服务更具吸引力和竞争力。这种创新能够提升服务的品牌形象和市场影响力，吸引更多潜在客户的关注和认可。

三是按行业划分。

为第一产业服务的服务创新：如农业技术服务、农产品加工服务等。这些创新能够提升农业生产效率和质量，推动农业现代化进程。

为第二产业服务的服务创新：如工业设计服务、智能制造服务等。这些创新能够提升工业产品的附加值和市场竞争力，推动工业转型升级。

为第三产业服务的服务创新：如金融服务、旅游服务、教育服务等。这些创新能够提升服务行业的服务质量和效率，推动服务业的繁荣发展。

二、服务创新的方法与流程

（一）服务创新的方法

服务创新是企业在日益激烈的市场竞争中脱颖而出的关键。为了实现这一目标，企业需要掌握一系列服务创新的方法。

首先，企业家深入了解客户需求是服务创新的基础。企业应通过市场调研、数据分析等手段，全面了解客户的喜好、习惯和需求，以便针对性地设计服务。同时，建立有效的客户反馈机制，及时收集和处理客户的意见和建议，能够确保服务始终贴近客户需求。

其次，设计创新服务解决方案是提升服务竞争力的核心。企业应根据客户需求，结合自身的资源和技术优势，设计出个性化、差异化的服务解决方案。通过整合资源，提供一站式服务，可以简化客户操作流程，提高服务便利性，从而增强客户满意度。

再次，采用新技术是服务创新的重要手段。随着科技的不断进步，企业应积极引入新技术，如虚拟现实、增强现实、人工智能等，以提升服务质量和效率。这些新技术不仅能够优化服务流程，减少人工干预，还能提高自动化水平，为客户提供更加便捷、高效的服务体验。

最后，培养创新文化是推动服务创新的内在动力。企业应建立鼓励创新的组织文化，让员工敢于尝试、勇于创新。同时，设立专门的创新团队，由具有创新能力和经验的员工组成，负责推动企业的服务创新工作。通过持续改进与优化，企业可以不断完善和创新服务，以满足客户的不断变化的需求。

（二）服务创新的流程

服务创新的流程是一个系统而复杂的过程，需要企业从多个角度进行考虑和规划。

第一，了解服务理念是服务创新的前提。企业应明确自身的服务宗旨、服务使命、服务目标等，以顾客导向的服务理念为服务创新的方向和指导思想。通过深入了解服务理念，企业可以更加清晰地认识到自身的服务优势和不足，从而有针对性地进行服务创新。

第二，建立服务创新战略是服务创新的关键。企业应根据服务理念、企业优势和利润计划等因素，制定详细的服务创新战略。这一战略应包括服务创新的市场目标、类型、时间计划和利润目标等关键要素。通过制定明确的战略，企业可以更加有目的地进行服务创新，确保创新成果能够为企业带来实际的竞争优势。

第三，产生新服务的构想是服务创新的重要步骤。企业应通过员工、顾客、服务中间商和竞争对手等渠道，广泛收集新服务的构想。同时，对新服务的构想进行筛选和评估，确定可行的创新方向。这一过程需要企业具备敏锐的市场洞察力和创新思维，以便及时发现和抓住市场机遇。

第四，定义和评估新服务是服务创新的重要环节。企业应对新服务进行详细定义，包括服务内容、服务流程、服务标准等关键要素。同时，对新服务进行市场评估，预测其市场潜力和盈利能力。通过这一过程，企业可以更加清晰地了解新服务的优势和不足，以便制定更加有效的市场推广策略。

第五，新服务的商业性分析是确保服务创新成功的关键。企业应对新服务的成本、收益、投资回报率等经济指标进行详细分析，评估其对企业整体战略和市场竞争力的影响。通过这一过程，企业可以更加准确地判断新服务的商业价值，以便决定是否将其推向市场。

第六，新服务蓝图的设计是服务创新的具体实施阶段。企业应根据新服务的定义和市场评估结果，设计详细的服务蓝图。这一蓝图应包括新服务的服务流程、服务标准、服务质量控制等关键环节。通过设计蓝图，企业可以确保新服务在实施过程中能够符合市场需求和客户需求。

第七，新服务的市场试销和市场导入是服务创新的最终环节。企业应选择目标市场进行新服务的试销，收集客户反馈和市场数据，评估新服务的市场接受度和效果。根据试销结果，对新服务进行必要的调整和优化后，制定详细的市场导入计划，包括市场推广、客户服务、售后支持等关键环节。通过正式将新服务推向市场并持续监控其市场表现和客户反馈，企业可以确保服务创新成果能够为企业带来实际的竞争优势和市场份额。

三、服务创新的实施与效果评估

（一）服务创新的实施策略

服务创新的实施是将创新理念转化为实际行动的桥梁，其成功与否直接关系到企业竞争力的提升。在实施服务创新时，企业应遵循以下策略。

制订详尽的实施计划：服务创新实施前，企业需制订一份详尽的计划，明确创新的具体内容、实施步骤、时间表、责任分工及所需资源等。这份计划应成为各部门、各岗位人员协同推进创新工作的行动指南，确保创新工作有条不紊地进行。

加强内部培训与沟通：为确保创新理念深入人心，企业需对员工进行内部培训，使其了解创新的意义、目的及实施方法。同时，加强内部沟通，确保信息畅通，及时解决实施过程中遇到的问题。通过培训与沟通，激发员工的创新热情，形成全员参与创新的良好氛围。

逐步推进实施：服务创新的实施应遵循循序渐进的原则，先从小范围试点开始，逐步扩大至全公司。通过试点，收集反馈，调整优化，确保创新方案切实可行。这种逐步推进的方式有助于降低创新风险，提高创新成功率。

建立监控与调整机制：在实施过程中，企业需建立监控机制，实时跟踪创新进展，评估实施效果。一旦发现偏差，及时进行调整，确保创新方向正确。这种监控与调整机制有助于企业及时发现问题，迅速应对，确保创新工作顺利进行。

（二）服务创新的效果评估体系

服务创新的效果评估是衡量创新成功与否的重要标尺，企业应建立一套科学、全面的评估体系。

设定明确的评估指标：效果评估前，企业需设定明确的评估指标，这些指标应涵盖客户满意度、服务质量、业务增长、成本控制等多个维度，以全面反映创新成果。通过设定这些指标，企业可以清晰地了解创新工作在各个方面的表现，为后续的改进提供依据。

收集与分析数据：通过问卷调查、客户访谈、数据分析等方式，企业可以收集创新实施前后的数据，进行对比分析。这些数据可以反映创新是否提高了客户满意度，是否降低了成本，是否促进了业务增长等。通过数据分析，企业可以客观地评估创新工作的成效，为后续的优化提供数据支持。

评估创新与战略的契合度：服务创新应与企业整体战略相契合，有助于提升企业的市场竞争力。因此，在评估创新效果时，企业应关注创新与企业战略的契合度，通过对比创新前后的市场地位、品牌影响力等指标，评估创新的战略价值。这种评估有助于企业确保创新工作与企业战略保持一致，实现企业的长远发展。

持续跟踪与反馈：服务创新的效果评估不应是一次性的，而应持续进行。通过定期评估，企业可以了解创新成果的长远影响，确保创新成果能够持续为企业带来价值。同时，通过持续跟踪与反馈，企业可以及时发现创新过程中存在的问题与不足，为未来的服务创新提供参考和借鉴。

四、服务创新的激励机制与保障措施

服务创新是企业持续发展和提升竞争力的关键驱动力。为了激发员工的创新潜能，确保服务创新的有效实施，企业需要构建一套完善的激励机制和保障措施。以下将详细阐述服务创新的激励机制与保障措施。

（一）构建服务创新的激励机制

1. 设立创新奖励制度

企业应设立明确的创新奖励制度，对在服务创新中表现突出的员工或团队给予物质和精神上的奖励。这种奖励可以是奖金、晋升机会、荣誉证书等形式，旨在激发员工的创新热情，增强团队的凝聚力。

2. 设立创新基金

企业可以设立创新基金，为服务创新项目提供资金支持。这有助于降低创新风险，鼓励员工大胆尝试新的服务模式和理念。同时，创新基金的设立也体现了企业对服务创新的重视和支持。

3. 创新成果分享机制

企业应建立创新成果分享机制，让员工分享创新带来的收益。这可以激发员工的创新积极性，同时也能够增强员工对企业的归属感和忠诚度。

（二）完善服务创新的保障措施

1. 加强创新文化建设

企业应注重创新文化的培养，营造鼓励创新、宽容失败的良好氛围。通过组织创新培训、创新竞赛等活动，提升员工的创新意识和创新能力。同时，企业应倡导开放、协作的团队精神，鼓励员工跨部门、跨岗位合作，共同推动服务创新。

2. 提供创新技术支持

企业应加大对创新技术的投入，为服务创新提供必要的技术支持。这包括引进先进的信息化技术、建设创新实验室等，为员工提供一个良好的创新环境。同时，企业应鼓励员工学习新技术、新方法，提升自身的创新能力。

3. 优化创新管理流程

企业应优化创新管理流程，确保服务创新项目能够高效、有序地进行。这包括明确创新项目的立项、审批、实施、评估等环节，确保每个环节都有明确的责任人和时间节点。同时，企业应建立创新项目的跟踪和反馈机制，及时发现和解决创新过程中遇到的问题。

4. 加强知识产权保护

在服务创新过程中，企业应注重知识产权保护，确保创新成果能够得到有效的保护。这包括申请专利、注册商标等，防止创新成果被他人窃取。同时，企业应加强对员工的知识产权保护意识教育，提高员工对知识产权的重视程度。

综上所述，构建服务创新的激励机制和完善保障措施是企业推动服务创新、提升竞争力的重要手段。通过设立创新奖励制度、创新基金和创新成果分享机制，激发员工的创新热情；通过加强创新文化建设、提供创新技术支持、优化创新管理流程和加强知识产权保护等措施，为服务创新提供有力的保障。这些激励机制和保障措施的实施将有助于企业实现服务创新的可持续发展，提升企业的市场竞争力。

参考文献

[1] 王辉，刘宏刚，罗奋. 交通运输与经济发展 [M]. 长春：吉林人民出版社，2022.

[2] 夏立国. 交通运输商务管理 [M]. 南京：东南大学出版社，2018.

[3] 汤银英，陶思宇. 交通运输商务 [M]. 成都：西南交通大学出版社，2017.

[4] 王振军. 交通运输系统工程 [M]. 2版. 南京：东南大学出版社，2017.

[5] 杨浩，赵鹏. 交通运输的可持续发展 [M]. 北京：中国铁道出版社，2001.

[6] 杭文. 运输经济学 [M]. 南京：东南大学出版社，2016.

[7] 交通运输经济管理科学丛书 公路运输 [M]. 北京：人民交通出版社，1997.

[8] 季令. 走向市场经济的交通运输 [M]. 北京：中国铁道出版社，1998.

[9] 谢如鹤. 交通运输导论 [M]. 北京：中国铁道出版社，1998.

[10] 雷汀，梁况白. 交通运输业在我国国民经济中的作用 [J]. 经济研究，1965(2)：39-43.

[11] 朱林兴，刘志远，陈启杰. 交通运输建设是国民经济发展的战略重点 [J]. 财经研究，1982(6)：10-15.

[12] 方贤华. 提高交通运输的经济效益 [J]. 江汉论坛，1983(1)：27.

[13] 何柱国. 试论交通运输经济效益的评价标准及其指标体系 [J]. 系统工程，1983(1)：76-83.

[14] 吴遐龄. 浅谈交通运输企业提高经济效益的途径 [J]. 财会通信(综合版)，1983(5)：33-34.